ちくま学芸文庫

野生のうたが聞こえる

アルド・レオポルド
新島義昭 訳

筑摩書房

A Sand Country Almanac

by

Aldo Leopold

わがエステラに捧ぐ

はじめに

世の中には、野生の事物がなくても暮らしていける者と、暮らしていけない者とがいる。本書は、暮らしていけない者の喜びとジレンマとを綴《つづ》ったエッセイ集である。

野生の事物は、風や日没と同様に当然の存在であったのだが、やがて文明の進歩につれて放逐されはじめた。そこで、われわれは今、自然にある、野生で自由な事物を犠牲にしてまで、もっともっと高度な「生活水準」を追求する必要があるのかという問題に直面している。われわれ少数派の場合は、テレビを見ることよりもガンの観察のほうが大切だし、オキナグサを見つける機会の確保は、言論の自由の確保に匹敵する、絶対に譲れない権利なのである。

こうした野生の事物に人間に都合のよい価値が多少とも生じたのは、機械化文明のおかげでわれわれ人間は上等な朝食が確保でき、科学のおかげで動植物の起源や生態に関するドラマが明らかになって以後のことだということは、ぼくも認める。つまり、このジレンマ全体は、煎じつめれば程度の問題である。われわれ少数派は、文明の進歩は収益逓減の法則につながるとみているのだが、反対の立場の者は、そうとは思っていないのである。

結局、物事はあるがままで工夫《くふう》するしかない。ぼくはこのエッセイ集を、自分の工夫の記録としてまとめ、全体を三部に分けて構成してある。

*

ぼくは週末にはいつも、近代化されすぎた都会を逃れて、家族ぐるみで奥地の農場の「掘立小屋」で過ごしているのだが、第一部ではその折の観察や行動をまとめてみた。ウィスコンシン州にあるこの砂地の農場は、「より大きく、より便利に」をモットーとする社会の勢いに押され、当初はさびれ果て、やがて見捨てられてしまった場所だが、それをわが一家が引き取り、シャベルと斧《おの》とを用いて、ほかでは失われているものを築き直そうとしているのである。この地でわれわれは、神からの糧《かて》を求め、今もなお見いだしているのだ。

この掘立小屋を中心に起きたあれこれのエピソードを季節の順に配列したのが、第一部「砂土地方の四季」である。

第二部の「スケッチところどころ」は、自然保護にまつわるエピソードで人から聞いた話に対する感想を綴ったものだが、ぼく個人としては、こうしたエピソードを聞いて、自然保護団体というものは足並がそろわないものだということを、徐々に、ときには苦々しい思いをしながら教えられた。これらの話の出所は、北アメリカ大陸各地にまたがり、時間的にも四十年間という幅がある。いずれも、「自然保護」という十把ひとからげのレッテルを張られている問題の争点を明らかにする恰好の例と言えよう。

第三部の「自然保護を考える」では、ぼくをふくめた現状反対論者の論旨の一部を、第一部や第二部よりもやや哲学的な言葉を用いて書き記した。第三部で扱った哲学的な問題に自ら取り組もうという気を起こしてくださる人は、読者のうちでも、第一部と第二部に記したぼくの考えによほどの共感を抱いてくださった人だけかもしれない。しかし、ここにおさめた文章は、いずれも自然保護団体の足並を元に戻す方法を具体的に示した提言となっていることは確かだと思う。

*

自然保護運動は、現在八方ふさがりになりかけている。というのも、これは、土地に対するわれわれが抱いているアブラハム的な見方とは両立しないからだ。土地は、人間が所有する商品とみなされているため、とかく身勝手に扱われている。人間が土地を、自らも所属する共同体とみなすようになれば、もっと愛情と尊敬を込めた扱いをするようになるだろう。土地が、機械化文明に染まった人間の強い影響をくぐりぬけて存続し、また、人間が土地から、科学の下で、文化に寄与する美的収穫を得るためには、これよりほかに方法はないのである。

土地がひとつの共同体であるということは生態学の基本概念だが、土地は愛され尊敬されてしかるべきだという考え方は倫理観の延長である。土地が文化的実りを産むということはかなり以前から知られている事実だが、最近ではしばしば忘れられている。

本書の各エッセイは、以上の三つの概念を密接に結び合わせたいというもくろみで書いたものである。

土地や人間に対するこうした見解には、個人的な体験や偏見によるずれや歪みが生じやすいことはもちろんである。だが、真実がいずれにあるにせよ、次のことだけは完全に明白だと思う。つまり、「より大きく、より便利に」を目指している社会は、今やいわばヒポコンデリー症状を示しており、経済的健康をやみくもに願うあまり、真の健康の維持ができない姿に追い込まれているということだ。世界がこぞって浴槽ばかりを貪欲に求め、それをつくるのに必要な安定した世の中を見失い、あるいは水洩れを防ぐ栓を締め忘れているのだ。したがって、現状では、ありあまる物質的な恵みには軽侮の目を向けるという、多少とも健全な感覚を示す以外に、より健康的な社会を築く手段はありえない。

そして、そのような価値観の変更は、不自然に人間に飼い馴《な》らされた事物に対する見方を改め、自然にある、野生で自由な事物を認めてこそ達成が可能なのではなかろうか。

一九四八年三月四日　ウィスコンシン州、マディスンにて

アルド・レオポルド

目次

II　スケッチところどころ

III 自然保護を考える

野生のうたが聞こえる

挿画　チャールズ・W・シュワーツ

I　砂土地方の四季

一月

一月の雪解け

毎年、真冬の大吹雪《ブリザード》が過ぎ去ると、雪解けの夜が訪れる。解けた水滴の、ポツンポツンと大地に滴《したた》り落ちる音が耳を打つ。この音には、夜間だけねぐらにもぐり込む生き物に限らず、冬じゅう眠り続けていた生き物たちまでが、妙に心を揺さぶられる。深い穴の底に身を丸くして冬ごもりをしていたスカンクも、身を伸ばし、まだじめついている地上へ思いきりよく顔を出して、雪の上を這《は》いずりまわる。これは、一年というサイクルの変わり目が訪れるたびに、まっさきに目につく出来事のひとつだ。

この時季には、ほかの季節ではなかなかお目にかかれない出来事がいろいろと起きているというのに、そんなことは、スカンクにとってはどうでもいいらしい。俗念をいっさい振り払って突き進んだような、一直線の足跡がその証拠だ。いったいこのスカンクは、どんな気で、何を求めているのだろう。どこかに目的地があるのだろうか。それを知りたくて、ぼくは跡をつけてゆく。

*

一月から六月にかけては、楽しみが豊富にある。しかも、月が変わるごとに、その数が加速度的に増えてゆく。一月にはスカンクの跡を追うのもいいし、アメリカコガラの脚輪を調べてもいい。シカがかじったマツの若木を見、ミンクが掘り返したマスクラットの巣の具合を観察するのもいい。なにしろ、ほかにはときたま、それもどうでもいいような内容のことしかすることがないので、一月にはまるで、雪のように穏やかに、寒気のように長々と、観察を続けることができる。しかも、結果を眺めるだけではなく、理由をあれこれ推測して楽しむ時間の余裕まであるのだ。

*

野ネズミが一匹、ぼくの近づく気配に驚いて、スカンクの足跡を横切り、からだが濡れるのも構わず一散に逃げてゆく。こんな昼ひなかに、どうして外に顔を出したのだろう。おそらく、雪解けが恨めしかったからではなかろうか。せっかく、生い茂る草を苦労して嚙《か》み切り、こっそり雪の下に迷路のようなトンネルをこしらえておいたのに、それがきょう、トンネルどころか、ただの通路に変わり果ててしまったのだ。白日の下に、無惨な姿をさらして。ネズミたちがささやかな経済制度の基盤と頼むこのトンネルも、雪を解かす太陽にかかっては、とんだお笑い草でしかなかったのだ！

ネズミは実直な生き物である。草が伸びたら干し草にして地下に蓄え、雪が降れば、干し草の山から山へと通じるトンネルをこしらえるという知恵を身につけている。需要、供給、輸送の仕組みが、手際よく整えられているのだ。ネズミたちは、雪が降ればもう飢えも恐怖も感じなくてすむ。

＊

前方の草原の空高く、ケアシノスリが一羽飛んできた。それがいったん宙に停止し、それからカワセミのように旋回したかと思うと、まるで羽でも生えた爆弾さながらに、下の湿地めがけて急降下した。そのまま舞い戻ってこないところをみると、何か獲物を捕まえて食べているところに違いない。おおかた、心配性のネズミのトンネル技師が、上手にこしらえたはずのトンネルの壊れ具合を確かめに、夜まで待てずに出てきたところを、狙ったのに決まっている。

ケアシノスリは、伸びた草の利用法などはまるでご存知ない。だが、雪が解ければまたネズミを捕まえられることは、ちゃんと知っている。だから、雪解けをあてにして北極地方から南下してくる。ケアシノスリは、雪解けの季節になればもう飢えも恐怖も感じなく

てすむ。

*

ぼくはスカンクの跡を追って、森のなかに踏み込む。途中の空地で、ウサギの通った跡と交差する。ウサギは雪を踏み固め、その上に赤味がかった尿の跡を点々と残す。近くのオークの木は、雪解けのおかげで生々しく樹皮が剝げているが、その代わりにそこから新芽が顔をのぞかせている。ウサギの毛が固まって落ちているのは、雄どうしが、恋のさやあてで今年初めての決闘に及んだ証拠だ。少し進むと、雪が血に染まった場所に出くわした。血だまりの周囲には、大きく弧を描いてフクロウの羽根が散らばっている。犠牲となったウサギは、雪解けの季節になると飢える心配はなくなるが、同時に恐怖の種が増えることを忘れていたらしい。フクロウのおかげで、春になっても気を抜いてはいけないことを思い知ったに違いない。

スカンクの跡はなおも続いている。だが、食べられそうなものに興味を示した跡はまったくない。森の仲間たちがふざけたり、天罰を受けた場所にも、まるで関心がなかったようだ。いったい、このスカンクは何を考えていたのだろう。何が目的で、ねぐらから這い出してきたのだろう。ぬかるみのなかを、でっぷりしたお腹をひきずって進む、こんな太っちょ野郎に高尚な動機の持ち合わせがあろうとは、とても思えないのだが。結局、この足跡は流木の山のなかに入り込み、その先で消えていた。流木のあいだから、水の滴《したた》る音が聞こえる。追い求めてきたスカンクも一緒にこの音を聞いているのではなかろうか。そんな疑問を胸に残したまま、ぼくは家路につく。

＊

二月

良質のオーク

自分の農地を持ち合わせないと、気持のうえで嵌《はま》りやすい罠が二つある。朝になったら食料品屋で買ってきたものを食べればいい、寒くなれば暖房器具で暖まればいいと思い込んでしまうことだ。

第一の罠を避けるには、畑をつくって自分で野菜を栽培するに限る。似たような野菜を売っている食料品屋が近くにない場所なら、なおよい。

第二の罠を避けるには、良質のオークで薪《まき》をつくり、暖炉の薪載《まきの》せ台の上で燃やすに限る。もともと暖房器具などなければ、なおよい。そして、二月の大吹雪《ブリザード》が、戸外で木々を揺らして吹き荒れているあいだ、この焚火の前で足を広げ、暖をとるのだ。自分の手で木を切り、割り、運び、積む。それも、心をこめて行えば、暖をとるとはこういうことだったのかと、改めて思い知るはずだ。さらには、町で暖房器具の前に足を広げて週末を過ごす人にはとうてい分からない、こまごまとした手順をつくす楽しさも、たっぷりと味わえる。

*

今、薪載せ台の上であかあかと燃えているこのオークは、もとは砂丘の上へと続く旧移民街道に生えていたものだった。幹の直径は、切り倒したときに測ってみたら、三〇インチ（約七六センチ）あった。年輪は八十本。ということは、もとの若木に初めて年輪ができたのは一八六五年、つまり南北戦争の終わった年のことだったに相違ない。だが、現在の若木の生長実績から、毎年冬になるとウサギに皮をむかれながらも、翌年の夏のあいだには必ずまた新芽をふくという繰り返しを十年以上続けたオークでなくては、ウサギの背丈よりも高く成長しないことが分かっている。もっとはっきり言えば、今も残っているオークというのは、ウサギが見逃したか、ウサギの数が少ない年に生長したものばかりなのだ。そのうちに根気のいい生物学者が現われて、毎年新たに成木となったオークの数を数えてグラフにしたら、十年ごとに山のある曲線ができるだろう。そしてそれは、ウサギの繁殖率が十年ごとに低下していることが原因であると分かるに違いない（植物も動物も、種《しゅ》の内外でこのようなプロセスの闘いを絶えず繰り返しているので、全体としての分布状態を不変に保つことができるのである）。

つまり、ぼくのオークが年輪を刻みはじめた一八六〇年代半ばの年は、ウサギの繁殖率が低かったのではなかろうか。もっとも、この木のもとであるドングリが地面に落ちたのは、その前の十年のあいだの出来事だったに相違ない。まだ幌馬車が、すぐそこの移民街道を「大北西部」に向かって通り過ぎていった頃だ。ひっきりなしに移民たちの往来があり、土手の草が擦り切れて土がむき出しになったからこそ、そのドングリは初めての葉を広げて陽光を浴びることができたのだろう。地面に落ちたドングリのうち、ウサギと渡り合えるほど大きく生長できるのは千に一つしかない。あとは、誕生と同時に、大草原という海のもくずとなってむなしく消えてしまう運命にある。

このオークはその運命を免れ、こうして生き永らえて、八十年のあいだ六月の太陽のエネルギーを蓄え続けてくれたのかと思うと、心のなかまでポカポカしてくる。八十回もの大吹雪《ブリザード》をくぐり抜け、オークのなかに閉じ込められていた太陽エネルギーが、斧《おの》と鋸《のこぎり》の力で解き放たれ、今こうしてぼくの小屋と心とを暖めてくれているのだ。そして、関係者なら誰でも、わが煙突から吹き出る煙を見るたびに、ここでは過去の太陽の光まで無駄なく利用している証《あかし》とみなすに違いない。

これが、わが犬となると、燃料に何が使われていようといっこうに気にしない。とにかく、早く暖まりたい一心である。しかも、ぼくには魔法の力があり、いつもすぐに暖かくしてくれるものと思い込んでいるらしい。その証拠に、夜明け前、まだ暗くて寒いうちに

ews

ぼくが起き出して、震えながら薪載せ台に向かって身をかがめ、火を起こそうとすると、さっそくこいつが現われて、ちゃっかり、灰の上に載せたたきつけの前に割り込んでくる。おかげでぼくはいつも、こいつのお腹の下から手を伸ばしてマッチをつけなくてはならなくなる。こうと決めたら、てこでも動きそうにない奴だからだ。

わがオークに引導を渡したのは雷だった。七月のある夜のこと、すさまじい落雷の音を耳にして、小屋じゅうの者が目をさました。すぐ近くに落ちたことは間違いないが、小屋は無事と分かったので、そろってまた寝てしまった。人間は、何事につけ、自分の都合で吟味する。相手が雷とあっては、特にそうだ。

翌朝、みんなで砂丘をぶらつきながら、雨に濡れてみずみずしいオオハンゴンソウやプレイリー・クローバーを愛《め》でていると、剝げたばかりのような大きな木の皮が落ちているのに出くわした。見ると、道端のオークの木の幹に長いカギ裂きができている。一フィート幅で皮が剝げ、まだ日光による黄ばみのない白い地肌がむき出しになっていた。次の日にまた行ってみると、葉がすっかり枯れていた。こうして雷のおかげでわが一家は、三コード分（約三八四立方フィート）の薪の材料を手に入れることができたのである。

この老木が消えてゆくのは悲しい。だが、そばの砂地からは、十何本かの若木が、たくましい姿で、まっすぐに生え伸びている。生長という仕事は、この若木たちがとっくに引き継いでいるのである。

命を失った老木にはもう光のエネルギーを蓄える力はないが、ぼくらはこの木を一年間日光にさらして乾燥させた。そして、あるさわやかな冬の日、この木をがっちりと守り抜いてきた根元に、目立てをしたばかりの鋸《のこぎり》を当てた。切り口からは、さながら歴史の断片のようなおがくずが芳香を放って飛び散り、雪の上の、木の両側に腰を据えて構えている挽《ひ》き手たちの前に、二つの山となって積もった。これはただのおがくずではない、という気がする。この木のなかには、いわば一世紀という歳月が凝縮されているのだ。ぼくらは、鋸をひと挽き、またひと挽きと繰り返すごとに、十年また十年と時間を溯《さかのぼ》り、この素晴しいオークが生き抜き、年輪に刻み込んできた歳月のさまざまな出来事を、目《ま》のあたりにする思いだったのである。

*

ほんの十数回挽いただけで、鋸の歯は、わが一家がこの農地を手に入れ、愛し、大切に守ってきた数年の歳月を通り過ぎ、あっという間に先住者の時代に突き当たった。ここの先住者は酒の密造者で、畑仕事が大嫌いだったらしい。あげくの果ては、残っていた作物を根こそぎ収穫したうえで母屋に火をかけ、土地は郡当局が没収するのにまかせ（税金未払いというおまけまでつけていた）、あの「大恐慌」のさなかに、土地を持たぬ無名の連中にまぎれて姿をくらましてしまったのである。だが、オークは、その男にも、上等な薪の材料として役に立ったはずだ。その男が挽いたオークからも、このオークと同じく、芳香を放ち、しみひとつない、ピンク色をしたおがくずが飛び散ったはずだ。オークは人を差別しない。

酒の密造者が跋扈《ばっこ》した時代は、砂嵐による旱魃《かんばつ》の起きた一九三六年、一九三四年、一九三三年、一九三〇年のあいだに終わりを告げた。当時は密造者が蒸留器で燃すオークの薪の煙や、燃えるように暑い低湿地でくすぶる泥炭《ピート》の煙で日が陰るほどだったに相違なく、またこの地には、アルファベット順の整理が必要なほど手広く自然保護区があったはずだ。だが、おがくずには何の変化もない。

ここで、挽き手のリーダーが「小休止！」と叫ぶ。それを合図《しお》に、そろってひと息いれる。

＊

鋸は一九二〇年代へと進む。シンクレア・ルイスが描く『バビット』的な楽観主義が罷《まか》りとおった十年間である。無鉄砲で傍若無人なやり方でも、万事が大きく伸び、好転した時代だった。だが、それも一九二九年の株式市場の大暴落で終止符を打つ。オークだってこのニュースを聞いていただろうに、何の痕跡も残してはいない。また、木々の愛護を目的とする、州議会の数々の立法措置――一九二七年の国有林法や森林資源保護法、一九二四年のミシシッピ川上流沿岸低地に対する大規模な保護、一九二一年の新森林政策――にも無関心だったようだ。一九二五年にこの州でテンがついに絶滅したことも、一九二三年に初めてホシムクドリが渡来したことも、気づかなかったらしい。

一九二二年三月に「巨大雹《ひょう》災害」があったとき、このあたりのニレはみな、ずたずたになったものだが、わがオークが被害を受けた形跡はない。およそ一トンもの氷のつぶてを浴びても、良質のオークなら何ともないのだろうか。

ここで、挽き手のリーダーが「小休止!」と叫ぶ。それを合図に、そろってひと息いれる。

*

鋸は一九一〇～二〇年の年代へと進む。干拓の夢に明け暮れた十年間である。ウィスコンシン州中部の湿地帯を蒸気シャベルで浚渫《しゅんせつ》し、農地に変える計画だったのだが、実際には焼け野原が残っただけだった。わが湿地が被害を免れたのは、ここの工事が慎重に行われたからではないし、工事計画から外れていたせいでもない。ここでは毎年四月になると河川《かせん》が氾濫《はんらん》し、特に一九一三～一六年には徹底的なあふれ方をしたからである。これは、川が自衛のために反乱を起こしたのではなかろうか。一九一五年には、州最高裁判所の裁定により州有林が廃止され、フィリップ州知事が「州当局が林業を行っても、よい施政とは言えんからねえ」と独断的な発言をしたが、それでもオークの生長ぶりはまったく変わらない（この知事は、「よい」ということ、「施政」ということのいずれについても、一面的な解釈しかできなかった人らしい。州有林を廃止するのが善政だと一方的に思い込んで法律に定めたのだろうが、この地方の場合は、暖房事情からいって、まるで別の施政が必要なのだということには気がつかなかったのだろう。もっとも、こんなことにいちいち疑問を感じていては、知事など務まらないのかもしれないが）。

この十年のあいだに、森林管理はおろそかになったが、猟獣の保護は進んだ。一九一六年、ウォーキショー郡でキジの定着に成功。一九一五年、連邦法により春季の銃猟禁止。一九一三年、州立狩猟場が発足。一九一二年、「鹿狩法」により牝ジカが保護される。一九一一年、州全体に鳥獣保護が広まる。「鳥獣保護」が犯すべからざる言葉となった年だったが、オークには何の変わりもない。

ここで、挽き手のリーダーが「小休止！」と叫ぶ。それを合図に、そろってひと息いれる。

＊

鋸は一九一〇年へと進む。あるご大層な大学の総長が自然保護に関する本を出し、ハバチの大発生により何百万本ものアメリカカラマツが枯れ、大旱魃が原因でマツ林が幾つも焼け、さらには巨大な浚渫機によってホリコン湿地の干拓が行われた年である。

一九〇九年、五大湖に初めてキュウリウオが放流され、また、雨の多い夏だったため、森林火事対策予算が削減された。

一九〇八年に切り進む。乾燥した年で、あちこちで激しい山火事が起き、また、ウィスコンシン州最後のピューマがいなくなった。

一九〇七年に切り進む。この年、「約束の地」に進む方向を間違えて迷い込んでいた一頭のオオヤマネコが、デーン郡の農場でその生涯を閉じた。

一九〇六年に切り進む。州で最初の森林官事務所が設置され、また、火事により、この砂土地方一帯の土地一万七千エーカーが焼けてしまった年である。次いで、一九〇五年には北部からオオタカの大群が飛来して、この地方のライチョウを食べあさった（きっとこのオークにもとまって、ここのライチョウを何羽か食べてしまったに相違ない）。さらに、冬の寒さがことさら厳しかった一九〇二～〇三年を経て一九〇一年へ。記録的な大旱魃の年である（年間降雨量がたった一七インチ〔約四三〇ミリ〕だった）。そして一九〇〇年。希望と祈りをこめた新たな世紀がはじまった年だが、オークの年輪に変わりはない。

ここで、挽き手のリーダーが「小休止！」と叫ぶ。それを合図に、そろってひと息いれる。

＊

鋸は一八九〇年代にくい込む。地方よりも都会中心の見方をする者の目には、華やかに映る時代だ。一八九九年、ここより北へ二つ先の郡であるバブコック近辺で、最後のリョコウバトが流れ弾に当たって死ぬ。一八九八年、秋が日照り続きだったうえ、冬にも雪がまるで降らず、地面が七フィート（約二メートル）の深さまで凍りつき、リンゴの木が駄目になった。一八九七年、やはり旱魃が続き、また、この年には林業審議委員会が発足している。一八九六年、スプーナー村だけで二万五〇〇〇羽のソウゲンライチョウを市場に出荷。一八九五年、またもや山火事の年。一八九四年は、またまた旱魃。一八九三年には、三月の猛吹雪のおかげで、いつも渡ってくるブルーバードの数がほぼゼロに減るという「ブルーバード異変」が起きた（毎年、一番乗りのブルーバードたちが必ずこのオークで羽を休めていたのが、九〇年代半ばにはそのまま通り過ぎてしまったのに違いない）。一八九二年、この年も山火事頻発。一八九一年は、ライチョウの繁殖率が低い周期の年だった。そして一八九〇年はバブコック乳業試験所が設立された年である。半世紀後の今日、ハイル知事がウィスコンシン州こそアメリカの酪農を担う地だと胸を張れるのは、この試験所のおかげである。それにしても、特許の動力器械が誇らしげに肩を並べている現在の光景は、当時は、創立者のバブコック教授すら予想もしなかったことだろう。

同じく一八九〇年、わがオークが立っていた場所からすっかり見渡せるところで、マツ材が史上最大のイカダに組まれ、次々とウィスコンシン川に滑り落とされた。川下の、草原の多い諸州の乳牛用に、大がかりな赤い牛舎群を建設するための資材だった。こうして今もその上質のマツが、牛たちを猛吹雪から守っている。上質のオークがぼくを守ってくれているように。

ここで、挽き手のリーダーが「小休止!」と叫ぶ。それを合図に、そろってひと息いれる。

*

鋸は一八八〇年代にくい込む。一八八九年は旱魃の年。「植樹祭」の日が初めて公示された年でもある。一八八七年、ウィスコンシン州最初の猟区監視官が誕生。一八八六年、ウィスコンシン大学農学部が、農民対象の短期講座を初めて開講。一八八五年、前年とまたがって、未曾有の長くて厳しい冬で幕を開ける。一八八三年、W・H・ヘンリー学部長が、州都マディスンの春の開花日は例年より十三日遅いと報告。一八八二年にはメンドタ湖の解氷が例年より一カ月遅れとなる。八一年から八二年にかけての冬に、あの歴史的な「大雪」が降り、厳しい寒さが続いたのが原因。

一八八一年にはまた、ウィスコンシン農学会で、「ここ三十年間に州全域にわたって黒オークの二次林が出現した原因について」と題する討論が交わされた。わがオークも、そうした二次林の産物である。自然発生説のほか、南へ向かうリョコウバトの嘴《くちばし》からこぼれたドングリが原因とする説が出た。

ここで、挽き手のリーダーが「小休止！」と叫ぶ。それを合図に、そろってひと息いれる。

＊

鋸は一八七〇年代にくい込む。ウィスコンシン州で小麦のむちゃくちゃな作付けが行われた十年間である。一八七九年にその反動がきた。ナガカメムシや地虫が横行したうえに、銹《さび》病害、土壌の疲弊が重なり、そのままむちゃな小麦の作付けを続けていたら、せっかくの畑が西部の未開の草原にも劣る荒地と化してしまうことを、ウィスコンシン州の農民たちもようやく悟ったのである。わが農地だって、当時のむちゃな小麦づくりにひと役買っていたのではなかろうか。このオークのすぐ北の土地で砂埃《すなぼこり》がひどいのも、もとはと言えば小麦の作付け過剰が原因ではないか、という気がする。

同じく一八七九年には、ウィスコンシン州で初めてコイが放流され、また、船荷にまぎれて、シバムギが初めてヨーロッパから渡来した。一八七九年十月二十七日には、移ってきたソウゲンライチョウが六羽、マディスンにあるドイツ・メソジスト教会の棟木《むなぎ》にとまり、発展を続けるこの街を眺めていたという。十一月八日には、マディスンの市場でカモが入荷過剰となり、一羽十セントの安値になったという記録が残っている。

一八七八年には、ソーク・ラピッズ出のある猟師が「今にきっと、猟師のほうがシカより数が多くなるぞ」と予言した。

一八七七年九月十日、マスキーゴ湖で狩りをしていた兄弟二人が、一日で二一〇羽のミカヅキシマアジを仕留めた。

一八七六年は記録的に雨が多い年で、雨量は五〇インチ（約一二七〇ミリ）にもなった。ソウゲンライチョウの数が減ったのは、おそらくこの激しい雨が原因であろう。

一八七五年、東隣の郡ヨーク・プレイリーで、四人の猟師が一五三羽のソウゲンライチョウを撃ち殺す。同年、アメリカ漁業委員会が、わがオークから南へ十マイル（約十六キロ）の位置にあるデヴィルズ湖にタイセイヨウサケを放流。

一八七四年、手製から工場生産に切り替わったばかりの有刺鉄線を、動物よけとしてオークの木に巻いて使いはじめた年。今、鋸を当てているこのオークに、そんな人工物が埋まっていないとよいのだが。

一八七三年、シカゴのある会社が二万五〇〇〇羽のソウゲンライチョウを入荷し、市場に売りに出す。シカゴの市場全体では、ダースあたり三ドル二十五セントで、六〇万羽が取り引きされた。

一八七二年、南西へ二つ先の郡で、ウィスコンシン州最後の野生のシチメンチョウが殺された。

ところで、この十年のあいだに開拓者たちがめちゃくちゃな小麦の作付けをし、結局はやめたが、それと同じくこの時期に大流行だったハト狩りもようやくおさまったのはよかった。一八七一年には、このオークから北西五百マイル以内の三角地帯に、ハトがおそらく一億三六〇〇万羽は巣をつくっていたはずである。このオークにだって幾つか巣があったに違いない。その頃にはもう高さ二十フィートくらいの元気な若木に育っていたはずだからだ。それが、網や銃や棍棒、おびき寄せ用の塩の塊までたずさえたハト猟師たちが大勢押し寄せてきて、目の色を変えてハトを捕え、ハト肉パイの材料として南や東の町へ貨車に積んで送り出したのである。おかげで、ハトの大がかりな巣づくりは、ウィスコンシン州ではこの年が最後となった。おそらくほかの州でも、事情はほぼ同じだろうと思う。

一八七一年には、ほかにも壊滅的な事件があった。二つの郡の木と土地を焼き尽くしたペシュティゴ大火、それに、牝牛が反抗して何かを蹴とばしたのが発端だとかいう、シカゴ大火である。

一八七〇年には、この州のハタネズミがすでに絶滅の段階にあった。ネズミたちは、まだ開拓途上だったこの州の果樹園の生育途上の木々を食べ尽くして、自らも滅んだのである。わがオークは食べられていない。すでに樹皮が堅くなっており、ネズミには歯が立たなかったからだ。

あるプロの猟師が、自分はシカゴ近くで一シーズンに六〇〇〇羽のカモを撃ちとったと『アメリカン・スポーツマン』誌上で自慢していたのも、やはり一八七〇年のことだった。

ここで、挽き手のリーダーが「小休止！」と叫ぶ。それを合図に、そろってひと息いれる。

＊

鋸は一八六〇年代に切り込む。「人間と人間とが結びついた共同体を軽々しく分断してよいのか」――この疑問を解決するために、大勢の人々が命を落とした年代（南北戦争の時代）である。彼らは、この問題は解決した。だが、人間と土地とが結びついた共同体に対する同じ疑問は、彼らには解決できなかったし、われわれもまだ解決できていない。

もっとも、この十年間に、このいっそう大きな問題への取り組みを模索する努力が、まるで行われなかったというわけではない。一八六七年にはインクリース・A・ラファムの提唱により、植林者に対し、州園芸協会から賞が贈られることになった。一八六六年には、ウィスコンシン州最後のヘラジカが人手にかかって死んでいる。鋸はいよいよ、このオークの芯《しん》である一八六五年の年輪へと切り進む。この年、ジョン・ミュアは、兄の土地を買いたいと申し出た。このオークがある場所から東へ三十マイルの所にあるその土地は、当時こそ兄の自作農場となっていたが、ミュアが若い頃に野生の花の聖域として親しんだ場所だったのである。兄は土地を手離すことに難色を示したものの、結局弟の思いを絶つことはできなかった。おかげでこの土地は原生花園として甦《よみがえ》り、一八六五年という年は、自然にある、野生の自由な物事を尚《たっと》ぶ気持の芽生えた年として、ウィスコンシン州の歴史に今なお書き留められている。

鋸は芯を通過。そして今度は、オークの歴史を、前とは逆にたどってゆく。年輪を逆の順序に、幹の向こう側を目指して切り進む。やがて、いよいよ大きな幹全体が揺れはじめる。切り口が突然、広がる。危険を避けるために、挽き手たちは、鋸を引き抜きざま、急いでうしろへ飛び退《すさ》る。「倒れるぞ」といっせいに叫ぶ。わがオークは、傾き、きしみ、地響きをたてて倒れ、自分を産んだ移民街道にまたがってひれ伏した姿で横たわる。

＊

次の仕事は、薪づくりだ。まず幹を幾つかに分けて切る。それをひとつずつ引き起こして立て、スチール製のくさびをあてがい、木槌《きづち》で打つ。くさびが鳴るたびに、香り高い板が幹と分かれて倒れてゆく。あとはこれを集めて束ね、道端に積めばいい。

鋸、くさび、斧には、それぞれ異なった機能がある。つまり、使う道具によって切り口が違う。歴史家ならこれを、歴史のさまざまな側面になぞらえることが可能だ。

鋸は年輪と交差し、しかも一年一年、順ぐりにしか切り進まない。そして鋸の歯が年輪をひとつ挽くごとに、小さな木の粒がこぼれ落ち、下に小さな山をつくる。木の粒は、歴史で言えば個々の事実にあたる。したがって下にできた山は、樵《きこり》が見ればおがくずの山、歴史家が見れば古い記録の集積ということになる。どちらも、外部に目に見える形で現われたサンプルとして、内部に秘められている特徴全体を推し量るのに役立つ。ただし、一世紀にわたる歴史の全体像は、鋸を挽き終わり、木が倒れて、切株の断面を見ないことには分からない。言い換えれば、木が倒れたときになって初めて、一見種々雑多な事実の集積にしか見えないおがくずの山にも、歴史と呼べる一貫性が

あることが分かるのである。

これに対し、くさびは、鋸で切った木を中心から放射状の方向に割る場合にだけ、役に立つ。この場合、一気に割れて全部の年輪の縦方向の断面をまとめて見ることができるか、ぜんぜん割れないのかのどちらかで、どちらになるかは、くさびを打つ場所の選び方で決まる(嘘だと思うなら、割り損なった木株をそのまま一年間、割れ目が広がるまで乾燥させてみるがいい。あわてて打ちこんだくさびの多くは、割れ目の奥の、割れるはずもない不規則な木目にはさまって錆ついているのが分かるはずだ)。

斧は、年輪に対して斜めの角度に、それもごく最近にできた外側の年輪に切りつける場合にだけ役に立つ。特に、大枝を払うのに使うといい。これには、鋸もくさびも役立たずだからだ。

よいオークにも、よい歴史にも、この三つの道具は欠かせない。

*

やかんがシュンシュンと快い音を奏で、わが良質のオークがあかあかと燃え、下の部分が白い灰と変わるあいだに、ぼくは以上のような思いをめぐらせていた。この灰は、春になったら、砂丘の麓の果樹園に戻すとしよう。そうしたら、いずれきっとまたぼくの手元に戻ってくる。もしかして、赤いリンゴに姿を変えて。いや、十月の、まるまる太ったリスたちの、やんちゃ心と成り変わるかもしれない。この心がすみついたリスたちは、自分ではわけも分からず、やがて良質のオークとなるドングリをまき散らしていってくれるのではなかろうか。

三月

帰ってきたガン

ツバメを一羽見つけても夏が来たとは限らないが、三月の雪解けの時期にガンがひと群れ、暗闇を切り裂くようにして飛来すれば、もう間違いなく春だ。

これがショウジョウコウカンチョウなら、雪解けを見て春と思い、さえずりはじめてから間違いと気づいても、すぐにまた冬のあいだの沈黙に戻ればよい。日光浴をする気で首を出したシマリスにしても、外は吹雪と分かれば、また寝床に戻りさえすればよい。だが、湖が口をあけているものと見込んで、暗い夜を二百マイルも飛んできた渡りガンともなると、おいそれとは引き返せない。したがって、ガンの到来には捨て身の予言者の言葉のような説得力がある。

空を眺め、ガンの声に耳を傾けながら朝の散歩をしたことがない人にとっては、三月の朝はさぞかし味気なかろう。だが、当のご本人も味気ない人間だという気がする。ぼくは以前、ファイ・ベータ・カッパ・クラブ（大学の優等生で組織する米国最高の学生友愛会）所属だという、教養あるご婦人を知っていた。しっかり断熱工事を施した彼女の家の屋根にも、ガンが年に二回、季節の変わり目を告げに訪れているのだが、尋ねてみると、そんなガンのことなど、姿を見たこともなければ、声を聞いたこともないという。教育とは、もしかしたら、次々により価値のひくい物事へと意識の対象を置き替えていく作業ではなかろうか。これがガンだったら、そんな意識の低下をきたすと、たちまち（敵に襲われて）羽毛の山と化す運命だというのに。

わが農場に季節を告げにくるガンたちは、ウィスコンシン州の法令も含め、多くの事柄に注意を払って行動している。だから十一月に南へ向かう群れは、お気に入りの砂州《さす》や沼地があっても、人間に気取られないように、めったに鳴き声ひとつあげず、頭上高く悠々と通り過ぎてゆく。それも「一直線」の飛び方ではなく、ここから南へ二十マイル離れた本来の目的地、つまりこのあたりで一番近くて大きい湖へ、やや遠回りして訪れる。そして、日中はその遠目のきく水面でのんびりと過ごし、夜になってから、刈りたての畑へトウモロコシをくすねにやってくる。十一月のガンは、どの湿地や池にも、夜明けから暗くなるまで、人間どもが大挙して銃を構え、獲物を狙っていることを、ちゃんとわきまえているのである。

三月のガンだと、話は違ってくる。前羽に散弾の痕《あと》が残っていることからも分かるように、ほぼ冬じゅう銃に狙われつづけていたことは確かなのだが、春のこの時期には休戦協定が発効していることを知っている。そこで、U字形にくねる川に沿って進みながら、今は銃を持つ人間の姿がない空地や島の上を低く横切り、砂州に出くわすたびに、まるで久しぶりの友人に出会ったかのように声をかける。湿地や草原の上を飛ぶときも、雪解けでできた新しい水たまりや池にいちいち挨拶《あいさつ》をしながら、低く、縫《ぬ》うようにして進んでゆく。そしてついにわが湿地の上空に到着すると、二、三度型どおりに旋回してから、羽を構え、静かに、滑るように池へ向かって降りてゆく。高度を下げるにつれて、着水に備えて黒い脚を下に伸ばす。お尻の白い羽根の色が、遠い丘をバックに浮き出て見える。こうして着水すると、わが新来のお客様たちは、ひと声鳴き、生え並ぶもろい蒲草たちに水しぶきを浴びせ、その冬への未練を断ち切る。おなじみのガンたちがまた帰ってきたのだ！

毎年、この瞬間にはいつもぼくは、自分が目の高さまで沼にもぐれるマスクラットだったらなあと、つくづく思う。

第一陣のガンたちは、自分たちが落ち着くと、今度は後から渡ってくる群れにいちいちやかましく声をかけて誘う。おかげでわが湿地は、数日のうちにガンでいっぱいになる。ちなみに、わが農場では、ここに訪れた春の大きさをはかるのに、二つの物指しを用いている。植えたマツの本数と、羽を休めにきたガンの数だ。ガンの数では、一九四六年四月十一日に数えた六四二羽というのが最高の記録である。

CHARLES W
SCHWARTZ

秋と同じく、春のガンも、毎日トウモロコシ畑へやってくる。だが、夜になってこっそり忍び出てくるのではなく、一日じゅう群れをなして、やかましく、トウモロコシの切株畑に出入りしている。出がけにいちいち、みんなでにぎやかに味の品定めをしてから訪れ、戻るときにはもっとにぎやかに騒ぎながら去っていく。この、戻りのガンの群れは、すっかり慣れてしまうともう、湿地の上空で例の型どおりの旋回をするのもやめてしまう。まるでカエデの葉が落ちるときのように、まずふわっと宙に浮き、それから左右に横滑りを繰り返しながら高度を下げ、脚を広げた姿勢で、下で歓迎の声をあげている仲間たちのほうへと降りてゆく。降りてからもガアガア鳴き合っているのは、日中に食事ができるありがたさを話し合っているのではなかろうか。なお、この時期にガンたちが食べているのは、捨てられているクズトウモロコシである。冬のあいだは一面の雪に覆われて、トウモロコシを狙っているカラスや、ワタオウサギ、ハタネズミ、キジたちに見つからずにすんだものばかりだ。

ガンが食事に選ぶのは、まごうかたなく、草原を開墾してつくられた畑のトウモロコシといつも決まっている。このように草原トウモロコシに片寄っているのは、何か特別な栄養価があるからなのか、それとも大草原時代からガンたちが先祖代々伝えてきた習慣のためなのかは、誰にも分からない。あるいは、草原の畑のほうが比較的大きいという、もっと単純な理由からかもしれない。かりに、ガンたちがトウモロコシ畑を訪れる前後に交わす、あのやかましい議論の意味を聞き分けることができたなら、この片寄った選択をする理由がたちどころに判明するに違いない。だが、それは無理な相談だし、分からないままでもぼくは充分に満足だ。ガンのことが洗いざらい分かってしまったら、どんなにつまらないことか！

　こうして、春のガンたちの日課を観察していると、一羽きりでやたらと飛びまわり、鳴く回数も多いはぐれガンが案外多いことに気づく。聞いていると、その鳴き声がどうもうら悲しい響きを帯びている気がしてくるし、さらにはあれは、悲嘆にくれた男やもめだろうとか、子供を銃で撃たれて失った母親だろうとかいう、一足飛びの結論を出したくなってしまうものだ。だが、経験豊かな鳥類学者によると、鳥の行動に人間の勝手な解釈を当てはめるのは危険だという。そこでぼくは長いあいだ、この疑問について先入観を抱かないように努めてきた。

　ところが、ぼくの生徒にも手伝ってもらい、六年間にわたり、ひとつの群れに何羽のガンがいるものか、片端から数えてみたところ、はぐれガンのいる意味が思いがけない形ではっきりしてきた。集まったデータを統計的に分析してみたところ、六羽ないしは六の倍数羽からなる群れの例が、偶然というだけではとても片づけきれない数に上ることが分かったのである。つまり、ガンの群れというのは、一家族か、幾つもの家族が集まって構成されているのだ。だとすると、春のはぐれガンというのは、まさに、先ほどご紹介した勝手な想像どおりの存在である可能性が強い。冬の狩猟シーズンに自分だけ生き残って、むなしく肉親を捜し求めているのだと考えればぴったりではないか。これでもうぼくは、寂しげに鳴くはぐれガンを見たら、おおっぴらに共感を寄せ、共に悲しむことができるというものだ。

　もっとも、鳥類愛好家の感傷的な思いつきが無味乾燥な統計的結果とぴったり一致するなどということは、そうざらにあることではない。

　それにしても、四月の夜ともなればいつも、戸外に座っていられるほど暖かくなるため、湿地に集まるガンたちの声をじっくりと聞けて楽しい。初めのうち、ガンたちはしばらくのあいだ沈黙を守っている。聞こえてくるのはもっぱら、シギの羽ばたきとか、遠くのフクロウの声、あるいは恋を語り合うオオバンたちの鼻にかかった鳴き声ばかりだ。だがそのうちに、突然、一羽がかん高い声で鳴くと、たちまち収拾のつかない大騒ぎがはじまる。羽先で水面を叩く音、水を激しく蹴たて、黒っぽい頭を伸ばして突進する音、激しい言い争いを見守る鳥たちの、いっせいに囃《はや》し立てる声。やがて野太いガンの声が聞こえたかと思うと、それで論争にケリがついたのか、騒音は次第におさまってゆく。だが、聞こえるか聞こえないかの小さな声ではあるが、ガンの声がまったくなくなってしまうことは、まずない。またしてもぼくは、自分がマスクラットだったらなあと思う。

　オキナグサが満開になる頃には、集まるガンの数は次第に減ってゆき、五月を迎える前に、わが湿地は再びただの草深い湿った土地に戻る。騒いでいるのはハゴロモガラスとクイナだけだ。

*

人間社会では、一九四三年になってようやくカイロで連合国首脳会議が開かれ、国どうしが団結する必要性に気づいたのだが、これは歴史の皮肉である。ガンの社会ではとっくの昔に同様のことに気づき、毎年三月ともなると、群れどうしの大同団結という絶対的真実に命を賭けているのである。

初めのうちは、大陸氷河での団結にすぎない。続いて三月の雪解け期の団結があり、国際色豊かなガンの集団が、あちこちから北へ向かって大移動する。毎年三月、更新世の時代からずっとガンたちは、シナ海からシベリアの大草原地帯へ、ユーフラテス川からヴォルガ川へ、ナイルからムルマンスクへ、リンカンシャーからスピッツベルゲンへと飛んで、団結を呼びかけてきた。毎年三月、更新世の時代からガンたちは、カリタックからラブラドル半島へ、マタマスキートからアンゲーヴァー湾へ、ホースシュー湖からハドソン湾へ、アベリー・アイランドからバフィンランドへ、パンハンドルからマッケンジーへ、サクラメント川からユーコン川へと飛んで団結を呼びかけてきた。

このガンたちの国際的な交流のおかげで、イリノイ州の余ったトウモロコシは、北極のツンドラ地帯へと空輸される。そして六月の白夜の、あり余る陽光のエネルギーと力を合わせて、この二点間のあらゆる土地の雛《ひな》たちを育てる。こうして毎年、食物と光、冬のぬくもりと夏の孤独との交換が繰り返され、あらゆる大陸で、三月に湿地に立って空を見上げると、どんよりとした空から舞い降りてくる、かけ値なしの野生の詩《うた》に酔うことができる。

四月

洪水よ、来たれ

大河とは必ず大都市のそばを流れているもの、という見方がある。同じ見方からすると、お粗末な農場とは春の洪水でちょくちょく孤立する場所だと言える。わが農場もお粗末なので、四月に訪れると、孤立してしまうことが多い。

もちろん、好きこのんで孤立するわけではない。北部の雪がいつ解けるのかは、天気予報を聞いてもある程度までしか推測できないし、それによる大水が川上の町々を襲うまでに何日かかるかも、およその見当しかつかない。この計算が狂うと、日曜の夕方には町に戻って仕事をしなくてはいけないのに、諦めなくてはならない羽目に追い込まれる。月曜の朝ともなると、周囲はもうあふれた水でめちゃめちゃになっている。それなのに水の奴ときたら、まるでお悔みの言葉でもつぶやくように、さらさらとのんきな音をたてているのだからかなわない。いずれも湖となりかけているトウモロコシ畑の上では、ガンが次々と飛びまわり、いかにも重々しい、尊大な声で鳴いている。百ヤードごとに新来のガンがいて、この新しい水の世界に朝の偵察をする編隊の先頭を切ろうと、空中で羽をばたつかせている。

洪水に対するガンのはしゃぎぶりは、ごく控え目なので、ガンのあれこれに通じていない人なら見過ごしてしまうかもしれない。だが、コイのはしゃぎぶりは目立つので、見逃しようがない。水かさが増して、草の根が浸るか浸らないうちにもうやってくる。とてつもなく貪欲にそこいらじゅうをかきまわし、身をくねらせながら牧場に姿を現わす。赤い尾や黄色い腹をちらつかせながら、馬車道や牛道を泳ぎまわる。広くなった世界がどんなものかをさぐろうと急ぐあまり、アシや茂みを揺るがせて突き進むのだ。

陸棲の鳥や哺乳動物の場合は、ガンやコイとは違い、洪水を、半ば諦めに似た悟りの境地で迎えるしかない。ショウジョウコウカンチョウが一羽、カワカバのてっぺんにとまり、ここらの木は自分の縄張りだと声高に主張しているが、肝心のその木が水につかっているので、どこにあるのか見分けがつかない。水浸しになった材木置場からは、エリマキライチョウの木をつつく音が聞こえてくる。きっと、一番高い材木のてっぺんにとまって、つついているに違いない。ハタネズミたちは、小さなマスクラットのようにしっかりと落ち着いて、小高い土地を目指して泳いでくる。果樹園からは、シカが一頭跳び出す。いつも昼寝の場所にしているヤナギの茂みからは追い出されてしまったらしい。ウサギはいたるところにいる。わが一家の丘をちゃっかり占領しているのを眺めると、さしずめノアのいない方舟《はこぶね》といった光景だ。

春の洪水のおかげでわれわれは貴重なスリルを味わえるだけではない。いつの間にか水に乗って上流の農場から流されてきた、思いもかけないさまざまな物にお目にかかることができるのだ。わが牧草地に打ち上げられた古板は、われわれにとっては、材木置場から持ってきた同じ大きさの新品の板の二倍の価値がある。古い板にはそれぞれに独特の由来があり、いつも判然としないが、それでも木の種類、寸法、釘、ネジ、塗装、仕上げのあるなし、磨滅や腐り具合などから、ある程度までは必ず推察することができる。砂州に打ち上げられた板の両縁や両端の擦《す》り減り具合を見れば、そこまで運ばれてくる歳月のうちに何回の洪水に出遭っているのかということまで推測できるのである。

補充をもっぱら川に頼って築きあげたわれらが材木の山は、このように、たとえて言うなら、それぞれ個性のある本の集積であるばかりではなく、上流の農場や森林で働く人間の奮闘ぶりを詠《うた》った詞華集でもある。古い板の自伝は、大学の教材になったことはないものの、一種の文学であり、川沿いの農場はどこも、槌《つち》を打ち、鋸《のこぎり》を挽く者なら誰でも好きなときに読書を楽しめる図書館なのである。そして洪水のたびに必ず新たな蔵書が増えてゆく。

孤独にもさまざまな程度があり、種類がある。湖に浮かぶ島も一種の孤独だ。だが、湖ならボートを浮かべられるから、誰かが上陸する可能性が常にある。雲間に聳《そび》える峰もやはり孤独だ。だが、ほとんどの峰々には踏跡があり、踏跡には登山客が訪れる。こうしてみると、春の洪水に保証された孤独ほど確かな孤独はほかに見当たらない。程度も種類もぼくよりはずっとさまざまな孤独を体験しているガンたちだって、思いは同じだろう。

こうしてぼくらは、わが丘の、新たに芽吹いたオキナグサの傍らに腰を降ろし、ガンたちの過ぎゆくさまを眺める。そしてぼくはじわじわと水のなかに没してゆく道を見て、次のような結論を下す（内心は大喜びしながらも表向きは公平を装って）。少なくともこの日はもう、往くも帰るも、この水のなかを進めるのはコイだけしかない、と。

＊

イヌナズナ

数週間と経ないうちに、今度は、この世で最も小さな花を咲かすイヌナズナが、砂地のいたるところに、その小さな花ともどもお目見得する。

視線を上に向けて春を待っている者は、イヌナズナのような小さなものにはまるで気づくまい。また、春に愛想をつかし、伏し目がちで歩く者は、それとは知らず踏みつけていってしまう。膝を泥中にめり込ませて丹念に春を捜す者だけが、この草をふんだんに見つけることができる。

イヌナズナは温《ぬく》もりと安らぎとを求め、手に入れはするものの、ごくわずかしか恵まれない。時間や空間も、誰もが見向きもしない余り物で甘んじている。植物学の本にも、二、三行の説明しかなく、図版や写真はいっさい載っていない。もっと大きくて素晴しい花を咲かす植物にとっては不毛すぎる砂、弱すぎる陽光の恵みでも、イヌナズナには充分役に立つのである。要するに、イヌナズナは春の花というよりも、春を呼ぶつけ足しの花でしかない。

イヌナズナが心の琴線《きんせん》をかきならすということはない。香りも、たとえあったにしても、ひと吹きの風で消えてしまう。花の色は変哲もない白色だ。葉にはかなりの腺毛《せんもう》がついている。これを食べる者はいない。小さすぎるからだ。この草を詠《うた》った詩人はいない。かつてある植物学者がこれにラテン語名をつけたが、やがて忘れ去られてしまった。要するに、この草はまるで重要視されていないのである。たださっさとうまく、ささやかな仕事をなしとげる、小さな生物にすぎないのだ。

バー・オーク

学童たちに州の鳥、州の花、州の木というものを票決させると、本人たちの自主的な決定という形の結果は現われない。歴史のおさらいという結果が出るだけだ。このように歴史的に見た場合、ウィスコンシン州南部を代表する木と言えばバー・オークであることは、この地方一帯が初めて大草原の草に占領された頃から決まっている。バー・オークは、草原の火事があっても立ち続け、生き永らえてゆける唯一の木である。

みなさんは、この木全体が、一番細い小枝に至るまで、部厚いコルク層の外皮で覆われているのを不思議に思ったことはないだろうか。このコルク層は鎧《よろい》なのだ。バー・オークは、草原を侵略し、席巻することを目指している森林が派遣した格闘戦部隊なのだ。そして火こそ、闘うべき相手なのである。毎年四月ともなると、燃えにくい青葉の新しい草が草原を覆う前に必ず火事が起こり、火にも焦げないほど皮が厚く生長したような古いオークだけを残して、そのあたり一帯を思うがままになめつくしてしまう。このような、草原に散在している古木の木立のほとんどは、開拓者たちに、バー・オークの立ち並ぶ「オークの空地」として知られていた。

こんなわけで、建築技師が火の絶縁体としてコルクを用いるのは、彼らの発見ではない。

こうした、草原の戦いの老兵たちの真似をしただけのことである。植物学者は、この戦《いくさ》の歴史を二万年にわたって読み取ることができる。その記録は、一部は泥炭《ピート》に埋まった花粉の粒のなかに、一部は戦の後方に化石植物となって、忘れ去られた形で残っている。この記録により、森の前線は、時にはほぼスペリオル湖のところまで後退し、時には遥か南のほうまで進んでいることが分かる。ある時期には、あまりに南へ進みすぎて、トウヒその他「後衛」の品種までがウィスコンシン州の州境や、それより南方で生え育ったこともあったらしい。この地域のあらゆる泥炭地の一定のレベルの地点に、必ずトウヒの花粉が認められるのだ。しかし、草原と森林の平均的な戦闘ラインはだいたい現在の両者の境界線あたりで、戦の正味の結果は引き分けであった。

こうなった理由のひとつには、最初は一方に味方をし、次に他方に味方した援軍があったからである。つまり、ウサギやネズミたちが、夏には草原の植物を平らげてゆき、冬には、火事の際に生き残ったオークの若芽を残らずむしっていってしまうのだ。リスたちは秋にドングリを植え、残りの季節にそれを食べる。コフキコガネは、幼虫のときには草原の下に穴を掘って芝草の根をかじり、成虫になるとオークの葉を食い荒らす。このような援軍が、あっちに味方したり、こっちに味方したりしてそれぞれに勝利をもたらしていなかったら、今日、地図を華やかに彩っているような、草原と森林との見事なモザイク模様にはお目にかかれないに違いない。

ジョナサン・カーヴァーは、開拓される以前の草原境界について、生き生きとした、言葉による絵画を描き残している。一七六三年十月十日、彼はデーン郡の南西の隅近くにあるブルー・マウンズという一連の高い丘（現在は木立に覆われている）を訪れた。そのときのことを次のように描いている。

私はこれらのうち格別高い丘のひとつに登り、周囲一帯を見渡した。遥か彼方まで、これと言って目立つものはなく、ただ遠くのほうに、比較的低い山が見渡せただけだった。木がぜんぜん生えていないので、まるで干し草の山のような印象だった。あとは、ヒッコリーとか、生長の遅れたオークなどの、わずかな木立が、一部の谷を覆っているのみであった。

一八四〇年代には、新しい動物、つまり入植してきた人間が、この草原の戦に介入した。人間は土地を耕して畑にし、本意でないとはいえ、草原から、その大昔からの盟友である野火を追放してしまったのである。ただちにオークの若芽が、この草原地帯を大挙して跳ねまわり、それまでは草原であった場所が植林農場と化してしまった。もしこの話をお疑いなら、ウィスコンシン州南西部にある「台地」の植林地ならどこでもいい、幾つも残っている切株の年輪の数を数えてみるとよい。特に古い木は別として、どの木も一八五〇年代から一八六〇年代のものであることが分かるはずで、これは草原で野火が起こらなくなった年代にあたる。

ジョン・ミュアは、この時期に、マルケット郡で成長した。この頃は新しい木々が昔の草原を圧倒してしまい、例のオークの空地は若木の茂みにのみ込まれてしまっていた。ミュアは、その著書『少年時代と青年時代』のなかで、次のように回想している。

イリノイ州とウィスコンシン州の草原の土壌は等しく豊かだったため、火のつきやすい草がびっしりと高く生い茂り、おかげで一本の木も生き延びることができなかったのである。この地方の著しい特徴だった、これらの見事な草原に、もし火事がぜんぜん起きていなかったら、このあたりはとうに深い森林に覆われていたことだろう。やがてオークの空地に人間が住みつくようになり、農夫たちが野火の延焼を防ぐ工夫をはじめるようになると、たちまちにして、古株（根っこ）が木に生長し、丈の高い、しかも、とてもあいだを通り抜けることができないほどびっしりつまった茂みを形づくってしまい、陽光のさんさんと降る（オークの）「空地」は、どこも跡形もなく消えてしまったのである。

このように、古いバー・オークを一本所有しているということは、単に一本の木を持っているということではない。歴史の図書館を持っているのと同じであり、進化の劇場に指定席を確保しているようなものである。深い洞察眼を働かせれば、自分の農場に草原戦争の勲章や記章が張りつけられていることに気づくはずだ。

空中ダンス

自分の農場を持って二年経ってから、毎年四月と五月の夕方には必ず、わが森の上空で空中ダンスが見られるのを知った。それを見つけて以来というもの、ぼくをふくめたわが家族の者は、一度たりともこれを見逃すのが惜しくなったものである。

このショウは、四月最初の暖かい夕方、六時五十分ぴったりにはじまる。この幕開けは毎日一分ずつ遅れてゆき、六月一日の開演時刻は七時五十分となる。このように徐々にずらすのは、演出効果を考えてのことだ。踊り手がいつも、ぴったり〇・〇五フート燭の明るさのロマンチックな照明を望んでいるからである。観客は時間に遅れず、また踊り手が驚いてさっと逃げてしまわないように、静かに座らなくてはならない。

舞台の小道具も、開始時間と同じく、踊り手の気むずかしい好みを反映している。舞台は森か灌木のなかの開けた円形劇場でなくてはならないし、その中央には、苔むした場所、何も生えていない砂地、むき出しの岩、草一本ない通り道などがなくてはならない。雄の

CHARLES W
SCHWARTZ

ヤマシギがどうしてこれほど厳密にむき出しの踊り場を選ぶのか、最初のうちはぼくにはさっぱり分からなかった。だが今では、これは脚の問題ではないかと思っている。ヤマシギの脚は短くて、茂った牧草や雑草のある場所では自分をうまく見せびらかすことができず、雌たちの目にもとまらない、というわけだ。わが農場には、ほかのたいていの農場よりもたくさんヤマシギがやってくる。ここにはほかよりも、ずっと草の生えにくい、苔むした砂地が多いからである。

場所と時間とが分かったら、踊り場の東側の茂みのなかに座り、夕日を眺めながらヤマシギの到着を待つ。ヤマシギは近くの雑木林から低く飛んできて、ほかに何もない苔の上にとまり、ただちに序曲を演じはじめる。約二秒おきに、まるでヨタカの夏の鳴き声によく似た、奇妙なしわがれ声の求愛の歌を次々と歌い出す。

不意に、その歌がやむ。次にヤマシギは、大きく弧を描きながら空に舞い上がり、耳に快いさえずりを続ける。高く舞い上がるにつれて弧は次第に急角度に、幅が小さくなっていき、さえずりの声は大きくなってゆく。鳥の姿はやがては空の一点のしみにすぎなくなる。と、前触れもなく、故障した飛行機のように一気に急降下をはじめ、三月のブルーバードもうらやむほどの、柔和な流れるような声をたてる。そして地面まで数フィートのところで水平飛行に移り、求愛場所に戻る。たいてい、最初に演技をはじめたところとぴったり同じだ。そこで、またあの求愛の歌を繰り返すのである。

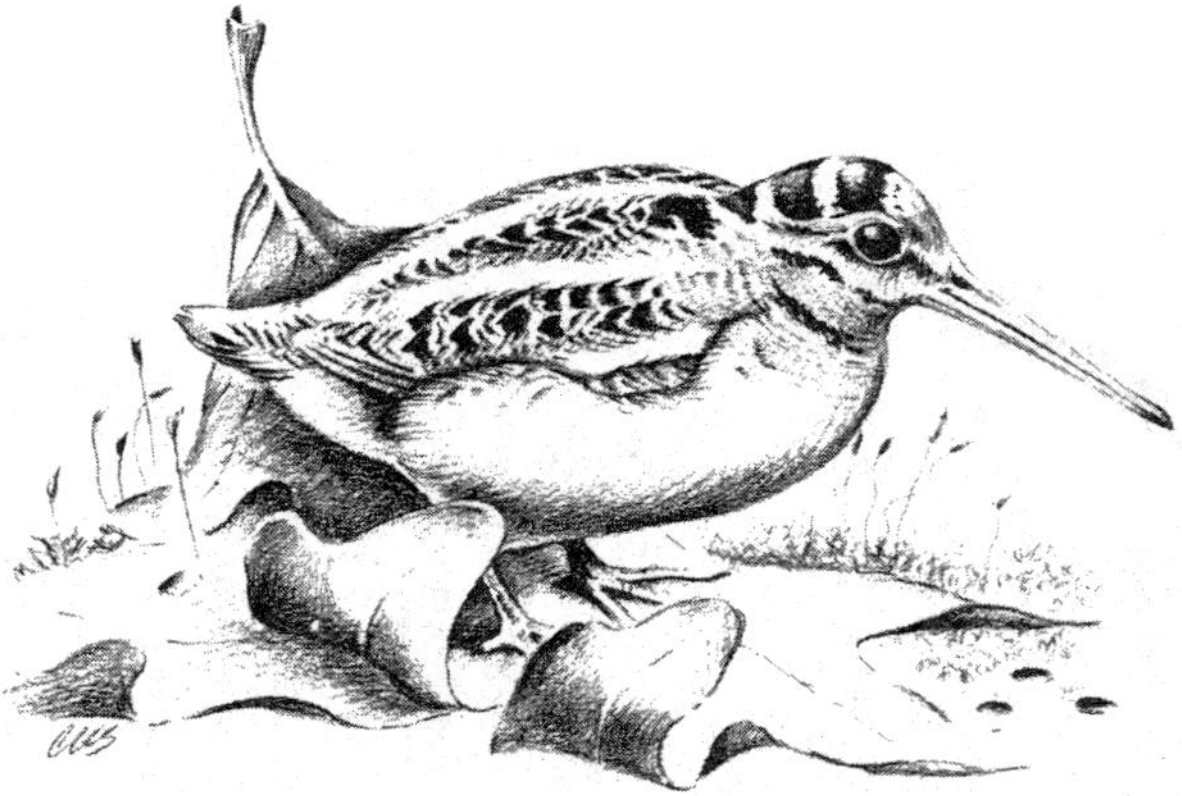

周囲はたちまち暗くなり、地上の鳥の姿は見えなくなってしまうが、空を飛ぶ姿は一時間ばかり見え続ける。これが、ふつうの場合の、ショウの上演時間である。だが、月明の夜には、月が輝いている限り、そこかしこでショウが続けられてゆく。

夜明けにはまたこのショウが通し演技で繰り返される。四月初めの閉演時刻は午前五時十五分である。これが毎日二分ずつ早くなってゆき、全公演が終了する六月には、三時十五分に幕が降りる。なぜ、開演時刻と終演時刻とでは、時間のずれていく割合が不釣り合いなのだろうか。ああこれでは、残念ながら、せっかくの夢物語も色あせてしまう。夜明けには、日没時の開演に必要な光のほんの五分の一の光が射すと、もう閉演となってしまうのだから。

森や草原で演じられている数多くのささやかなドラマを、いかに熱心に研究してみたところで、どれひとつとして、明確な事実を全部が全部学びとることなどできはしないが、これは幸せなことなのかもしれない。空中ダンスについて、いまだにぼくが分からないのは、雌はどこにいるのか、何か役を演じているのなら、いったいそれはどういう役なのか、という点だ。同じ求愛場所に二羽のヤマシギがいるのはよく見かけるし、その二羽が一緒に飛び立つ姿もときどき見かける。だが、一緒に求愛の歌を歌うことはない。二番目の鳥は雌なのだろうか、それともライバルの雄なのだろうか。

ほかにも分からないことがある。あのさえずり声は、音声なのだろうか、それとも自動的に出る音なのだろうか。ぼくの友人のビル・フィーニイは以前、求愛の歌を歌っているヤマシギに網をかぶせて捕まえ、外側の主翼の羽根を抜いてみたことがある。それ以後この鳥は、求愛の歌は歌うし、鳴き声もたてるが、さえずりはしなくなったという。だが、そんな一回の実験ではとても結論を出すわけにはいかない。

ほかにも分からないことがある。雄は巣づくりのどの段階まで空中ダンスを続けるのだろうか。わが娘は以前、すでに孵化した卵の殻が入っている巣から二十ヤード足らずの場所で求愛の歌を歌っている鳥を見かけたことがあるという。だがそれは、その鳥の雌の巣

*

だったのだろうか。それとも、この秘密好きな奴は、もしかして、わが一家の者がぜんぜん気がつかないうちに重婚をしていたのだろうか。これらの疑問にしろ、ほかの数々の疑問にしろ、いまだに、次第に暮れなずむ空に秘められた謎のままである。

空中ダンスというドラマは、夜ごとに数多くの農場で上演されている。その農場の持ち主たちは娯楽に飢えているのに、娯楽は劇場に行って見るものだという錯覚を抱いている。その土地で暮らしているというだけで、土地と密着して生きているのではないからだ。

猟鳥というものは標的にしたり、トーストの上にのせるご馳走にできるから有用なのだ、などという説があるが、ヤマシギはそれに対する生きた反証である。ぼくにしても、十月のヤマシギ狩りを楽しむことにかけては人後に落ちなかったのだが、空中ダンスを知ってからは、いつしか、一、二羽で充分、と思うようになった。四月になったら間違いなく、夕暮れの空に舞う踊り手たちに不自由しないようにしておかなくてはならないからである。

五月

アルゼンチンからの帰来

五月を彩るタンポポの花がウィスコンシン州の牧草地に咲き乱れる頃ともなると、春たけなわの証《あかし》に耳を傾ける時である。草むらに腰を降ろし、空に耳を向け、マキバドリやハゴロモガラスの騒々しい鳴き声はひととき意識の外にはずしてみるがいい。すぐにも聞こえてくるだろう――アルゼンチンから帰来したばかりの、マキバシギたちの渡り歌が。

視力の強い人なら、空をじっくりと眺めてみるがいい。綿雲のあいまに、翼を翻《ひるがえ》し、弧を描いて飛翔するマキバシギが見つかるだろう。だが、視力の弱い人は、空を見ず、柵の杭に注目していることだ。間もなく銀色にきらめくものが視界に飛び込み、杭のどれかにマキバシギが舞い降り、長い翼をたたむ姿にお目にかかれる。誰にせよ「優雅《グレイス》」という言葉を思いついた人は、マキバシギが翼をたたむ姿をきっと目撃しているに違いない。

マキバシギはただ無心に杭にとまっているだけだ。だが、そうしているだけで、無言の

意志が伝わってくる——さあ、あなたがわたしの領地から退散する番ですよ、と。なるほどその牧草地は、登記の上ではこっちの持ち物に違いない。だが、そんなちっぽけな正当性を主張しても、マキバシギが相手では、あっさり退けられてしまうに決まっている。何しろこの土地は、もともとマキバシギがインディアンたちから譲り受けたものだし、その権利をあらためて主張するために四千マイルもの距離を飛んできたのだから。つまり、雛鳥たちが自分の翼で飛べるようになるまでは、この土地はマキバシギたちのものであり、無断で入り込む者は必ず抗議を受ける羽目となるのだ。

すぐ近くでは、雌のマキバシギが、大きな、先のとがった卵を四つ暖めている。その卵は間もなく孵化し、四羽の早熟な雛が生まれる。生まれて、うぶ毛が乾くともう、素早く走る能力を備え、下手に捕まえようとしても難なくかわされて、竹馬に乗ったネズミよろしく草のあいだを縫って逃げられてしまう。雛は三十日もすると一人前になる。こんなに成長の速い鳥はほかにはいない。そして八月までには飛ぶ訓練を終え、八月の涼しい夜には合図の声を鳴き交わし、アルゼンチンの大草原へと旅立ってゆく。南北アメリカが昔からひとつだったことをあらためて証明する旅立ちである。地球の半球をまたいでの連帯は、政治家たちのあいだでは珍しいが、翼を持つ空の艦隊のあいだではちっとも珍しくないことである。

マキバシギは農耕地方に難なくとけ込む。そして当面の自分の領地に放牧されている白黒模様のバッファローを追いまわし、アルゼンチンの褐色のバッファロー相手のときと同じく、一緒に仲良くやっていけそうだと思い込む。巣は、牧草地ばかりではなく、干し草畑にもつくる。だが、とんまなキジとは違って、草刈りのときに捕まえられたりはしない。刈り入れどきよりずっと前に雛は飛べるようになり、旅立ってしまうからだ。農業地帯では、マキバシギの真の敵は二つしかない。つまり、側溝と下水溝だ。これが実はわれわれ人間の敵でもあることが、いつの日か分かるときが来よう。

一九〇〇年代の初期には、古来より季節を知るよすがとされてきたこのマキバシギたちの姿が、ウィスコンシン州の農場から消えてしまいそうになった時期があった。その頃は、五月になっても、青々と茂る牧草地はひっそりと静まりかえり、八月の夜がきても、忍びよる秋を知らせるマキバシギたちの旅立ちの声は聞こえなかったのである。弾薬の普及に加えて、ヴィクトリア朝以後にご馳走として珍重されたシギ肉トーストの魅力が支払った代償はあまりに大きかった。だが、遅ればせながら連邦渡り鳥保護法の制定が何とか間に合い、絶滅の危機は免れたのである。

六月

ハンノキ合流点——ある釣りの詩

目指す川に着いてみると、主流の水位がとても低く、前の年にはマスがいる早瀬だった場所で、例のよたよたしたシギたちがぱたぱたと走りまわっていた。水温も実に温かいので、一番深い淵にも悲鳴をあげずに入っていくことができた。涼をとるためにひと泳ぎした後などはまさに、腰長靴が日なたで熱したタール紙のように熱くべたべたしている感じがした。

どうも悪い予感を覚えながら夕方になって釣りをしたところ、案の定、期待外れだった。マスを釣るつもりでこの川を訪れたのに、ウグイしかかからない。そこでその夜、蚊やり火をたきながら、われわれは翌日の計画を練った。暑さと砂埃のなかをはるばる二百マイルの道をやってきたのは、だまされたと気づいたカワマスやニジマスがあわてて糸を引く、あの感触をもう一度味わうためだったのだ。それが、ぜんぜんマスがいないとは。

だが、ここでわれわれは思い出した。この川は支流なのだ。ずっと上流の、源流の近くに、合流点があったのを見た覚えがある。狭く、水の深い場所で、周囲をびっしりと取り囲むカワラハンノキの下からゴボゴボとわき出る冷たい泉の水が注ぎ込んでいた。そこでまた思う——こんな気候のときには、わが身を大切にするマスはどうするだろうか、と。きっとわれわれと同じに決まっている。つまり、涼しい上流へと溯《さかのぼ》るに相違ない。

翌朝はさわやかだった。ノドジロシトドがいっぱい、こんなに快く涼しいのも今のうちということを忘れてさえずっているなかを、われわれは朝露の降りた土手を這《は》い降りてハンノキ合流点に足を踏み入れた。おりしも、一尾のマスが流れを溯ってきたところだった。ぼくは釣り糸を少し繰り出し——いつもこんなふうにしなやかで、乾いていてほしいと願いながら——、二度竿を素振りして距離を測ると、マスが最後につくった小さな波紋の、ぴったり一フィート上手のところへブユのスペントフライを投げ入れた。もう、炎暑の道程のことも、蚊のことも、不覚にもウグイを釣ってしまったことも、念頭にはなかった。マスは、スペントフライをがぶりとひと呑みにし、ほどなくぼくは、ビクの底に敷いたハンノキの葉の上で獲物が跳ねる音を聞くことができた。

そのうちに、もう一尾、今度はもっと大きな奴だが、魚が隣の淵に上ってきた。この淵は、まさに「旅路の果て」という趣《おもむき》がある。というのは、その上手の端にはハンノキがぎっしりと密集して、行手をふさいでいたからである。流れの中央には、褐色の幹を水中に浸した低木が一本、暗黙の笑い声を絶え間なくたてながら揺れていた――まるで「何者であろうと、一番奥の葉よりも一インチでも先に毛針を投じたらもう駄目だぞ」と嘲笑しているかのように。

*

ぼくはタバコを一本吸うあいだ、流れの中ほどの岩に腰を降ろしていた――そして、狙ったマスが隠れ家の低木の下に浮かび上がるのを眺め、竿や釣り糸は陽のあたる土手のハンノキに吊るして干しておいた。さらに――慎重を期して――いま少し待機した。眼前のその淵は、実に静謐《せいひつ》なたたずまいを見せている。微風がそよげば、たちまちそこには一瞬のさざ波が立つだろう。そうなれば、その真中へ毛鉤を完璧に振り込むのにいっそう確実性が増すというものだ。

いずれ、そのチャンスが来る――あの嘲笑的なハンノキが揺れて、褐色の蛾が一匹、下の淵に落ちる程度の風が吹けばいい。

そろそろ用意だ！　乾いた釣り糸を巻き上げ、流れの真中に立ち、いつでも振れるように竿を構える。間もなくだぞ――前触れとして、丘の上のアスペンがわずかに揺れると、糸を半分振り出す。ひゅっひゅっと、やさしく前後に振り、おあつらえ向きの風があの淵に吹きつけるチャンスを待つ。だが、くれぐれも半分以上糸を振り出してはいけない！

もう太陽は高く昇っているので、獲物の頭上にちょっとでも何か影をちらつかせようものなら、たちまち迫りくる運命を教えてしまうことになるからだ。今だ！　残りの三ヤードの糸を振り出すと、毛鉤が見事に、あの嘲笑的なハンノキの裾《すそ》のところへ落ちる――マスがそれにくらいついたぞ！　ぼくは懸命に、そいつが奥の茂みに逃げ込まないよう、持ちこたえる。マスは今度は下流へ突進する。だが、こいつもまた間もなく、ビクの底で跳ねていた。

ぼくは、足場の岩に腰をすえ、再び釣り糸を乾かしながら、マスと人間の流儀について、楽しい物思いにふけった。人間は魚と、なんと似ていることか。人間だって、環境という風が時の流れに何か目新しい物を吹き落とすと、すぐに飛びつく。いや、それを熱心に待ち望んでいるのだ。そのあげく、早とちりを後悔する。見てくれのいい餌には鉤が隠れていたことに気づいて。それでも、吉凶いずれの結果に終わろうと、熱心な姿勢にはそれなりの価値がある気がする。人間にしろ、マスにしろ、世の中にしろ、全部が全部慎重だったら退屈きわまりないに決まっている。と言うと、今さっき「慎重を期して」待ったと書いたばかりではないか、と言われそうだ。だが、あれは意味が違う。釣り師は、新しい、しかもいま少し待つ必要のありそうなチャンスをつかもうと策を練るときに限って、慎重になるのである。

今がそのチャンスだ――うかうかしていると、マスはすぐに、もう浮かび上がらなくなってしまう。ぼくは腰までつかって「旅路の果て」へと向かい、なりふり構わず、揺れるハンノキの奥へ頭を突っ込み、中をのぞきこむ。まさにジャングルだ！　勢いよく水の流れる深みの先には、上流に向かって漆黒のトンネルが続き、その上は緑の葉でびっしりと覆われている。これでは、上から釣り竿はおろか、シダ一本振るのも無理だ。そしてそこに、暗い岸にほとんどわき腹をこすりつけながら、大きなマスが一尾、眼前をよぎる昆虫を呑み込みつつのんびりと泳ぎまわっている。

ああいう小虫を使っても、このマスにはとうてい近寄れそうにない。だが、二十ヤード上流の水面が、明るく輝いているのが見える――別の隙間があるのだ。浮き毛鉤《ドライ・フライ》を流して釣ろうか？　できそうもないが、そうするしかない。

引き返して岸を這い上がる。首までも丈があるツリフネソウやイラクサが生い茂っているなかを、さらにはハンノキの茂みのなかを迂回《うかい》して上流の隙間のところへ行く。恐れ多きマス閣下の水浴みをお邪魔しないように、忍び足で川に入ると、水のさざめきがおさまるまで五分間、ぴたりと足をとめる。その間に釣り糸を繰り出してオイルを塗り、乾かしてから、左手に三十フィート巻いて持つ。その距離だけ、ジャングルの入口から上流に位置しているからだ。

いよいよ、じっくりと待ったチャンスがやってきた！　毛鉤に仕上げのひと息を吹きかけてけばだて、足元の流れに置き、すばやく次々と糸を繰り出す。そして、糸が延びきり、毛鉤がジャングルに吸い込まれると同時に、足早に下流へ進み、目を凝《こ》らして暗いトンネルのなかを見つめ、毛鉤の行方を追う。木洩れ陽のなかを抜けていくようすが一、二度、ちらちらと見えたので、まだ流れに乗っているのが分かる。曲がり角を曲がったぞ。と、間もなく——歩いて水を乱したが、これでマスに計略を悟られるにはだいぶ間がある——毛鉤は暗い淵にとどく。あの大きなマスが、それにくらいつくのが見える——というより、その物音が聞こえる。ぼくは必死に踏ん張る。戦いがはじまったのだ。

　釣り糸は、川の曲がり角を形づくる巨大な歯ブラシのように並ぶハンノキの幹のあいだを通っている。慎重な者なら、こんな状態の場所でマスを上流へ引っ張り、一ドルもする毛鉤やはりすを失いかねない冒険を冒しはしない。だが、前にも言ったように、慎重一本槍な者は釣り師ではない。ぼくは、細心の注意を払って、少しずつもつれをほどきながら、マスを広い水面のところまで引き寄せ、ついにはビクのなかに入れた。

　なお、この際白状するが、この三尾のマスはいずれも、頭をはねたり二つに折らなくては箱におさまらないほど大きかったわけではない。大きかったのはマスではなく、チャンスだ。満たされたのはわがビクではなく、思い出だ。ノドジロシトド同様、この合流点の朝も今のうちだということを、すっかり忘れていたのである。

七月

大いなる領地

郡の担当官に言わせると、ぼくが公に所有している土地の広さは一二〇エーカーである。だが、この担当官は寝坊助《ねぼすけ》な奴で、九時前に登記簿を見たためしがない。今ここで問題にしているのは、夜明けの時点でのわが土地の広さなのに。

記録のあるなしにかかわらず、わが犬とぼくには先刻承知の事実がある。つまり、夜明けの時点では、何エーカーであろうと、わが足の及ぶ限りの土地がすべてぼく一人のものなのだ。このときには、境界線ばかりか、境界線というものがあるという意識すら消えてしまう。しかも夜明けには必ず、証書や地図ではうかがい知れない空間が現われ、露置く場所という場所に、この郡ではもう味わえないはずの閑寂な雰囲気が漂っているのだ。

大地主と同じで、ぼくには借地人がいる。この連中は、借地料については無頓着なくせに、借地条件に関してはことのほかやかましい。四月から七月までは、なんと毎日夜が明けるたびに、お互いに境界線を主張し合っている。おかげでこのぼくにも、こっちの勝手な思い込みかもしれないが、それぞれの縄張りが分かるという寸法だ。

この毎日の儀式は、おおかたの想像とは反対に、きわめて礼儀正しくはじめられる。ただし、この式次第を創始したのが何者なのか、ぼくには分からない。午前三時半、ぼくは、七月の朝としてはまず合格と言えそうな威儀を正して、小屋の戸口から歩み出る。領主のしるしとして、片手にはコーヒーポット、もう片方の手にはノートを持っている。そして、ベンチに腰を降ろし、白く消え残る明けの明星のほうを向く。ポットを傍らに置き、シャツの前あきからカップを取り出す。不作法な運び方を誰にも見つからずにすんだのならよいが、と内心思いながら。次いで時計を出し、コーヒーを注ぎ、ノートを膝の上に置く。これが、借地人たちに対する、もう縄張り宣言を開始してよいという合図だ。

三時三十五分、一番近くにいるヒメドリが澄んだテノールでさえずりはじめ、バンクスマツの林は北は川岸のところまで、南は昔の馬車道のところまで自分のものだと宣言する。すると、声のとどく範囲にいるほかのヒメドリたちも、一羽また一羽と、それぞれの縄張りを主張する。この時間に限っては争いごとは起きないので、ぼくはひたすら耳を澄ませ、雌鳥たちもこの「昔のまま」の平和共存の状態に黙って従うようにと、内心祈るのだ。

ヒメドリたちの日課が完全に終わらないうちに、大きなニレの木にとまったコマツグミが、先だって氷雨まじりの嵐で大枝が折れてできた木の股や、それに付随する権利の一切《いっさい》合財《がっさい》（ここでは、すぐ下のさほど広くない芝地にいる、ミミズ全部の所有権のこと）をわがものと主張しはじめる。

コマツグミの、しつこく陽気なさえずりに、アメリカムクドリモドキが目を覚ます。そして今度はこの鳥が、自分の仲間たちに、ニレの木の垂れた枝に自分のものだと主張する。近くのヒゲ根が生えたトウワタの茎全部の所有権、菜園のなかのゆるんだ紐《ひも》全部の所有権、さらには、これらのものを次から次へと火花のように移り渡る特権をも、あわせて主張するのを忘れない。

わが時計が三時五十分をさす。丘の上のルリノジコが、一九三六年の旱魃《かんばつ》で枯れ残ったオークの大枝や、近くのさまざまな昆虫と茂みの所有権を主張する。このほかルリノジコは、どんなブルーバードと比べても、さらには日の出のほうを向いているどのムラサキツユクサと並べられても、自分のほうが見事な藍色《あいいろ》をしていると言われる権利があることを、あからさまではないにしろ、それとなく主張しているようだ。

お次はミソサザイ――わが小屋の軒先に節穴を見つけた奴だ――が、いきなり大声で歌いだす。すると他の六羽のミソサザイも、これに声を合わせ、今やあたり一面大騒ぎだ。シメ、ツグミモドキ、キイロアメリカムシクイ、ブルーバード、モズモドキ、トウヒチョウ、ショウジョウコウカンチョウたちも、いっせいにこの騒ぎに参加する。ぼくはそれまで、この鳥たちのさえずる順序、最初に鳴きはじめる時間を真剣にメモしてリストにしていたのだが、その判断に迷いが起き、書く手が乱れ、ついにはやめてしまった。どれが先なのか、もう、わが耳では聞き分けがつかなくなってしまったからである。おまけにコーヒーポットが空になり、太陽も昇りはじめてきた。わが所有権がなくならないうちに、そろそろ領地を見まわらなくてはなるまい。

ぼくは、犬と連れだって、勝手気ままな散策をはじめる。わが犬は、これほど鳴きたてている鳥たちのさえずりにはいっこうに注意を払わない。こいつは、鳥の歌ではなく、臭いを頼りに、そこが誰の縄張りかを確かめているからだ。こいつに言わせりゃ、どんな能なしの鳥でも、羽さえついてりゃあ、木の上で騒いでいられるのである。わが犬の目下の関心は、夏の夜のあいだに正体不明の寡黙《かもく》な生き物たちが綴《つづ》った詩を、ぼくに翻訳してみせることだ。首尾よくいけば、その詩の尽きるところに作者がいるはずなのだが、実際には何に出遭うかまるで予測がつかない。やみくもにどこかへ行こうとするウサギが不意にとび出してくる場合もあるし、羽をばたつかせて拒否の姿勢を示すヤマシギだったり、羽毛が草で濡れたのを怒っている雄のエリマキライチョウである場合もある。

たまには、夜の狩りから遅く戻ってきたアライグマやミンクに出くわす。釣りをやりかけていたサギを追い立ててしまったり、雛鳥たちを守ってミズアオイに囲まれた隠れ家へ全速力で向かう途中の、アメリカオシの母鳥を驚かせてしまうこともある。ムラサキウマゴヤシの花や、クワガタソウや、野生のチシャに満腹して、住み家の茂みへのんびりと戻

るシカに出遭ったりもする。だが、露でできたつややかな織物の上を幾種類もの獣が勝手気ままに踏みつけ、重なりあってぼやけてしまった蹄《ひづめ》の跡しか見当たらない場合のほうが多い。

もう陽がさしてきたのを、肌に感じる。鳥のコーラスも息切れのようすだ。遠くからカウベルの鳴る音が聞こえてきたところをみると、家畜の群れがのんびりと牧場へ向かいはじめたらしい。トラクターの響きは、近所の人が活動を開始したしるしだ。世界は、郡の担当官たちの知っている、あの無味乾燥な数字どおりの大きさに縮んでしまっている。これを合図にぼくと犬は、朝食をとりに家路につく。

草原の誕生日

四月から九月にかけて、毎週平均して十種類ずつの野生の花が咲きはじめる。六月にはわずか一日でざっと一ダースもの種類の花がつぼみをほころばせる。こうした開花日をひとつ残らず気に留めている人はいないが、全部が全部無視できる人もいない。五月のタンポポが目にとまらず、踏んづけていってしまう人でも、八月のブタクサのそばに来れば、花粉に襲われてすぐ立ちどまってしまうだろう。あるいは四月のニレの木のほの赤い花霞には気づかない人でも、六月に車を運転すれば、道に落ちているキササゲの花冠にタイヤを滑らせ、それと気づくのではなかろうか。だから、相手がどんな植物の誕生日に気づいている人物かが分かれば、ぼくは、その人の仕事、趣味、花粉アレルギーのあるなし、自然環境に対する知識がざっとどのくらいあるかについて、たっぷりおしゃべりをすることができる。

*

毎年七月にはぼくは、車で農場に行き帰りするたびに、通りすがりのある田舎の墓地を熱心に眺める。七月はちょうど草原に新しい生命が生まれる時期であり、しかもこの墓地の一隅には、こうした生命誕生がまだ重要な出来事だった頃の植物がひとつ生き残っているからである。

べつに変哲もない墓地で、例によって周囲をトウヒの木が囲み、中には、よくあるピンクのみかげ石や白い大理石でできた墓標が散在し、日曜にはそのひとつひとつに、これまたお定まりの赤やピンクのゼラニウムの花束が供えられる。珍しい点と言えば、敷地の形が四角ではなく三角であり、塀の内側のとがった角の部分に、一八四〇年代にこの墓地ができた頃の、もとの平原の名残が、ごくわずかに見られることくらいだ。これまでのところは大鎌や草刈り機がここで使われたためしがないので、この、もとのウィスコンシン州の名残をとどめる墓地の一画には、毎年七月になると必ず、人間の背丈ほどもある向陽植物、つまり葉の切れ込みが深いシルフィウムが生え、ヒマワリに似た、受け皿くらいの大きさの黄色い花をそこかしこにつけるのである。この街道沿いでこの植物が残っているのはここだけであり、この郡の西半分全体を捜しても、おそらくここにしか残っていまい。その昔は千エーカーにもわたってこのシルフィウムが生え伸び、バッファローのお腹をくすぐっていたのだろうが、それがどのような光景だったかとたずねられても答えようがないし、おそらくそんな質問をする人すら今ではもういないだろう。

ぼくの観察によると、このシルフィウムの今年の開花日は七月二十四日で、平年より一週間遅い。つまり、過去六年間の平均開花日は七月十五日だったのである。

八月三日にまたこの墓地のそばを通りかかったところ、道路工夫が塀を取りのぞき、シルフィウムを刈り取ってしまった後だった。こうなると、この先のなりゆきは容易に想像がつく。あと何年かは、わがシルフィウムは草刈り機にもめげずに生え伸びようとするだろう。だがその努力もむなしく、結局は死に絶え、それと同時に草原の時代も幕を閉じるというわけだ。

道路局によると、シルフィウムが盛りとなる夏の三カ月のあいだに、毎年十万台の車がこの道路を通る。したがって、最低でも十万人は、歴史と名のついた授業を「受けた」ことのあるはずの人がここを車で通過したはずだし、植物学という名のついた授業を「受けた」人だって二万五千人くらいはいたはずだ。だがそのうちで、あのシルフィウムに目をとめた人が十人いたかどうか疑わしいし、その絶滅に気づく人にいたっては一人もいないのではなかろうか。もしぼくが、隣の教会の牧師に、あの道路工夫はおたくの墓地で雑草を刈るふりをして歴史の本を燃やしているんですよ、と言ったとしたら、牧師はびっくりするうえに、何の話かさっぱり理解できないだろう。雑草がなぜ本なのだ、というわけだ。

以上は、わが国の土着植物群の終焉《しゅうえん》を物語るささやかな一エピソードだが、いずれは世界の幾つもの植物群の終焉につながるエピソードとなるだろう。機械化された生命に毒された人間は、植物をなおざりにしたまま、その進歩にとくとくとしているが、おかげで台無しになった風景のなかで否応なしに一生を過ごさなくてはならない。これならいっそ、本当の植物学や本物の歴史を教えることは即刻、いっさい禁止するのが賢明ではなかろうか。将来誰か、快適な生活に必要な植物の価値に気づいて、良心の呵責《かしゃく》に悩む人が現われなくてもすむように。

*

かくして、農場地帯は、植物の生え方が貧弱なほど、文明社会としては優良な場所ということになる。だがぼくは、そういう優良性に欠け、しかも街道が通っていないという理由から、自分の農場の敷地を選んだのである。まさに敷地全体が、進歩という流れに逆らっているのだ。敷地内にある道は、もとは馬車道で、等級、砂利、整地、ブルドーザーとはまるで縁がない。隣近所の連中にしても、郡の職員に溜《た》め息をつかせるような連中ばかりである。この連中の敷地の垣根ときたら、ここ何年来ずっと、刈り込みの手入れが施されていない。湿地には土手道も排水溝もつくられていない始末だ。おまけに彼らは、釣りに行くか手入れをする暇ができると、まずもって釣りに行ってしまう。おかげでぼくは、週末には奥地並の植物に恵まれた生活ができるし、平日には勤め先のウィスコンシン大学の農場や構内、近くの住宅地で、せいいっぱい植物と接していられる。こうしてぼくは、暇をみては、この二つの異なった地域の野生の花の開花期を記録に取り続けてみたところ、次のような結果がでた。

目を楽しませてくれる植物数

開花期	四月	五月	六月	七月	八月	九月	合計
住宅地及び大学構内	一四	二九	四三	二五	九	〇	一二〇
奥地の農場	二六	五九	七〇	五六	一四	一	二二六

つまり、奥地の農夫のほうが、大学生や勤め人に比べて約二倍、目の保養をするチャンスがあることが明らかだ。といっても、彼らはむろん、これまでのところ、身近の植物に目を向けてはいない。おかげで、いやでも、前に述べたような二者択一の問題に悩まなくてはならなくなる。つまり、この先もずっと、目のきかない大衆を放置しておくか、それ

とも文明の進歩と植物とを両立させるにはどうすればよいかという問題を検討してみるかだ。

植物が減ったのは、手を汚さない農業、植林地への放牧、良い道路の普及といったことが重なったせいである。こういうやむをえない変化が起こるときにはいつも、野生植物の生えている土地がどんどん大きく削られていくことはもちろんだ。だが、すべての農場や町、郡から、さまざまな種類の植物を滅ぼしてしまう必要のある場合など、ひとつもありはしないし、そんなことをしても何の得になるわけでもない。どんな農場にだって遊んでいる土地があるものだし、街道沿いにも必ず両側に細長い土地が空いているものだ。そういう場所には、牛を入れたり、鋤や草刈り機を持ち込まないようにすればいい。そうすれば、そこにはその土地の植物が豊富に生えるばかりではなく、ほかの地方の何十もの興味深い植物がまぎれ込んできて、市民の誰もが共有できる正常な環境になりそうな気がするのだが。

だが皮肉きわまりないことに、肝心の、草原植物の大の保護者自身は、こんなくだらない話などほとんど知りもしないし、それよりも関心を持つ気がまるでない。なお、ここで言う保護者とは、柵で仕切った鉄道用地を保有している鉄道会社のことである。こういう鉄道用地の柵は、草原が耕作されるようになる以前に建てられたものが多い。おかげで、これらの細長い保有地の内側では、五月のピンク色をしたサクラソウから十月の青いアスターに至るまで、今でも数々の草原植物が、もう石炭殻や煤煙を浴びる心配もなく、かつては毎年襲ってきた草原火事からも免れて、季節の変わり目ごとに色とりどりの花をまき散らしている。ぼくはかねがね、実務本位の鉄道会社社長の誰かに、この目に見える証拠をつきつけて、あなたは本当はこんなに心の優しい方なのですよと指摘したいと思っているのだが、目下はまだ会っていないので実行に移してはいない。

むろん、鉄道会社だって、路床に生えている雑草を取り除くのに火炎除草器や薬剤スプレーを使ってはいる。だが、こういうやむをえない除草をするだけでも結構高くつくので、まだレールから遠く離れた場所までは手をつけていない。しかし、ごく近い将来、もっと進んだ方法が用いられるようになるのではなかろうか

人間の親戚ともいえる植物がひとつ消え去ったところで、それについて満足な知識の持ち合わせがない場合には、われわれ人間にはほとんど痛くもかゆくもないのだ。相手が人間の場合ですら、例えば中国人が一人死んだと聞いても、中国についてはたまに食べる炒《チャー》麵《メン》という料理ぐらいしか知らない者にはたいした問題ではないのである。つまり、人は自分が関知していることに対してしか悲しみを感じないのだ。ウィスコンシン州デーン郡西部からシルフィウムが姿を消しても、植物図鑑で名前を知っているだけという場合には、悲しい気持などぜんぜんわかないものなのである。

ぼくだって、シルフィウムに特別の親しみを感じたのは、一株掘って自分の農場に移植

しようとしたときが初めてだった。あれはまるでオークの若木を掘っているようだったのを覚えている。三十分間、からだがほてるほど泥まみれになって働いても、根がまだ、垂直に伸びる巨大なアメリカイモの根のように先へ伸びている。ぼくの知る限りでは、このシルフィウムの根は岩盤まで切れ目なく続いていたようだ。結局シルフィウムは手に入らなかったが、おかげでぼくは、この植物がどれほど念入りな地下戦略を張りめぐらし、草原の旱魃を切り抜けてきたのかを学ぶことができた。

次に、シルフィウムの種をまいてみた。この種は、大きくて、肉が厚く、ヒマワリの種のような味がする。芽はすぐに出たが、五年待っても若木は未熟なままで、花茎もできなかった。シルフィウムが花をつけるようになるには、どうやら十年はかかるらしい。とすると、墓地に生えていたわがお気に入りのシルフィウムは、芽生えてからいったいどれだけの年月を経ているのだろうか。墓地の、一八五〇年と刻まれている一番古い墓石よりも古いのかもしれない。マディスンの湖水地方からウィスコンシン川まで逃亡したという、例のブラック・ホーク戦争で敗北したソーク族の指導者ブラック・ホークの姿も目撃しているのではなかろうか。あの有名な敗走の道筋に生えていたのだから。また、この地方の開拓者たちが引退し、つぎつぎと永眠して、ヒメアブラススキの下に葬られるのも見ていたに相違ない。

ぼくは以前、パワーシャベルで道路端の溝を掘る工事が行われた際、シルフィウムのアメリカイモのような根が切断されてしまったのを見たことがある。ところがその根からは、たちまち新しい葉が出て、ついにはまた花茎ができた。こうしてみると、新しい土地には決して侵入しないこの植物が、最近整地されたばかりの道の端によく生えているのを見かける理由が分かる。シルフィウムのは、いったん根づいてしまえば、家畜に食べられるとか、刈り取られるとか、耕されるとかいうことが続けて行われない限り、切られたぐらいではまずもちこたえてしまうせいらしい。

それにしても、放牧地では、なぜシルフィウムが姿を消してしまうのだろうか。ぼくは以前、かつてはときたま自然の干し草を刈るためにしか人が入ったことのない処女地並の大草原に、農夫が牛を放したのを見たことがある。牛たちは、見たところほかの植物はぜんぜん食べずに、シルフィウムから先に根元まで食べてしまった。昔のバッファローだって、同じようにシルフィウムが好物だったのだろうが、バッファローの場合は、柵にさえぎられて仕方なくひと夏じゅう同じ牧草地だけで好きな植物を食べるようなことはしなくてもよかったのだ。つまり、バッファローが一カ所で続けて食事をすることはなかったので、シルフィウムが食べつくされることもなかったのである。

お互いに淘汰し合って現在の世界をつくりあげた何千という動植物から歴史感覚を差し引いたのは、慈悲深き神の御心のなせるわざだ。だが、今では、同じ慈悲深き神の御心が、われわれ人間からも、歴史感覚を奪っている。ウィスコンシン州から最後のバッファローが姿を消しても悲しんだ者はほとんどいなかった。同様に最後のシルフィウムがそのバッファローの後を追って幻の国《ネヴァー・ネヴァー・ランド》の青々と茂る大草原へ行ってしまっても、悲しむ者はほとんどいないだろう。

八月

緑なす草地

この世に数ある絵のなかでも、長持ちしたおかげで幾年代も続けて人々の目に触れ、しかもそのどの年代にも、わずかにせよ評価してくれる人がいたという理由で有名になる、という類の絵がある。

ところが、ぼくが知っているある絵ときたら、いかにもすぐに消えてしまうので、めったに何者かの目に触れたためしがない。あっても散歩のシカの目に映るくらいのものだろう。画筆をふるうのは川で、その作品の出来栄《できば》えを見せにぼくが友人を連れてくる暇も与えず、再び永久に人の目から消し去ってしまうのも、同じ川である。そうなった後では、その絵はぼくの心のなかにしか存在しない。

芸術家の例に洩れず、わが川も気まぐれだ。いったいいつ絵を描く気を起こすのか、それがどれくらい続くのか、まるで見当もつかない。だが、真夏の、雲ひとつない日が続く青空を白い鳥の大群が飛んでゆく頃になったら、川がもう仕事をはじめたかどうか、砂州までぶらぶら出かけてみても損はない。

川はまず、小手調べとして、後退した川岸の砂地に、幅広い帯状の沈泥を薄く塗る。これが太陽の光でゆっくりと乾いてくると、ゴシキヒワたちが水たまりで水浴をし、シカ、サギ、フタオビチドリ、アライグマ、カメなどが、沈泥の上に足跡でレース模様を描く。この段階では、この先の出来事は予想がつかない。

だが、帯状の沈泥がエレオカリスで緑色に変わったのを目にすると、ぼくは以前に増して注意深く目を凝《こ》らす。これこそ、川が絵を描く気になったしるしだからだ。エレオカリスは、ほぼひと晩で部厚い草地を形づくる。それがいかにも青々と密集して見えるので、隣の高台に住むハタネズミたちは、こらえようのない誘惑に駆られる。そして、大挙してこの緑なす草地へ移動し、その深々としたビロードのような肌ざわりの草に胸をこすりつけながら夜を過ごすらしい。いつもは整然としているハタネズミの足跡が、このときばかりは迷路のように入り乱れているのが、その興奮ぶりを物語っている。シカも、この草地の上を行ったり来たりする。これは、要するに、足元の感触が楽しいからのようだ。出不精のモグラですら、トンネルを掘り、乾いた砂州の下を横切って、エレオカリスの帯のところまでやってくる。ここまで来れば、この緑なす草地を心ゆくまで波打たせたり盛り上げたりして遊べるからだ。

この頃には、数えきれないほどたくさんの、まだ小さすぎて種類の見分けがつかない植物の若木が、この緑の帯の下の湿って暖かい砂土から芽をふく。

完成した絵を眺めるには、この後さらに三週間、川をそっとしておき、晴れた朝の、ちょうど陽光が夜明けの霧をとかして消した直後に砂州を訪れてみるとよい。画家はもう色を塗り、仕上げに朝露のスプレーをまき終えている。緑の色がいっそう濃くなったエレオカリスの草地には、青いアメリカミズホオズキ、ピンクのムシャリンドウ、乳白色のオモダカなどの花が美しく咲き競っている。ベニバナサワギキョウが、とがった赤い葉を空に突き立てている姿も、あちこちに見える。砂州の突端では紫色のヤグルマギクや淡いピンク色のヒヨドリバナが、立ち並ぶヤナギの木に寄り添うようにして高く生え伸びている。そして、ただ一度しか見られない美しい場所へ踏み入る者の当然の作法として、静かにつつましく進んでいっても、至福の園に膝まで埋もれて立っている赤狐色のシカを驚かせてしまいそうだ。

　この緑なす草地をもう一度見ようと引き返したりはしないほうがいい。そのときはもう、影も形もなくなっているからだ。引き水のおかげですっかり干上がっているか、増水のおかげで元のきれいさっぱりとした砂地に戻ってしまっているか、どちらかに決まっている。だが、自分の目に焼きついた絵を、胸のなかにかけておき、またいつかの夏の川が絵筆を握る気になるのを祈ることはできる。

九月

コーラスの響く雑木林

九月ともなると、小鳥の声がほとんど聞こえてこなくとも夜が明ける。ウタスズメが一羽、気の乗らない歌声をひと声披露することはあろう。ヤマシギが一羽、昼間の隠れ家である茂みへと向かう道すがら、頭上でひと声さえずることもあろう。シマフクロウが未練がましくひと声鳴いて、夜の議論に終止符を打つこともありうる。だが、周囲のほかの小鳥たちが何かおしゃべりを交わしたり唱和したりすることは、まずない。

もっとも、こうした秋の日でも、霧のかかった日の夜明けには、必ずというわけではないが、ウズラのコーラスを聞ける場合がある。朝の静寂を破って、夜明けが訪れた喜びを抑えきれないウズラたちが、十何羽か合わせていっせいに、コントラルトの声で不意に鳴きはじめるのだ。だがこの音楽も、ほんの一、二分の短いあいだ続くだけで、また、はじまったときと同じように、不意にやんでしまう。

こうした、とらえどころのない鳥たちの音楽にも、独特の利点がある。大枝のてっぺんで歌う声の美しい鳥たちの姿は、見つかるのも早いが、忘れられるのも早い。どこからどう見ても平凡な鳥たちだからである。記憶に残る対象といえば、どことも知れない物陰から美しい和音を響かせてくる、姿を見せない隠者のツグミたちだ。高く飛翔して雲のうしろから高らかに鳴くツルや、霧のなかのどことも知れない場所から野太い声を聞かせるソウゲンライチョウも印象深い。暁の静寂のなかでアヴェ・マリアを唄うウズラだって同じだ。だが、動物学者の誰一人として、雛鳥の群れが草むらのなかの目に見えぬねぐらで鳴き続けている最中でさえ、その鳴いている現場を目撃した者はいない。確かめようとして近づいていくと、符牒を合わせるかのように、ぱったりと鳴き声がやんでしまうからである。

六月の場合は、光の強度が〇・〇一燭光に達すれば、そろそろコマドリの声が聞こえるころだと完璧に予想をたてることができる。ほかの鳥たちの騒ぎも、予想どおりの順序で続くものとみて間違いない。ところが、秋の場合はコマドリは鳴かないし、何かコーラスがはじまるのかどうかすら、まるで予想がつかない。そういう静かな朝にぼくが失望を感じるということは、期待を込めた事柄のほうが確実な事柄よりも価値が高い証拠ではなかろうか。ウズラの声が聞けるかもしれないという期待があれば、暗いうちに六回も起きてみるだけの価値はある。

わが農場には、秋にはいつもひとつ以上のウズラの群れがいるのだが、その夜明けのコーラスは遠くからしか聞こえないのがふつうだ。これはどうやら、ウズラたちが、ぼくよりもっとウズラをつけ狙っているわが犬から、できるだけ遠い場所にねぐらを持とうとしているせいらしい。ところが、ある十月の明け方、ぼくが戸外の焚火の傍らに腰を降ろしてコーヒーをすすっていると、ほんの目と鼻の先から突然コーラスが聞こえはじめた。ウズラたちが、たっぷり露の降りる時間帯でも乾燥していることの多いストローブマツの雑木林の下にねぐらをつくっていたのだ。

わが一家は、戸口のすぐ目の前といってもいいような場所でこんな夜明けの讃歌を聞かせてもらい、ありがたいことだと思った。それ以後は、何とはなく、そのマツの秋ぐちの青い針葉がますます青さを増し、その下のキイチゴの赤い絨毯《じゅうたん》も、いっそう赤味を加えたように思えた。

十月

くすんだ黄金色

狩猟には二種類ある。ふつうの狩猟と、エリマキライチョウ猟とだ。

エリマキライチョウの猟場は二種類ある。あちこちにあるふつうの猟場と、アダムズ郡の猟場とだ。

アダムズ郡で狩猟をする時期も二通りある。ふつうの時期と、アメリカカラマツがくすんだ黄金色になるときとだ。以上は、その黄金色の針葉が散っていくさまを、獲物の鳥のほうはさっさと身をかわしながら無事にバンクスマツのなかへ飛んでいってしまっているというのに、銃に弾を込めるのも忘れ、口をぽかんとあけて見とれていた、という経験がまるでない不運な人のために、わざわざ記したのである。

アメリカカラマツは、最初の霜が降りて、北からヤマシギ、ゴマフスズメ、ユキヒメドリなどが訪れてくる頃に緑から黄へと彩りを変える。コマドリの群れがミズキの最後に残った白い実を食べ尽してしまうと、茎だけとなったその茂みが、丘の斜面を淡いピンク色に染める。小川の岸辺のハンノキが葉を落とし、おかげであちこちにホーリーの生えているようすがよく見える。キイチゴが真赤に輝き、ライチョウのいる方角を目指す者の足元に照り映えている。

ライチョウのいる方角は、犬のほうがよく知っている。飼い主のほうは、犬のうしろからぴったりとついていき、その耳の動きから風の伝える情報を読めばいい。犬がついにぴたりと足をとめ、あたりに横目をくれながら「さあ、ご用意を」という意味の声を出したら、何に対して身構えればよいのかを判断する必要がある。ヤマシギがさえずったのだろうか、ライチョウが大声をあげたのだろうか、それとも、ウサギがいるにすぎないのだろうか。この曖昧《あいまい》な一瞬にこそ、ライチョウ猟の醍醐味の大半が凝縮されている。だから、この一瞬の判断に自信のある者は、ぜひライチョウ猟に出かけてみるとよい。

*

狩猟に対する好みは人さまざまだが、その理由は微妙だ。ぼくの場合、一番素敵だと思うのは、人目を忍んで行う狩猟である。まだ誰も行ったことがない遠い原生自然地にまで足を伸ばすか、みんなの目と鼻の先にありながら見過ごされている場所でこっそり狩猟をする楽しさは、ほかの場合ではとても味わえない。

アダムズ郡にエリマキライチョウがいることを知っているハンターは、ほとんどいない。たいていは車で通り抜けて、打ち捨てられたバンクスマツやオークの林しか目にしない地域だからである。これは、西に流れる幾つもの小川をまたいで幹線道路が通じているおかげである。小川はそれぞれ沼地を水源としているが、途中で乾いた砂の荒地を通り、ウィスコンシン川に注ぎ込む。北へと延びている幹線道路は、もちろん、こんな沼地などぜんぜん見えない荒涼とした地帯を突き抜けているのだが、実は道路のすぐ近くや、乾いた灌木で隠れたところに広い帯状の沼地があって、小川の支流が流れ込んでおり、ここがまごうかたなくライチョウの天国となっているのだ。

こんなわけでぼくは、十月になると、わがおなじみのアメリカカラマツの林のなかにひっそりと腰をすえる。そして、ハンターたちの乗った車が、北の混み合った地方を目指してがむしゃらに飛ばしていく物音を聞く。スピードメーターの針の踊るような動き、ハンターたちの緊張した顔、北の地平線を必死に見つめる目などを思い浮かべると、思わずくすくす笑ってしまう。車が通過する騒音に合わせて、ライチョウの雄は、これみよがしにはしゃぎたてる。そこでわが犬は、ぼくともどもその方角に気づいて、にやりとする。あのライチョウには訓練が欠けているな、と共に思う。あれではすぐにぼくらに見つかってしまうからだ。

アメリカカラマツはこの沼地にだけ生えているのではなく、隣合わせの高地の麓にも生

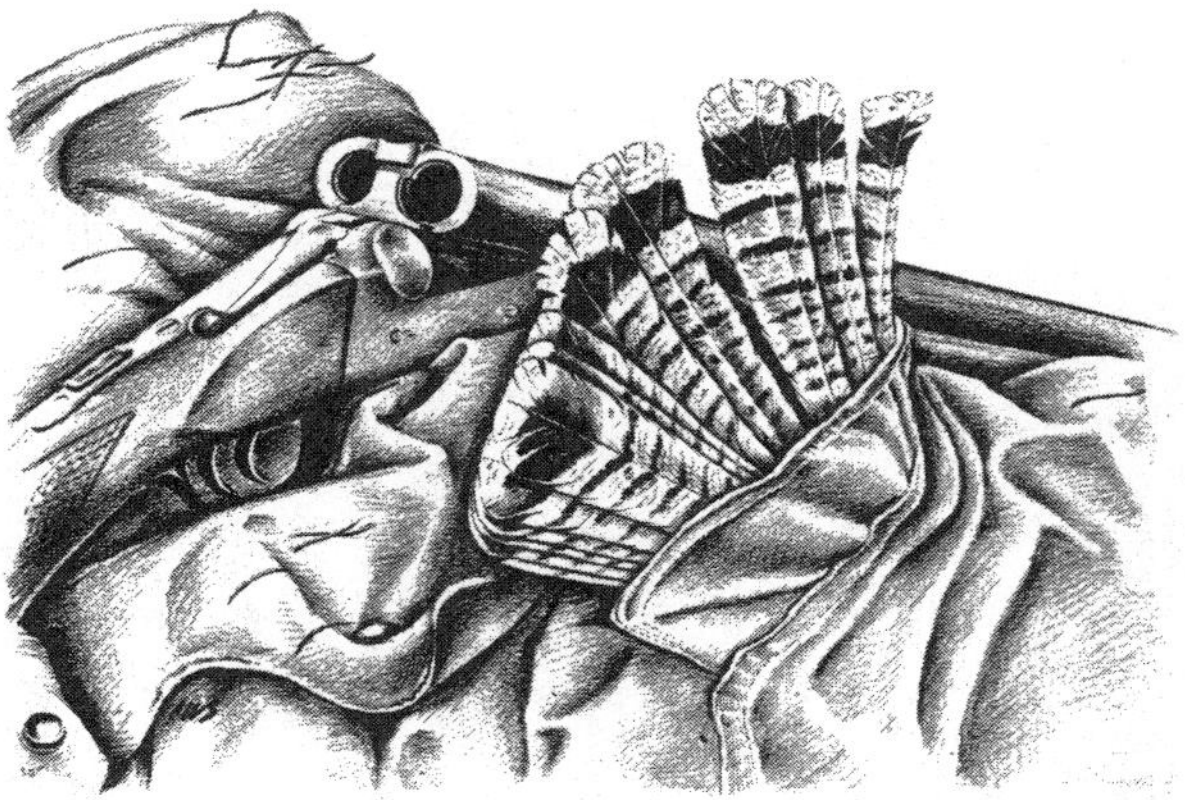

えており、その高地からは泉が幾つもわき出ている。泉はどれも苔がつまっており、湿った台地を形づくっている。ぼくはこの台地を、浮き花壇と呼んでいる。じっとりと湿った泥のなかから縁飾りのようなリンドウが茎をもたげ、青い宝石にも似た花を咲かせるからだ。このように、十月のリンドウにアメリカカラマツの黄金色の針葉がちりばめられている光景は、たとえわが犬がこの先にライチョウがいるぞと合図をしてくれているときでも、完全に足をとめてじっくりと眺めるだけの価値はある。

それぞれの浮き花壇と小川の岸辺とのあいだには、苔で覆われたシカの踏跡がある。これはハンターがたどるには恰好の通路だし、ライチョウが、ぱっとよぎったりもする――ほんのあっという間の出来事だが。問題は、そのあっという間の鳥が飛びだす一瞬と、銃を撃つタイミングとをどう合わせるかだ。この狙いがはずれた場合、次にこの踏跡にやってきたシカは、空の薬莢《やっきょう》が落ちているのに羽根は見当たらないことに気づくだろう。

小川の支流をさらに溯っていくと、見捨てられた農場に出くわす。こんな砂原ではしょせん手のつけようがなく、トウモロコシを育てることは無理だったのだ。ここの不運な農夫がこの事実を悟ったのがどのくらい前のことなのか、ぼくは古い畑をよこぎって進みながら、バンクスマツの若木の樹齢を調べて確かめようとしてみる。だが、この方法では、うっかり、とんでもない結論を下すところだった。バンクスマツは毎年、枝を出す際に、ひとつではなく幾つもの年輪の渦巻をつくるからである。そこでぼくは、年代を計るのにもっとよい物指しを見つけた。現在、納屋のドアをふさいでしまっているニレの若木だ。この若木の年輪を逆算してみたところ、一九三〇年という旱魃の年にたどりついた。この年以来、納屋からは誰もミルクを運び出してないわけだ。

負債がかさんで、収穫量が追いつかないと分かったとき、ここの一家はどんな思いだったのだろう。これではもう立ち退くしかないと思ったのではなかろうか。一家の者たちの胸をよぎった思いの多くは、飛び過ぎてゆくライチョウのように、後には何の痕跡も残さない。だが、何十年の歳月を越えてずっと残っている手がかりも、多少はある。いつの日か忘れようのない四月のある日、ここにリラの花を植えた男は、四月が来るたびにいつも、この花が目を楽しませてくれるものと思っていたに相違ない。繰り返し、新たな週のはじまりである月曜日を経て、表面の波形がすっかり薄く擦り減っているこの洗濯板を使っていた女は、月曜なんてものはみな、さっさともう絶対にやってこなくなればいい、などと思っていたのではなかろうか。

こんな疑問をあれこれ楽しんでいるうちにぼくは、わが犬が泉のところへ行きついているのに気づく。ぼくが物思いにふけっている長いあいだ、ずっと辛抱強く泉を指し示していたのだ。ぼくは自分のぼんやりかげんをあやまりながら、そこまで歩いていく。ヤマシギが一羽、サーモンピンク色の胸を十月の太陽の光に浸すようにして、コウモリのようにはばたきながら空高くさえずっている。このようにして猟が続く。

こういう日に、ライチョウのことばかりに気持を集中するのはむずかしい。ほかにもたくさん、気が散ることがあるからだ。たとえば砂地に牡ジカの踏跡がついているのにぶつかると、何とはなしに興味をかきたてられてそれをたどってゆく。とあるジャージー茶の茂みから別の茂みへと踏跡が続き、小枝を嚙《か》み切った跡があるところをみると、この散歩の目的は明らかだ。

これを見て、ぼくも自分の弁当のことを思い出す。だが、狩猟服のポケットからそれを引っ張り出す前に、空高くタカが一羽舞っているのに目をとめ、種類を確かめてやろうという気になる。そこで、タカが姿勢を傾け、赤い尾を見せるまで待つ。

ぼくは再度弁当に手を伸ばす。だが、今度は樹皮がむけたポプラに目がとまる。あそこで牡ジカが、かゆい袋角をこすり落としたのだ。どのくらい前だろう？　皮の剝げた木の地肌はもうすっかり茶色に変色している。したがって、今頃はもう牡ジカの角はすっかりきれいになっているに相違ない、とぼくは結論を下す。

ぼくはまたもや弁当に手を伸ばす。だが、やはり、犬の興奮した叫び声を聞き、沼地のなかの茂みでひと騒ぎ起きたのに気づき、途中でやめてしまう。と見る間に、牡ジカが一頭、その茂みから跳び出てくる。尾を立て、角をぴかぴかに光らせており、毛はなめらかな青い色をしている。なるほど、ポプラを見て察したとおりだ。

今度は、ぼくは弁当をすっかり引っ張り出し、腰を据えて食べはじめる。すると、アメリカコガラがぼくのようすを眺め、自分の昼食を隠しはじめる。何を食べたのかは言ってくれないので分からないが、おそらく冷えてふくらんだアリの卵、つまり、人間の場合で言うならライチョウのロースト肉を冷やしたものといったご馳走でも食べたのだろう。

昼食を終えるとぼくは、密集したアメリカカラマツの若木から、黄金色の槍が空に向かって飛ぶさまに注目する。それぞれ下方には昨日の針葉が地面に落ちて、くすんだ黄金色の絨毯を形づくっている。そしてそのそれぞれの針葉の端のところには、明日の蕾《つぼみ》がすでにでき上がり、身構え、新たな春の訪れを待っているのだ。

早朝の楽しみ

早起きしすぎるというのが、ミミズク、星、カモ、貨物列車のはた迷惑な習慣である。一部のハンターはカモのおかげでこの習慣に染まるし、一部のコーヒーポットはハンターのおかげでこの習慣を余儀なくされる、というわけだ。時に応じて朝のうちに起きなくてはならない生き物は世の中に実にたくさんいるというのに、起きるのが最も楽しくて、しかも少なくとも三文の得にはなる時間に気がついているのは、こうしたわずかな連中だけでしかないというのは不思議な気がする。

この早起き仲間のうちでもオリオンこそ、はなから元締を務めてきたに相違ない。早起きの目印となるのはこの星だからだ。少なくともぜひコガモより先まわりして起きたいという者は、この星が天頂の西を通過した時間を合図に起きる必要がある。

早起きたちは、お互いに落ち着いた気分でいられる。これはおそらく、それぞれが概して自分の行為について控え目な発言しかしないせいだろう。オリオンは一番広範囲の旅をしているのだが、文字どおり何もしゃべらない。コーヒーポットは、最初に用いられるときから、軽くごぼごぼと音をたてるだけで、中にふつふつとたぎる液体が入っていることを控え目にしか表現しない。ミミズクも、例の三音節の発音で、夜のあいだの殺戮《さつりく》のこと

を取るに足らない行為のようにしか説明しない。砂州にいるカモたちだって、聞きとりにくいカモの言葉でさっさと戒め合い、遠くの丘や海のすべてに通じている専門家のカモと話を交わしていることなど、おくびにももらさないようにしている。

貨物列車となると、自分の重要性の主張を抑えているとは言えないことは、ぼくも認める。とはいえ、これだってそれなりの謙虚さは備えているのだ。つまり、目は、そのやかましい仕事のためにひとつあるだけだし、他人の縄張りへ騒々しく入り込んでくることは決してしない。ぼくはこの貨物列車の一途な姿に、深い安心感を覚える。

*

目的の沼にごく早い時間に到着すると、純粋に聴覚だけを味わうという思いがけない体験ができる。つまり、手や目の感覚に惑わされず、思うさま夜の音に、気ままに耳を傾けることができるのだ。マガモが一羽、スープがわりに沼の水を飲んで騒いでいる声が聞こえたら、浮き草のあいだにかれこれ二十羽はいて、がつがつと水を飲んでいるのだと勝手に思い描くことができる。ヒドリガモが一羽、キイキイと声を立てた場合でも、一連隊来ているのだと仮定することが可能だ。目で見る場合のように、そうでないことがすぐに分かってしまう心配がないのである。また、スズガモの一団が、黒絹のような夜の幕を引き裂いて、水面へじっくりと鼻先から突っ込んでくるとおぼしき物音が聞こえると、思わず

息をのむ気分だが、目には星以外何ひとつ見えない。これが昼間の光のなかでは、同じことが行われたとしても、それを見て、撃って、的《まと》を外し、急いで用意の口実とつじつまを合わせるというだけのことだろう。昼間の光のなかでは、相手の鳥が羽をふるわせ、天空をまっ二つに割って落下してくる光景を心の目に焼きつけることもできはしない。

鳥たちが、もっと広くて安全な水面を目指し、白んできた東の空にぼんやりとした姿を浮かび上がらせながら羽音を忍ばせて飛び立つ頃となると、この聴覚を楽しむひとときは終わりを告げる。

ほかの幾多の制限協定と同様で、夜明け前は控え目にするというこの申し合わせも、暗闇のおかげで身勝手な印象が薄められるあいだしか続かない。まるで太陽には、控え目な行為を毎日この世から退ける責任があるかのようだ。とにかく、朝霧が白く低地を覆う頃合いになると、雄鳥たちはそれぞれ即興の自慢話をはじめ、波打って並んでいるトウモロコシはそれぞれ、これまでに育ったどのトウモロコシと比べても二倍も背が高いようなふりをしはじめる。太陽が昇ってくる頃には、どのリスも、自分の風采にさも威厳があるかのような大げさな身振りをし、また、どのカケスも、たった今気づいたばかりといったふりで、ありもしない危険を思わせぶりに仲間に知らせようとする。遠くのカラスたちは、カラスがいかに油断のない鳥かをすぐにも周囲に知らせろと、そばにいるらしいミミズクを叱りとばしているし、雄のエリマキライチョウが一羽、過ぎし日の戯れの恋の思い出を楽しんでいるらしく、羽で大気を打ち、ここの沼地も、そのなかにいる雌のライチョウたちもみな俺のものだぞ、と周囲にしわがれ声で警告を発している。

こういう大げさな幻想は、すべて鳥や獣たちばかりがまき散らすわけではない。朝食どきともなると、目を覚ました農場から、警笛、ラッパ、叫び声、呼子の音が聞こえ、最後に、夕刻には、誰も聞いていないラジオの音が勝手な幻想をまき散らす。そして、誰もがベッドに入り、夜の教訓を学び直すのである。

赤いランタンの輝き

エリマキライチョウ猟をするひとつの方法は、狩猟をしようとする地域について筋道のとおった、可能性も高い知識に基づくプランをたてることである。こうすれば、ライチョウがいるはずの場所へ行きつくことができよう。

もうひとつの方法は、赤いランタンからランタンへと、でたらめに歩きまわってみることだ。この方法だと、まずもって、実際にライチョウのいる場所へ行きつける。このランタンとは、十月の太陽の光で赤くなったブラックベリーの葉のことである。

赤いランタンはこれまで、多くの地域で、何度も、楽しい狩猟へと向かうぼくの進む道を照らし出してくれた。それにしても、このブラックベリーは、何にもましてこのウィスコンシン州中部の砂土地方で育つ方法をまず学ぶ必要があったに違いない、とぼくは思っている。こうした、おなじみの荒地の、湿地を流れる小さな流れ沿いに、ブラックベリーは、自ら光を出さない者の注意はほとんど引きはしないが、毎年初めて霜が降りる日からシーズン最後の日まで、陽光の降り注ぐ日には必ず、豊かな赤い色を輝かせている。こうしたブラックベリーのイバラの下に、ヤマシギやエリマキライチョウたちが、それぞれ秘密の日光浴場を持っているのである。ハンターたちのほとんどはこの事実を知らず、イバラのない林のなかで精力を使い果たしたあげく、目指す鳥を手に入れることができないまま、家路につく。おかげで後に残ったわれわれは平和を満喫できるという寸法である。

なお、今書いた「われわれ」とは、鳥たちと、小川と、犬と、ぼく自身のことである。それにしても、ここの小川は怠け者だ。まるで本流に流れ込むよりも、ずっとここにいたいと考えているかのように、ハンノキのあいだをくねくね折れ曲がってのんびりと流れている。その思いはぼくも同じだと言っていい。いやいやをするようにヘヤピン形に曲がりくねるカーブのひとつひとつが、凍りついたシダの湿地や、沼地に咲くツリフネソウと隣合わせに生え伸びるイバラの斜面のある場所をもっともっと流れていたいという、川の気持を表わしているようだ。こういう場所を長いこと留守にしていられるエリマキライチョウはいないし、ぼくだってそうだ。したがって、エリマキライチョウ猟を志すと必ず、風上へ向かって、小川沿いにイバラの茂みから茂みへと巡り歩くということになる。

犬は、イバラの茂みに近づくと、いよいよ発砲地域に入ったのだという証拠に、周囲を見まわす。そして、状況を再確認したうえで、そっと用心をしながら前に進み、湿った鼻で、幾百もの臭いのなかから、目的とするひとつの臭いをかぎ分ける。つまり、生命のある、しかも自分の心象風景のすべてを占める対象がたしかに存在しているかどうかを探るのだ。犬は嗅覚の金鉱を大気のなかに求め続ける探鉱者である。エリマキライチョウの臭いは、まさに、掘るべき金鉱のありかを示す指標である。

ところで、わが犬は、ぼくにはエリマキライチョウに関して学ぶべき事柄がたくさんあると思っており、また、プロの博物学者として、ぼく自身もその意見に同感だ。犬は、論理学の教授さながらの冷静で辛抱強い態度で、経験を積んだ鼻を駆使して演繹した知識を、ぼくに繰り返し教えてくれる。犬には明白でもぼくの肉眼ではあやふやなデータから、見事に結論を出して一点を示す。それを見るのがまた、ぼくには楽しいのだ。おそらく犬のほうでは、このぼんくらな生徒がいつの日にか臭いのかぎ分け方を修得するのを願っていることだろう。

ぼんくらな生徒だって、自分では理由が分からなくても、教授が正しい場合の見分けはつく。正しいと分かると、ぼくは銃をチェックしたうえで茂みに足を踏み入れる。優れた教授はみな同じだが、犬はぼくが何度しくじっても決して笑わない。ぼくをちらりと見やるだけで、また別のライチョウを求めて流れを溯ってゆく。

こうした岸辺を歩むうちに、それまで狩猟をしてきた丘の斜面から、これから犬がさぐりを入れようとしている麓へと、いつしか景色が移り変わる。ふわふわして乾いた絨毯のように敷きつめられたヒカゲノカズラの上をじっくりと進んでいくあいだに、沼地から鳥たちがぱっと飛びたつのを目にするのはとりわけ素晴しい。そして、こうして飼い主と並んで乾いた岸を歩いていながらも、湿地へ喜んで仕事に出かけるかどうかが、ライチョウ猟に適した犬かどうかを見わける第一のコツだ。

ハンノキの並木がその幅を広めてきたあたりで、何か特に変わったことがあったのか、わが犬が不意に姿を消す。そこでぼくはすぐさま急いで、丘か小高い地点に駆け上り、そこでじっと足をとめたまま、目と耳の神経を集中させて犬の動きを追い求める。突然ノドジロムシクイがちりぢりに逃げ出し、犬の居場所の見当がつく。すると再び、犬が小枝を踏みしだき、湿地の水を跳ね散らかし、流れに足を踏み入れる物音が聞こえてくる。だが、そうした音があらためてすっかり消えたら、すぐにも行動を起こす用意が必要だ。犬が目標地点に達したとみていいからである。そして、驚いたエリマキライチョウが飛び立つ前にたてる前兆の鳴き声を聞き逃すまいと耳をすます。と、目指す鳥が激しい羽音をたてながら——一羽か二羽のときもあり、最高六羽まで一緒に飛び立つのを見たことがある——一羽ずつ声をあげ、羽をひらめかせて、奥地の目的地を目指し、空高く舞い上がってゆく。そこをうまく一羽でも狙って撃ち落とせるかどうかは、むろん、タイミング次第だ。そして時間の余裕がある場合には、このタイミングを計算することができる。たとえば三六〇度割る三〇といった具合に、自分の銃の性能や腕前に合わせて円周を分割し、銃を振る角度を計算すればいい。これで決まれば申し分ないが、さらにこの角度の三分の一か四分の一の角度で微調整をするようだと、失敗の可能性が高まり、実際に手にするのは狩猟服に舞い落ちてきた羽根だけということになりかねない。

ライチョウ猟に適した犬かどうかを見分ける第二のコツは、こういうミスがあった後でもその犬がさらに新たな臭いを追い求めるかどうかを見きわめることだ。

十月のそよ風は、ライチョウのほかにも、数多くの臭いをわが犬の鼻先に運んでくる。そしてそのひとつひとつの臭いに、それぞれ独自の情報が込められている。犬がユーモラスなしぐさで耳を動かした場合には、こいつは巣ごもり中のウサギを見つけたのだな、とぼくには分かる。一度、鳥の気配などまるでない、どうしようもない場所だというのに、わが犬が凍りついたように立ちどまっていたことがあった。見ると、犬のすぐ鼻先の、カヤツリグサの草むらのなかに、ねぼけまなこのアライグマがいて、十月の陽光を浴びていた。また、狩猟のたびに少なくとも一度は、わが犬はスカンクに吠えつく。たいていは、ふつうよりは生い茂ったブラックベリーの藪のなかにいる場合が多い。犬は、川の中流で足をとめたこともある。上流で羽ばたきの音がし、続いて三回、歌うような鳴き声がしたので、犬がアメリカオシの夕食の邪魔をしてしまったのだと分かった。犬が、びっしりと植わったハンノキの林のなかでアメリカコシギを見つけて追いまわし、結局、このハンノキの湿地に囲まれた小高い岸辺で日がな一日寝ころんでいる気だったシカを追い出す結果になったことも、一再ではない。あのシカは、せせらぎの音に詩情を感じていたのか、それとも、何かが近づいてくれば音がするのですぐ分かるベッドがお気に入りという実用的

な目的で、あそこにいたのだろうか。大きな白い尻尾を怒ったように振り立てて去った姿から判断すると、どちらかひとつ、または両方の理由が当たっていたのかもしれない。

　赤いランタンからランタンへとたどるうちには、ほとんどどんな出来事にも出くわすと言えるようだ。

＊

ライチョウ猟シーズンの最終日の日没時になると、ブラックベリーのどれもが輝きを失ってしまう。こんな単なる雑草が、どうしてウィスコンシン州の法定狩猟終了日をかくも正確に伝えることでできるのか、ぼくには見当がつかないし、かといって次の日に出かけて確かめてみたということもない。その後の十一カ月は、このランタンは思い出のなかで輝いているだけだ。

　ぼくはときどき思うのだが、この十月以外の月というのは、十月という舞台のいわば幕《まく》間《あい》の役目が主なのではなかろうか。そして、わが犬も、おそらくはライチョウたちも、同様に考えているような気がするのだ。

十一月

もしも風なら

十一月のトウモロコシ畑で音楽を奏でる風はせっかちだ。茎がハミングし、剝がれた皮がふざけ半分に渦巻き形を描きながら空へ舞い上がるのを横目に、風はどんどん先を急ぐ。

湿地では、息の長い風が、ぬかるみを覆う草を大波のように揺らして通り過ぎ、遠く離れた先のヤナギ並木にぶち当たる。ヤナギの木が一本、裸の大枝をふるわせて抵抗しようとしているが、しょせんは風をとめられない。

砂州の上にあるのは、風と、滑るように海へと向かう川の流れだけだ。ちょぼちょぼと生えている草はどれも、砂の上に円を描いている。ぼくはその砂州をぶらぶら歩いてゆき、流れついた丸太を見つけて腰を降ろし、あたり一面のざわめきと、川岸のさざ波の立てる澄んだ音とに耳を傾ける。川には、生命あるものの姿はまるで見えない。カモも、サギも、ハイイロチュウヒもカモメの姿も見えない。だが、いないのではなく、風を避けてどこかへ逃げ込んでいるのだ。

＊

雲間から、犬の遠吠えのような声が、かすかに聞こえる。不思議なことに、周囲のあらゆるものがその声に耳を傾け、何の声だろうかと思案しているように感じられる。その声は、あっという間に大きくなってくる。目には見えないが、ガンの群れがこちらへ向かってきているのだ。

と、やがてその群れは、低く垂れこめた雲のなかから姿を現わす。さながらちぎれた幟《のぼり》のように、舞い降りたり舞い上がったり、風に吹き落とされたり吹き寄せられたり、ちりぢりにされたりしながらも、前進を続けている。その、はためく翼のひとつひとつに対し、風がいとおしげに争っている。こうして、群れが遥かな空の一点となって消えていくとき、夏を待つガンの最後の鳴き声がぼくの耳に響く。

＊

流木のうしろはもう暖かい。風がガンと一緒に去ってしまったからだ。ぼくだってガンと一緒に吹き飛んでいきたい——もしも風ならば。

主は与え、奪いたもう。だが主はもはや、その行為ができる唯一の存在ではない。われわれの遥かな祖先がシャベルを発明したとき、人間は与える者となったのだ。木を植えることができるようになったからである。また、斧が発明されて、奪う者ともなった。木を切り倒すことが可能になったからである。したがって、土地の所有者なら、本人が自覚していると否とにかかわらず、木々の創造と破壊という神聖な能力を備えていると言ってよい。

もっと近い祖先たちも、その後、ほかのいろいろな道具を発明した。だが、それぞれを仔細に調べてみると、最初の基本的な二つの道具に巧みな工夫《くふう》を加えるとか、何かをつけ足したものにすぎないことが分かる。現在のわれわれの職業はさまざまに分かれている。そしてそれぞれの分野に、特定の道具を使いこなす者、その道具を売る者、修理する者、研《と》ぐ者、使い方のアドバイスをする者などがいる。こうして仕事を分担しておいて、自分の専門以外の道具を使い誤っても、責任を免れられる仕組みになっているのだ。だが、ただひとつ、哲学という職業にたずさわる者だけは、すべての人間が、その考える対象、望む対象にしたがって、実はあらゆる道具を使いこなしているのだということを知っている。

人間は、それぞれの物の考え方、欲望の向け方によって、自分が使いこなす価値のある道具を決めているのだということを知っている。

＊

十一月は、多くの理由から、斧を扱うのに適した月である。凍える思いをしないで刃を研ぐのに都合がいい暖かさだし、気持よく木を切り倒すには恰好《かっこう》の涼しさでもある。広葉樹の葉はすっかり落ちているので、枝のからみ具合が見えるし、夏のあいだの生長具合もひと目で分かる。これだけはっきりと梢《こずえ》が見えなかったら、土地の効用を考えて木を切り倒す必要が生じても、どの木を切ればいいのか確信を持てない。

ところで、自然保護論者がどういう人物であるべきかについては、多くの定義づけをぼくは読んだし、自分でも少なからず書いてきた。だが、こうした定義は、なまじペンで書くよりも、斧を用いて下すのが最善ではないのか、という気がしている。つまりこれは、実際に斧をふるっているときとか、どれを切ろうかと決めているあいだに考えるべき問題ではないかと思う。自然保護論者とは、斧のひと振りごとに、自分のサインが地表に記されていくのだということを謙虚に悟っている者のことである。これらのサインは、むろん、斧で記されようとペンで書かれようと、場合によってそれぞれ異なるし、また、そうであって当然だ。

ぼくの場合、斧を手にしていたときに下した決断の理由を後になって分析してみると、われながら勝手な決め方であったことに気づいて、まごついてしまう。そして、何よりもまず、すべての木が、好きなように、しかも公平に育つように生まれついているわけではないことが分かる。たとえば、ストローブマツとカワカバが互いにからみ合って密生している場所では、ぼくははなから偏見を抱いてのぞむ。つまり、必ずマツのほうをひいきにして、カワカバを切ってしまうのである。なぜか。

まず第一に、マツはぼくが自分でシャベルを使って植えたものであるのに対し、カワカバはフェンスの下から生え伸びてきて勝手に根付いたものだから、という理由があげられる。このように、ぼくの偏見はある程度まで、自分が植えたという親意識に基づいていることは確かだが、それだけでは説明しきれない気もする。というのは、このマツがカワカバ同様自生のものだったら、もっと珍重していると思うからだ。したがって、ぼくがマツのほうをひいきにする心理については、もっと深く掘り下げてみる必要があろう。

　カワカバはぼくの町には豊富にある木で、今なお増え続けている。ところが、ストローブマツのほうはわずかしかなく、その数は減る一方である。つまり、ぼくの偏見は、弱いものびいきということなのだろう。だが、わが農場がもっと北にあって、そこではストローブマツが豊富に生え、カワカバがわずかしかないとしたら、ぼくはどうするだろうか。正直言って、分からない。なにしろぼくの農場はここにあるのだから。

寿命を比べてみると、ストローブマツは一世紀もつのに対し、カワカバはその半分くらいしかもたない。とするとぼくは、自分のサインが消えてしまうのを恐れているのだろうか。隣近所はと見ると、ストローブマツはまるで植わっておらず、どこもかしこも、たくさんのカワカバが目につく。するとぼくは、ほかよりも目立つ林を持ちたいと望んでいるお調子者なのだろうか。また、マツのほうは冬のあいだもずっと緑色をしているのに、カワカバは十月には引退を決めこむ。したがってぼくは、自分と同じく冬の風をものともしない木が気に入っているのかもしれない。マツはエリマキライチョウの住み家となり、カワカバは食料となるという点から考えると、ぼくには食事よりも寝場所のほうが大切だという思い込みがあるのだ、とも考えられる。マツは千株につき十ドルという大層な値で売れ、カワカバは二ドルにしかならない点からすれば、ぼくはお金に目がくらんでいるのかもしれない。以上並べたてた理由はいずれも、ぼくがマツをひいきにしているもっともらしい解釈に聞こえるが、どれひとつとしてあまり説得力がない。

では、もう一度考え直してみよう。今度は何か納得のいく理由が見つかりそうだ。ストローブマツの下にはやがて、イワナシ、ギンリョウソウモドキ、イチヤクソウ、リンネソウなどが生えてくる。一方、カワカバの下には、せいぜいリンドウくらいしか生えてこない。ストローブマツにはやがて、カンムリクマゲラが嘴《くちばし》で穴をあけて巣をつくる。カワカバには、マツに歯が立たないセジロアカゲラが仕方なく巣をつくる。四月になると、マツからは風のかきならす音楽が聞こえてくるが、この頃のカワカバときたらガサガサ音を立てるだけの、丸裸の枝の集まりにすぎない。以上、今度の解釈は一理あるといえそうだ。しかし、まだすっきりとはしない。要するに、ストローブマツのほうがカワカバよりも、ぼくの想像力や憧れを強くかきたててくれるということだろうか。そうだとしたら、それぞれの木を見るぼくの心の反応の違いではなかろうか。

以上の考察からぼくがたどりついた結論はただひとつしかない——つまり、ぼくはどの木も好きだが、ストローブマツには恋をしている、ということだ。

前にも書いたように、十一月は斧を扱うのに適した月である。だが、十一月でさえあればいいというわけではなく、ほかの恋愛沙汰《ざた》の例と同じで、この一方的な恋を実践するにもそれなりのテクニックがいる。たとえば、マツの南側にマツより丈の高いカワカバが生えるようにすれば、春にはマツの若芽に影を落とし、マツについたマツゾウムシが若芽に卵を産みつけるのを抑えることができる。カワカバとの競《せ》り合《あ》いによる悪影響などは、マツゾウムシの害に比べたらたいしたことはない。なにしろ、こいつの幼虫ときたら、若枝を枯らし、木の姿を台無しにしてしまうのだから。よくよく考えてみると、面白いことに、陽の当たる場所に住みつきたがるというこの虫の習性のおかげで、虫自身の種《しゅ》としての存続が決まるばかりではなく、わがマツの将来の姿や、わが斧やシャベルの扱い方の当否までが左右されてしまうのである。

もっとも、せっかくカワカバの影ができる場所を移動しても、その後で乾燥した夏が来たりすると、地面がふだんに増して熱されてしまうために、水の取り合いという、ますますひどい競争が生じ、ぼくの好意などは、マツには何の足しにもならなくなってしまう。

さらには、風が吹いて、カワカバの大枝がマツの頂生芽をこすったりすると、マツの形が悪くなることは確実である。したがって、カワカバは、その他もろもろの斟酌《しんしゃく》はせずに取り払ってしまうか、マツが夏のあいだにどれだけ伸びるかを見積もったうえで、それより高めのところで、冬がくるたびに大枝を切ってしまうに限る。

以上のようにカワカバの扱いには相反した二つの考え方ができるので、斧をふるうにあたってはこのことを見越して両者を比較し、自分の偏った意志が、広い目で見てもいずれは単なる善意以上の効果をもたらすはずだ、という冷静な確信を抱いたうえで、決定を下さなくてはいけない。

それにしても、木の手入れをする者は、自分の農場に生えている木の種類の数と同じだけの偏った好みがあるものだ。そして年月が経つうちに、自分の感じ方から、対象の美しさや効用に至るまで、それぞれの木のせいにし、さらには、自分の好き嫌いで行った仕事に対する木の反応についても、それぞれの木のもろもろの特徴のせいにしてしまう。ぼくは、まったく同じ木が、見る人が違えばまるで別々の特徴づけをされているのを知ってびっくりしている。

そんなわけで、十月を彩り、冬にはライチョウの食べ物になってくれるという理由でぼくが大いに気に入っているポプラにしても、近所の一部の連中にとっては余計な雑木でしかない。理由は、先祖代々開墾《かいこん》を続けている切株地帯に、やたらと勢いよく生えてきて困る、ということかららしい(もっとも、ぼくだってこれを嘲笑《あざわら》うわけにはいかない。ニレの木を、また芽を出したらわが愛するマツの邪魔になりそうで困る、という理由で嫌ったりしているのだから)。

さらには、ぼくがストローブマツに限らず、アメリカカラマツを二番目のひいきにしているというのも、この木がわが町から絶滅しかけているからとか(弱いものびいき)、十月のライチョウに黄金色の針葉を散らして隠してやってくれるとか(火薬に対する偏見)、この木のおかげで土壌が酸性になり、わがランのなかでもとりわけ美しい、華やかなシペリジウムの生長を可能にしてくれる、といった理由からのようだ。これに対し、森林官たちは、育ち方が遅すぎて採算が合わないという理由で、アメリカカラマツを放逐してしまっている。また、この議論の決着をつけるために、この木は周期的にハバチの流行病にやられて困るとも言いたてている。だが、うちのアメリカカラマツがその周期にかかるのはまだあと五十年先なので、それの心配は孫にまかせるつもりだ。今のところ、わがアメリカカラマツは実に元気に生長を続けているので、ぼくの心もそれにつれて空へと舞い上がっている。

ぼくには、ハヒロハコヤナギの老木ほど立派な木はないように思える。昔、若木の頃に野牛の日除けとなり、まるで光輪のようにハトたちをとまらせてもいたからである。また、今の若木は、いずれは老木になるという意味で好きだ。ところが、農夫のおかみさん連中ときたら（したがってその旦那連中まで）、ハヒロハコヤナギをどれもこれも嫌っている。その理由は、六月になるとその雌株が散らす綿毛が網戸をつまらせてしまうからだそうだ。どんな犠牲をはらっても快適さ第一、というのが現代人の信念なのである。

ぼくは、隣人たちよりも多くの偏見の持主であるようだ。というのは、隣人たちがいいかげんに「藪」という十把ひとからげに呼んでいる種々雑多なたくさんの木々のそれぞれに対して、好みを抱いているからである。たとえば、ぼくはニシキギが好きだ。シカ、ノウサギ、野ネズミなどが、この木の豊富な小枝や緑の樹皮をむさぼり食べにくるというのがその理由のひとつだが、この木のさくらんぼ色の実が、十一月の雪を背景にすると、いかにもほのぼのとした印象を与えるからでもある。ベニバナハナミズキ。これは、十月のコマドリの餌になるという理由で好きだし、アメリカザンショウは、わがヤマシギがこの木のいばらの下で毎日日光浴をするので好きである。ハシバミ。これが好きなのは、この木が十月に示す紫色が目の保養となっていいからだし、十一月の花穂がわがシカやライチョウの餌となってくれるからでもある。さらには、ツルウメモドキが好きだ。これは、ぼくの父も好きだったという理由のほか、毎年七月一日になるとシカがやってきて、突然この木の新しい葉を食べはじめ、このことをお客に予言できることが分かったからでもある。単なる一教授にすぎないぼくが、まるでよく当たる千里眼の人間か予言者みたいに振るまえるというのも、この木が毎年予言どおりにちゃんと花を咲かせてくれるからであり、そのような植物をぼくが嫌うわけがない。

われわれの植物に対する偏見が、一部は先祖代々のものであることは否めない。祖父がヒッコリーを好きだった、という話を父親からよく聞かされていると、自分もヒッコリーが好きになってしまうものだ。ところが、その反対に、祖父がツタウルシの巻きついている丸太を燃やし、その煙のなかに平然と立っている姿を見て育ったらどうだろうか。毎秋、ツタウルシがどんなに深紅色の輝きで目を楽しませてくれても、ウルシ類を好きにはなれないだろう。

また、われわれの植物に対する偏見は、本業に限らず、当人の勤勉さと怠け心の微妙な配分次第では、趣味にも影響を与えることが明らかだ。たとえば、牛のミルクしぼりよりもライチョウ猟のほうが好きな農夫は、自分の牧場にいくらサンザシが侵入してきても、嫌ったりはしないだろう。また、アライグマを狙うハンターは、アメリカシナノキを嫌ったりしないだろうし、このほかぼくは、ウズラのハンターで、毎年いくら花粉アレルギーに悩まされても、ムラサキオグルマを嫌いにならない人を知っている。つまり、われわれの植物に対する偏った好みというものは、当人の気質、趣味、誠実さ、寛大さ、週末の過ごし方をあらわに示す敏感な指標なのである。

それはそれでいい。とにかくぼくは、十一月に斧を手にして過ごしていれば満足なのだ。

堅固な要塞

農地の森林はどれも、木材、燃料、柱の入手場所であるだけではなく、持主に一般教養の糧《かて》も提供してくれる。この智恵の実が実っていないことはありえないが、誰でも必ず収穫することができるとは限らない。そこでぼくはここに、自分の森林から学んだ多くの知識の一部を記録しておこうと思う。

＊

十年ばかり前にこの森を買って間もなくぼくは、自分が木の数とほぼ同数の木の病気をも買い込んでしまったことに気がついた。つまりわが植林地は、木がかかるあらゆる病気に蝕まれていたのである。ぼくは、ノアが方舟の積荷をした際に木の病気を持ち込まないでくれればよかったのに、などと思いはじめた。そして、間もなくはっきりしたのだが、実はこうした病気のおかげで、わが植林地は、この地方のどこを捜しても見当たらないような堅固な要塞となったのである。

わが森には、あるアライグマ一家の基地があちこちにできている。それは隣近所の森にはほとんど見当たらない。その理由が分かったのは、十一月のある日曜日、新雪が降った後のことだった。雪の上に、アライグマのハンターとその猟犬の、まだ真新しい足跡が、根が半分むき出しになったカエデのところまで続いていた。わがアライグマの一頭がそのカエデの根の下に逃げ込んでいたのである。もつれたまま凍った木の根も、地面も、岩のように堅くなっていたので、斧で切りつけることはできず、掘り起こすことも無理だった。また、根の下には穴が無数にあって、煙でいぶり出すこともできなかった。おかげでそのハンターは、手ぶらで引き返してしまったのである。これというのも、このカエデの根にカビがとりついて侵していたためだった。つまり、嵐のおかげで半ば引っくり返ったこの木が、アライグマたちに堅固な要塞を与えてくれたのだ。この「防空壕」がなかったら、毎年訪れてくるハンターたちのおかげで、わがアライグマの子種は根だやしになるところだった。

わが森には十数羽のエリマキライチョウが住みついているが、雪が深いあいだは近所の森に移動する。そちらのほうが住みやすくなるからだ。もっとも、夏の嵐による倒木の数だけのライチョウは、ひきつづきわが森に残る。こうした夏の倒木の木の葉は常に乾燥しているため、雪の降るあいだは、その一本一本のかげに一羽ずつのライチョウがもぐり込んでいる。糞を見ればよく分かるが、それぞれのライチョウは、吹雪の季節のあいだずっと、狭いながらも木の葉のカムフラージュに助けられて、風、フクロウ、キツネ、猟師たちから安全に眠り、食事をし、のんびりと時を過ごす。乾いて堅くなったオークの葉は隠れ蓑の役を果たすだけではなく、面白いことに、ライチョウが楽しんで食べる食料ともなっているのだ。

こういった吹き倒れのオークは、むろん、病気の木である。病気でもないのに倒れるオークはまずないし、ライチョウが隠れ場をつくるために倒すわけでもない。

病気のオーク本体にもまた、ライチョウのおいしいご馳走がある。つまり虫こぶだ。虫こぶとは、新しい枝がまだ柔らかくて汁気の多いあいだにタマバチに刺されて起こす、病的な生長のことである。十月には、わがライチョウたちが、この虫こぶを食べて満腹していることが多い。

毎年、この野生のハチたちは、空洞があいたわがオークのどれかに巣をつくる。そして、これまた毎年、勝手に入ってきた蜂蜜採りたちが、ぼくより先に蜂蜜をさらっていってしまう。これは、ひとつには、蜂のいる木の「リスト・アップ」をする技術にかけては彼らのほうが一枚上手であるせいだが、もうひとつには、彼らが網を使い、蜂が秋に冬眠に入る前に採ってしまえるからでもある。それにしても、芯腐れがなかったらオークに空洞ができることはなく、したがって蜂の巣ができることもなかったろう。

生物サイクルの高揚期には、わが森でノウサギが異常発生する。そして、ぼくが育成し

ようとしている種類の木や低木の皮や小枝は、ほぼ残らず食いちぎられてしまうが、あまり関心のない木のほうは、ほぼどれも無視されている（ウサギ猟をする者が自分でマツ林や果樹園をつくるようになれば、ノウサギは狩猟獣として見られず、厄介者扱いされるようになるはずだ）。

　ノウサギは、雑食性ではあるが、かなりの面で美食家である。たとえば、野生の植物よりも、手植えのマツ、カエデ、ニシキギなどを常に好む。また、同じものでも、食べやすい状態になってからでしか食べようとしない。したがって、セイヨウミズキに対しては、最初のうちは見向きもしないくせに、リンゴカキカイガラムシがとりついて味がよくなると、そこいらじゅうのノウサギがよってたかって熱心に食い荒らす。

　わが森ではまた、十何羽かのアメリカコガラの群れが年を過ごす。冬、わが一家の者たちが枯れた木や病気になった木を燃料用に伐採する斧の音が、このコガラたちにとっては夕食の合図である。コガラたちは、われわれの仕事の遅さに対してこしゃくな注文をつけながら、すぐにもやってこようと中空で待機している。そして、ようやく木が倒れ、くさびを打たれて中身が見えはじめると、アメリカコガラたちは白いナプキンを広げて降りてくる。枯れた樹皮はどれも、コガラたちにとっては、卵、幼虫、マユなどのご馳走がつまった宝庫である。また、アリがトンネルを掘った木芯のどれもが、コガラたちにとってのミルクや蜂蜜を豊富に蓄えている。われわれはよく、割りたての薪《まき》を近くの木に立てかけておく。つまり、貪欲な雛《ひな》たちがアリの卵を平らげてゆくようすを眺めたいからだ。この鳥たちも、われわれと同じように、香り豊かな割りたてのオークから活力となぐさめを得ているのかと思うと、仕事に張りが出てくる。

木の病気とか、害虫とかがなかったら、これらの木に食物をあてにすることはできないので、冬になってもアメリカコガラがわが森に楽しい雰囲気をもたらしてくれなかったに相違ない。

このほかにも、たくさんの種類の野生の生命が、木の病気のおかげをこうむっている。わが森の冠毛つきのキツツキは、生木のマツをつついて穴をあけ、その病んだ芯から肥った幼虫を取り出す。シマフクロウは、古いアメリカシナノキの芯の空洞に隠れて、カラスやカケスから難を逃れる。つまり、この病んだ木がなかったら、おそらく日没以後にフク

ロウたちの奏でるセレナーデはまったく聞けなくなっていただろう。わが森では、アメリカオシたちも木の空洞に巣をつくる。そして毎年六月には、新しく生まれた雛たちが、綿毛に覆われた姿で、森のなかの沼地に姿を現わす。リスたちはみな、木質が腐ってできたくぼみと、その傷をふさごうとして伸びてきた繊維質とのあいだに微妙なバランスを保つようにして、そこを永久の住み家としている。繊維が必要以上に伸びて入口の幅が狭くなってくると、そこをかじって広げ直し、こうしてくぼみと繊維質との闘いの審判役を務めている。

病気にとりつかれたわが森林地のなかの生き物のうちでも、真の宝と言えるのはオウゴンアメリカムシクイである。この鳥は、水面に垂れ下がるように傾いている枯れ木の、キツツキの古い巣穴だとか、そのほか木にあいた小さな穴などに住みついている。その金と青の羽毛が六月のじめついた陰気な雰囲気のなかで一瞬きらめくのを見ると、たちまちにして枯れ木が生き物と化し、あるいはその反対の現象があるというのは本当なんだな、という印象を受ける。この背景とこの鳥との取り合わせの妙をお疑いの方がおいでなら、一度ぜひ自分の目でこの鳥の姿を見ていただきたいものだ。

十二月

行動範囲

わが農場を頼って生きている野生動物たちは、わが領地の実に多くの部分を、自分たちの日ごと夜ごとの行動領域としているくせに、そのことについてあまり多くを語ろうとはしない。だが、ぼくのほうでは、こうした野生動物たちの行動範囲に多大の興味を抱いている。というのは、この観察により、彼らが行動している世界の大きさと、ぼくのそれとの比率が分かるし、また、自分が住んでいる世界のことを知り尽しているのはどっちかという、はるかに重要な疑問の答えをさぐるのにも役立つからだ。

人間の場合もそうだが、わが動物たちは、口ではあまり言いたがらないことを思わず行動で示してしまうことが多い。だが、それがいつ、どのように明らかとなるかを、あらかじめ察知することはむずかしい。

*

わが犬は、斧をいっさい手にしないので、小屋のほかの連中が薪づくりをしているあいだでも好き勝手に猟をしている。突然きゃんきゃんという吠え声がするのでわれわれが振り向くと、草むらのねぐらから追い出されたウサギが、あわててどこかへ逃げていくのが見える。ウサギは四分の一マイル（約四百メートル）離れた場所にある薪の山のところまで一直線に走っていく。そこの、紐でしばった二個の薪の束のあいだに身をかがめ、その薪の束を、追手に対する完全な弾よけにできるというわけだ。すると犬は、そばの堅いオークの幹に幾つか証拠の爪マークをつけてから、もっと間抜けなワタオウサギを求めて捜索を続け、われわれも薪割りの仕事を再開する。

この小さなエピソードから、このウサギは草地のねぐらと薪の山の下の隠れ場所とのあいだの、地上にあるあらゆるものをよく知っているということが分かる。そうでなかったら、あんなに一直線に進めるわけがない。このウサギの行動範囲は、少なくとも半径四分の一マイルの広さがあるのだ。

毎冬、われわれは、餌場にやってくるアメリカコガラを、トラップで捕えては、脚輪をつけて放す。近所にもアメリカコガラに餌をやる者はいるが、脚輪をつける者はわれわれのほかには誰もいない。この目印のおかげで、脚輪のついたアメリカコガラは、冬には餌場から一番遠い場所で半径半マイル先までの行動範囲のあることが分かるが、これは要するに風から守られている場所ということだ。

夏には、この鳥の群れは巣づくりのためにちりぢりになり、脚輪をつけた鳥が冬よりも広い範囲で見つかり、しかも脚輪のない相手とつがいになっている場合が多い。この季節には、アメリカコガラは風を気にする必要がなく、風がよく通るような場所で見つかることも多いのである。

昨日降った雪の上に、三頭のシカの真新しい足跡がくっきりとついているのを見つける。そこでその足跡を、進んでいる向きとは反対の方向へたどっていく。すると、砂州にある大きなヤナギの茂みのなかに、シカのねぐらの跡が三つ、雪の上にひと塊になってあざやかに残っているのが見つかる。

そこで今度は、足跡を行き先の方向へたどってみる。足跡は近所のトウモロコシ畑へと続いている。シカたちはここで、くずのトウモロコシを雪のなかから掘り出し、また刈束の山のひとつを引っかきまわした形跡がある。それから足跡は、別のルートをたどって、また前の砂州へと戻っている。その途中、シカはまた、とある草むらをかき分け、鼻をつっこんで、中の柔らかい緑の芽を食べているし、泉で水も飲んでいる。これで、このシカの夜の行動がすっかり想像がつく。ねぐらを出て朝食をとるまでの全行程は一マイル（約一・六キロ）という距離である。

われわれの森にはいつもライチョウが住みついているのだが、この前の冬のある日、柔らかなドカ雪が降った後には、ライチョウの姿はおろか、その足跡も見当たらなかった。その前の夏、わが犬とオークの葉の茂る茶色い丘陵の頂上のある地点まで出かけた頃には、たしかにいた。だから、てっきりあそこに移り住んでいるものとほぼ思い込んでいたのだが。と、そのとき、ライチョウが一羽ずつ三羽、飛び立つのが見えた。

だが、丘陵の頂上の下や付近のどこを見ても足跡はない。すると、あの鳥たちはどこからか飛んできたのに相違ない。でも、いったいどこから来たのだろう。ライチョウは食事をしたに決まっている。氷点下の気候とあってはなおさらだ。そこでぼくは手がかりとして、糞を調べてみた。何やら識別不能のものがいっぱい混じり合っているなかに、幾つか蕾の包皮が目につき、また、凍ったイヌホオズキの実の堅くて黄色い皮も見つけた。

そういえば、柔らかなカエデの若木の林のなかに、イヌホオズキがたっぷり生えていたのを夏に見た覚えがある。さっそくその林まで出かけて捜してみたところ、ある丸太の上でライチョウの足跡を見つけた。ライチョウたちは柔らかな雪面を歩こうとはしなかったのだ。丸太の上を歩き、その周囲の雪面のあちこちからのぞいているイヌホオズキのうち、嘴《くちばし》が届く範囲のものをついばんだのだ。なおこの林は、例の丘陵のオークから東へ四分の一マイルの地点にある。

この日の夕刻、日没時にぼくは、一羽のライチョウが、例の丘陵から四分の一マイル西のポプラの林のなかで木の芽をついばんでいるのを見た。ただし、そこにも足跡はなかった。これですっかり話が分かる。この鳥たちは、柔らかい雪があるあいだずっと、行動範囲を脚ではなく羽でカバーしているのだ。そしてその行動範囲は、さしわたし半マイルである。

*

科学では、生物の行動域というものについては、ほとんど分かっていない。さまざまなシーズンによって、それぞれどれだけの大きさなのか。そのなかにはどんな食物や避難所がなくてはならないのか。侵入者に対しては、いつ、どのようにして身を守る仕組みになっているのか。行動域内の行動単位は個体なのか、家族なのか、グループなのか。いずれも動物の経済や環境保全にとっては基本的な事柄ばかりだ。農場というものはいずれも、こうした動物生態学の教科書である。そして、その本を翻訳するには樵《きこり》の心で読むことだ。

雪に立つマツ

創造という行為はふつう、神々や詩人たちが得意としているようだが、もっとぼんくらな者だって、方法さえ分かれば、これができないもどかしさをうまく解消することができる。たとえば、マツを植えるには、神であることも詩人であることも必要としない。必要なのはシャベルだけだ。こういう珍しい方法で習わしに風穴をあけることができると分かれば、しめたもの。どんな阿呆でも「木よ生えろ」と唱えてみるがいい——そこにはいずれちゃんと木が生えてくる。

背筋力が強く、手持ちのシャベルの刃が鋭ければ、しまいには一万本のマツだって持てるかもしれない。そして七年目には、シャベルによりかかり、自分のマツを眺めて満足感に浸れるだろう。

神はその御業《みわざ》を七日目にはもう終えられた。しかし、その評価に関する神自らの姿勢は曖昧《あいまい》であるような気がする。神の御言葉が速すぎて分からないのだろうか。それとも、木というものがもともと、イチジクの葉や大空よりも観賞に耐えられるようにつくられているのかもしれない。

シャベルはなぜ、骨折り仕事の象徴とみなされているのだろうか。おそらく、シャベルの刃先はほとんどが鈍いせいだろう。たしかに、あらゆる骨折り仕事に鈍いシャベルはつきものである。だが、この両者のどちらが原因であり結果であるかは、ぼくには定かではない。ぼくに分かっているのは、精力的にシャベルを用いて牧草地の赤土を掘り、見事な畝《うね》ができていくにつれて、わがシャベルが歌い出すということだけだ。鋭い鉋《かんな》、鋭い鑿《のみ》、鋭い小刀のたてる音は音楽的だと聞いているが、ぼくに言わせれば、わがシャベルのたてる音を聞くのが最高だ。わがシャベルは、ぼくがマツを一本植えるごとに、手首のそばでハミングをする。ほかの人でも、自分で熱心にシャベルを使ってみれば、自分の選んだ時間という竪琴がいかにむずかしい楽器かということを痛感するのではないかと思う。

マツを植えるシーズンが春だけだというのは結構なことだ。シャベルをふるうことをふくめ、何事につけてもほどほどですむシーズンだからである。そして、あとの季節はずっと、マツの生長していく過程を眺めていればいい。

*

マツの新年は五月からはじまる。毎年五月に頂生芽が「キャンドル」になるからだ。誰が命名者かは知らないが、これはこの新しい生長段階に対して微妙なまでに核心を衝いた命名だと思う。もっとこの「キャンドル」という呼び名はただ明白な事実からの連想による、いかにも陳腐な命名のようにも聞こえる。この新芽は油っぽく、まっすぐに伸び、もろくて、まさにろうそく《キャンドル》に似ているからだ。しかし、マツと生活を共にしている者には、キャンドルという言葉にはもっと深い意味のあることが分かる。つまり、このキャンドルには、未来へと続く道を照らす永遠《とこしえ》の火が燃えているのである。毎年五月になると、わがマツは繰り返しキャンドルを空へと向ける。いずれの先もまっすぐ天頂を指し、それぞれが、たとえ何年かかろうと、最後の勝利ラッパを吹き鳴らすまではこの繰り返しをやめまいと決意しているように見える。ごく古いマツになってようやく、数多くのキャンドルのうちでどれが一番大切かを忘れてしまい、空に向けた梢を曲げ、水平に伸ばしてしまう。そうでもならない限り、たとえ人間のほうでは忘れても、こっちの生きているあいだにそのようなみじめな姿をさらそうとするマツなど一本もありはしない。

倹約好きの者の目から見ると、マツは気の合った仲間である。というのは、その日暮らしの広葉樹とは違って、マツは日々のかせぎをたちまち消費してしまうようなことは決してしないからだ。マツはひたすら、前年の蓄えで生きている。実際、どのマツも公開の預金通帳を持っていて、その残高は毎年六月三十日付で記録されている。この日付になると、完熟したキャンドルが、十個か十二個の蕾から成る房を育て終えており、これはとりもなおさず、翌年の春に二フィートか三フィートまでも空へキャンドルを伸ばすのに必要な雨水や太陽エネルギーをため込んだことを示している。蕾が四つか六つしかついてない場合には、翌年のキャンドルの伸び方が少ないだろうが、それでも、支払い能力がちゃんとあることを示す独特な形をしている。

むろん、人間の場合と同様に、マツにも試練の歳月の訪れることがある。この場合は、短い房しかできなかったという記録が残る。つまり、年輪の間隔が狭くなるわけだ。したがってこの間隔は、一種の自伝であり、木と共に歩んでいる者はこの自伝を好きなときに繙《ひもと》いてみることができる。実際に、試練の年を正確に知るには、生長の悪い年から一を引く。たとえば、どのマツの場合でも一九三七年の生長が悪いが、これは一九三六年に世界的な旱魃があったことの記録だ。これに対し、一九四一年の間隔はどのマツを見ても広い。おそらくは暗い時代の到来を見越し、人間には分からなくても、マツには先ゆきが分かっていることを世界に示そうと、特別の努力をした結果なのかもしれない。

あるマツに一カ所育ちの悪い年があるのに、近隣地区のマツにはその跡が残っていないような場合には、何か純粋に局地的な、あるいはその木だけを見舞った災害があった証拠とみてまず間違いない。たとえば山火事に遭うとか、マキバネズミにかじられるとか、強風による被害、あるいは、いわゆる土壌という正体不明の局地的な障害などによるものであろう。

＊

マツ林では、いろいろと世間話やら近所の噂話が交わされる。こうしたおしゃべりに耳を傾ければ、ぼくが町を留守にしていた週の出来事が分かる。また、三月、シカがシロマツの芽をよく食べにくる頃には、芽をむしられた跡が残っている場所の高さを見れば、シカたちの腹の空き具合が分かる。トウモロコシで満腹しているシカは、横着をして、地面から四フィート（約一・二メートル）以上のところにある枝の芽をむしろうとはしない。本当に腹を空かしているシカの場合には、後脚で立ち、八フィートの高さのところにある芽までむしって食べる。こうしてぼくは、実際に見なくともシカの胃のなかの状態が分かるし、また、近隣の畑までわざわざ行かなくとも、そこにトウモロコシの刈束が投げ出してあるのかどうかが分かる。

五月の、新しいキャンドルがアスパラガスの芽のように柔らかくてもろい頃には、小鳥がその上に降りてきて折り取ることが多い。毎年ぼくは、頭を摘まれた木を何本か見つける。しかも、近くの草のなかには必ず、しおれたキャンドルが落ちている。これを見れば、何が起きたかを推理することは簡単だ。しかし、ぼくはこのような観察をもう十年も続けているのに、まだ一度も小鳥がキャンドルを折る現場をこの目で見たことはない。だがこれは客観的に分かっている事実であり、自分の目で見ないからといって疑う必要はない。

毎年六月には、数本のシロマツのキャンドルが突然しおれてしまい、それがたちまち茶色に変色し、枯死してしまう。マツゾウムシが頂生芽に住みつき、卵を生みつけるせいだ。

その卵から孵化した幼虫が髄を占領し、新芽を殺してしまうのである。このように頂生芽を失ったマツは先が知れている。というのは、残った枝どうしで、どれが先頭をきって空へ向かって進むのか、意見が一致しないからだ。どの枝も先頭を切りたがり、結果は木全体として低木のままで終わってしまうのである。

マツゾウムシが取りつくのは太陽の光をいっぱいに浴びたマツだけだ、というのは興味深い現象である。日陰のマツは相手にされない。これは逆境の隠れた効用だ。

十月にわがマツを観察すると、樹皮がこすり取られていることから、牡ジカたちが「浮かれ」はじめる季節になったのだと分かる。八フィートぐらいの高さで一本ぽつんと立っているストローブマツを見ると、シカはどうしてもちょっかいをだしたくなるらしい。木の方もまたひどい仕打ちを甘んじて受けるものだから、どんどん擦り減る一方となる。こうした争いで役に立つことといえば、木に傷がつけばつくほど、牡ジカのまだあまり光っていない枝角に松やにがついて、見事な光沢が出はじめるという点だけだ。

森のおしゃべりというのは、時として翻訳するのがむずかしい。ある年の真冬のさなか、ぼくは、あるライチョウのねぐらの下で、半分しか消化されていない糞を見つけた。それを調べてみたのだが、いったい何を食べたのか見当がつかない。見たところ、長さは半インチくらいで、トウモロコシの穂の軸に似ていた。ぼくはこれを、思いつく限り、いろいろな地方のライチョウの餌のサンプルと比べてみた。だがこの「軸」の正体の手がかりはさっぱり得られなかった。最後に、ストローブマツの頂生芽を切り開いてみたら答えが見つかった。そのライチョウはこの蕾を食べたのである。そのうち松やには消化され、皮は砂嚢《さのう》のなかでこすりとられて、軸だけ残って糞に混じって出てきたというわけである。ところで、この軸は、いずれはキャンドルになる部分である。そこで、このライチョウはストローブマツの「未来」をついばんでしまったのだと言えなくもない。

*

ウィスコンシン州にある三種類のマツ(シロマツ、アカマツ、ストローブマツ)は、それぞれ自分の結婚可能年齢に関する意見が根本的に違う。早熟なストローブマツは苗床の時期を終えて一、二年後には花をつけ、実がなることもあるし、ぼくのところの十三歳になるストローブマツの幾本かは、もう孫の自慢をしている。同じくぼくのところの十三歳のアカマツは、いずれも今年になって花が咲いたのだが、シロマツのほうはまだである。どうやら、自由の身で、色が白くて、二十一歳以上でなくては結婚はまかりならぬという、アングロ・サクソン系の戒律に固執しているらしい。

社会的観点から見て、もしこのような広範囲の多様性がなかったとしたら、わがアカリスたちの食事のメニューはもっとさびしい内容になっていたに違いない。毎年真夏には必ず、リスたちはストローブマツの実を引き裂いて中の種を食べはじめる。労働者の日《レイバー・デイ》には家族づれのピクニックが花盛りで、あちこちにゴミの山ができるが、それだってこのリスたちが散らかすへたや皮の山とは比べものにならない。木という木の下には、リスたちの毎年のお祭り騒ぎの残骸が山となって残るのだ。だが、いつも必ずいくらか実を食べ残していく。その証拠に、やがてアワダチソウのあいだからその実の子孫が芽をふくからである。

マツに花が咲くことを知っている人はめったにおらず、いてもそのほとんどの人はひどく無関心で、この花の饗宴を、単なる生物機能の繰り返し現象としか見ようとしない。夢を失った人々はすべからく、五月の第二週をマツ林のなかで過ごしてみることだ。しかも、必ず眼鏡をかけ、余分のハンカチを持って。こうすればマツの花粉を豊富に浴び、キクイタダキの歌声が聞こえたのにうっかりしていた人でも、夏の到来をいやというほど思い知るに違いない。

シロマツの若木は、ふつう、その両親がいなくなってから一番よく育つ。ぼくは、全体として比較的若木ばかりを集めた植林用地で、しかもよく陽の当たる場所にあるというのに、古木のそばの木が小ぶりでひょろ長くなっているマツ林を知っている。ところが、そのような抑制がまったく見られないマツ林だってあるのだ。いったいこの違いは何が原因なのか。若木のせいか、古木のせいか、土壌のせいなのか、それが分かったらよいのにと思う。

マツは、人間と同じく、交際仲間を選り好みし、しかも好き嫌いの感情を隠しきれない。そんなわけで、シロマツとデューベリー、アカマツとタカトウダイ、ストローブマツとヤマモモのあいだにはそれぞれ親和性がある。デューベリーの茂みのなかにシロマツを植えると、一年もたたないうちに、このマツには外皮の多い蕾が育ち、やがては新しい針葉のあいだから健康と友情とを物語る青っぽい花が開くことは、まず間違いない。このマツは同じ日に植え、同じ土壌で同じ手入れを施したほかのマツよりもよく育ち、よく花をつける。違うのは草のなかに植えたという点だけなのに。

十月になり、こうした青い花がデューベリーの葉の赤い絨毯のなかからまっすぐに、しっかりと生え伸びているのを縫って歩くのが、ぼくは好きだ。シロマツの花たちは、この幸福な状態に気づいているのだろうか。ぼくは、自分が幸福であることだけは分かっているのだが。

マツは「常緑」であるとよく言われている。だがこれには、行政機関が見かけ上永久に続いているのと同じ趣向がこらされている。つまり、任期がだぶっているのだ。毎年新しい生長と共に新しい針葉ができており、しかも古い針葉がそれよりさらに先まで生き延びてから枯れ落ちるので、うっかり見ていると同じ針葉が永久に緑色をしているように見えるだけのことである。

マツは種類によってそれぞれ性質が違い、それによってそれぞれの針葉の一生の期間も決まっている。シロマツの針葉は一年半もち、アカマツとストローブマツの場合は二年半もつ。新しい針葉は六月にお目見得し、古い針葉は十月に別れの言葉を書く。書くことはみな同じで、同じ黄褐色のインクで書き、それが十一月頃には褐色に変わる。やがてその針葉は落ち、下の堆積の上に重なり、立木の知恵をいっそう豊かにする。マツの下を歩いても足音がしないのは、この積み重ねられた知恵のおかげである。

真冬にぼくは、ときどき、自分のマツ林で、これまで書いてきたように、植林政策や風や天候のニュース以上に大切なことを、落穂拾いのように学びとる。この勉強ができるのは、特に、どんよりとした夕暮れどきで、雪が邪魔な細部《ディテール》を埋めてしまい、根本的な哀《かな》しみの情が生きとし生けるものを重く覆っている場合に多いようだ。それでもわがマツは、それぞれ雪の重みに耐えながら、列をなして実直に立ち続けている。薄暗がりのなかには、ぼくの五感ではとらえられない彼方にまだ何百本も立っている。そんなときぼくは、妙に勇気を吹き込まれた感じがするのだ。

六五二九〇番

鳥に認識用の脚輪をつけるのは、大まかな巡り合わせに頼って鳥に証明書を持たせるということである。われわれ人間のほとんどの者は自分の生存証明書を持っているが、これは保険会社から買ったものだ。そして保険会社のほうでは、個々の事情をよくよく承知のうえでわれわれに真に公平なチャンスを売っているのである。鳥の場合は、たとえば脚輪つきのホオジロは、所属地域が分かるし、脚輪つきのアメリカコガラが再びトラップにかかって捕まれば、それがまだ生きていた証拠になる。いずれにしろ、客観的な資料が得られる仕事である。

同じ脚輪つけの仕事をするにしても、初心者は新しい鳥に脚輪をつけるときにスリルを感じる。いわばゲームでもしているつもりになり、総数で前回の記録を破ろうと必死になる。だが、長年の経験者の場合は、新しい鳥に脚輪をつける作業は、楽しくはあるものの、単なる繰り返し仕事である。本当にスリルを感じるのは、以前脚輪をつけた鳥を再び捕えたときだ。その年齢、行動、前のときの食欲状態などを、その鳥自身よりもよく知っているのではないかと自分が思える相手に再会できたときが、たまらなくうれしいのである。

こんなわけで、わが家族のあいだでは、ここ五年間、六五二九〇番のアメリカコガラがもうひと冬生き延びているかという疑問が、最大級の話題のひとつとなっていた。

十年前からわれわれは、毎年わが農場を訪れるアメリカコガラのほとんどをトラップで捕え、脚輪をつけるという作業をはじめた。冬の早いうちは、トラップにかかってくるのはほとんどが脚輪をつけていない鳥ばかりである。これはみな、その年に生まれた若鳥らしい。そして、この鳥たちに脚輪をつけてしまえば、それ以後は「誕生年」を見分けるこ

とができる。冬が深まるにつれて、脚輪をつけていない鳥はトラップのなかに見当たらなくなってゆく。これで、この地方のアメリカコガラはほとんどが脚輪つきと分かる。そして、脚輪の番号から、現在どれだけの数がいるのかが分かるし、前年に脚輪をつけた鳥のうちどれだけ生き残っているのかも分かる。

六五二九〇番は「一九三七年組」の七羽のアメリカコガラのうちの一羽である。この鳥が最初にトラップに飛び込んだときは、目立って頭がいいというようすはまるでなかった。一緒に捕えた仲間たちと同じで、おとりの餌にくらいつく勇気のほうが慎重さよりも勝っていたのだ。そして、やはり仲間たちと同じく、トラップから外されているあいだ、ぼくの指をつついていた。脚輪をつけて放されると、脚をばたつかせ、新しいアルミ製の脚輪をちょっとわずらわしげなしぐさでつつき、しわくちゃの羽を振って軽く罵りの鳴き声をあげてから、急いで仲間たちに追いついていった。この鳥がこのときの経験から何か（たとえば「光るもの必ずしもアリの卵ならず」といったような）教訓を得たかどうかは疑わしい。というのは、性こりもなくこの冬のうちに三度もトラップにかかってきたからである。

二年目の冬には、この七羽組の鳥は三羽に減り、三年目には二羽となった。そして五年目には、六五二九〇番だけが同じ年代のうちで生き残ったのである。やはり天才的なようすには欠けていたが、かくも見事に生き残る能力があったということを、今や時間が証明してみせたのである。

六年目の冬には六五二九〇番は姿を見せなかった。そして、この年四回続けてトラップを仕掛けたのにこの鳥が見当たらなかったことから、「行方不明」であるのは間違いないと思えた。

ところで、この十年間にわれわれが脚輪をつけたアメリカコガラは全部で九七羽だが、そのうち五回の冬を見事生き延びたのは六五二九〇番だけである。あとは四回までが三羽、三回までが七羽、二回までが一九羽で、残り六七羽は最初の冬を越しただけで姿を消してしまった。この結果から、もしぼくがアメリカコガラに保険を売ることにしたとしても、確信をもって保険料をはじき出すことができる。しかし、ここで問題が起きてこよう。未亡人の鳥に、どんな形で保険金を払えばよいかだ。アリの卵が適当だとぼくは思うのだが。

ぼくは鳥のことはあまり詳しく知らないので、どうして六五二九〇番だけが生き残ったのかについては推測してみるしかない。敵のかわし方が仲間より巧みだったのだろうか。しかし、どんな敵がいたのだろう。アメリカコガラは小さすぎるために、あまり敵がいないと言ってよい。「進化」という名の気まぐれ者が、恐竜は自分の爪先につまずくほど大きくしたくせに、アメリカコガラは思い切って縮めてしまったのだ。おかげでアメリカコガラは、虫を食べるタイランチョウの餌にしては大きすぎるし、タカやフクロウの獲物にしては小さすぎるのである。これでは「進化」だって、自分の創ったものながら笑ってしまうだろう。誰でも、意気込みばかり盛大でき上がりがいかにも小さいのを見たら笑ってしまうものだ。

ハイタカ、アメリカオオコノハズク、モズ、またとりわけ小型で歯の鋭いミミズクなどは、アメリカコガラを襲うのも悪くはないと考える可能性があるが、実際にこうした鳥がアメリカコガラを殺した証拠をぼくが目にしたのはたった一回しかない。つまり、アメリカオオコノハズクの落とした糞に、見覚えのある脚輪がまじっていたことが一回だけあったのだ。だが、おおむね、こうした小さな悪党どもは、小型の鳥には仲間意識を抱いているのではないかと思う。

となると、情け容赦も見境もなくアメリカコガラを殺す原因となるものといえば、天候条件しかないように思われる。もしかしたらアメリカコガラの日曜学校では、死に至る罪として次の二つの戒律を教えているのではなかろうか――汝、冬季には風の吹く場所に赴くなかれ、そして、汝、大吹雪《ブリザード》の前に身を濡らすことなかれ。

ぼくは、ある小糠雨《こぬかあめ》の降る夕暮れどき、わが森のなかのねぐらへと戻っていくアメリカコガラの群れを観察していたときに、この第二の戒律の存在を知った。小糠雨は南方からやってきたが、これがやがて北西に向きを変え、明け方前に厳しい寒気をもたらすことは、ぼくにもよく分かっていた。アメリカコガラたちは枯れたオークのあいだのねぐらに戻ったのである。このオークの樹皮は剝がされ、曲げられて、飾りや容器となり、また幹にはさまざまな大きさや形の穴がつくられている。南からの小糠雨に対しては乾燥状態を保てるのに、北からの雨には弱い場所をねぐらに選んだ鳥は、明け方には間違いなく凍えてしまう。あらゆる方向の雨露をしのげる構造のねぐらをつくった鳥なら、朝になっても安心して目を覚ませる。これが、アメリカコガラが生き抜くための知恵であり、六五二九〇番やその同類も、この知恵のおかげで生き残ったのではないかとぼくは思う。

アメリカコガラが風の吹く場所を恐れていることは、その行動から簡単に推測できる。冬季にはこの鳥はせいぜい微風が吹く程度までの凪《な》ぎの日にしか森から出ていかず、またそのときの飛行距離は風の強さに反比例している。風が強かったためにわが植林地には冬じゅうアメリカコガラが寄りつかなかったものの、ほかの季節は気ままにやってきていた年も何回かあった。風が強く吹き抜けたのは、牝牛が下生えの草をすっかり食べてしまったのが原因である。スチームでぬくぬくと暖まっている銀行家が農夫に抵当を請求し、そこで農夫はいっそう多くの牝牛が必要となり、牝牛用の放牧場がますますたくさんいることになったという図式だが、この場合の銀行家は風のことなどほとんど眼中にないのだろう。だが、アメリカコガラにとっては、冬の風は生活可能な世界の境界である。もしアメリカコガラが事務所を持っているとしたら、デスクの上方に掲示してある格言は「凪《なぎ》を保て」という言葉であろう。

この鳥のトラップでの行動を見れば、話は一段とはっきりする。トラップの向きを変えて、鳥がこれに入り込むときに必ず尻尾のほうから軽い風が吹くようにすると、もう金輪際おとりの餌に近づこうとはしない。そうでない場合には、トラップにかかる率が高くなる。背後から吹く風は、ポータブルの屋根でありエア・コンディショナーでもある羽の下側を冷やし、濡らしてしまう。ゴジュウカラ、ユキヒメドリ、ムナフヒメドリ、キツツキも同じように背後からの風を嫌うが、からだの保温の仕組みの巧みさ、つまり風に対する耐性は今名前をあげた順に大きくなってゆく。それにしても、自然について書かれた本で風について記述してあるものはめったにない。いずれもストーブのそばで書かれているからだ。

ぼくは、アメリカコガラの国には、先にあげたものにつぎ、第三の戒律も存在しているのではないかと思っている。つまり「汝、大きな音を聞かば必ず行って調べよ」だ。なにしろ、われわれが木を切る作業をはじめると、たちまちアメリカコガラたちが姿をみせ、倒された木なり裂けた木から、ご馳走である虫の卵とかサナギが見えてくるのをじっと待っているのだ。銃の音を聞いても集まってくるが、この場合はたいして分け前にはあずかれない。

斧、大木槌、銃などが普及する以前の時代には、何がこの鳥たちの夕食の合図となっていたのだろうか。おそらく、木が倒れる音だったのだろうと思う。一九四〇年十二月、氷雨まじりの嵐が、わが森で、おびただしい数の枯れた倒木をいためつけ、生木の枝を引き裂いた。わがアメリカコガラたちは、この嵐のおかげでいやというほど餌にありついたので、一カ月ものあいだわがトラップを嘲笑っていた。

六五二九〇番は、姿を現わさなくなってからもうだいぶ日が経っており、このときの分け前にはあずかっていない。あの鳥は今もどこか別の森で生きていてほしい。そしてその森には、アリの卵のたくさんついた大きなオークの木が多数あり、しかも一日じゅう次々とそのどれかが倒れ続け、平静心や食欲を失わせる風など決して吹いたりはしないとよいのだが。しかも、あの六五二九〇番が、今もぼくの脚輪をつけたままでいるとよいのだが……。

Ⅱ　スケッチところどころ

ウィスコンシン

湿地帯挽歌

夜明けの風が大湿地帯にそよ吹く。おかげで、ほとんど目に見えないほどゆっくりと、霧の層が広大な湿地を動いてゆく。氷河を渡る白い亡霊のように、霧はアメリカカラマツの密集地帯を越え、露をたっぷりとふくんだ湿原を、するすると進む。見渡す限りの地の果てから果てまで、ひたすら静まりかえっている。

どこか大空の奥底から、チリンと小さな鈴の音が、耳をすました大地にそっと降ってくる。そしてまた静寂。やがてひと声、心地よく響く猟犬の吠え声が聞こえ、すぐさまそれに呼応して、一団の犬がやかましく吠えたてる。次いで、ひときわ澄んだ猟笛の音が、大空から霧のなかへと響きわたる。

高い笛の音、低い笛の音、そして静寂。最後は、ラッパや物の触れ合う音、犬の吠え声や人の叫び声がにぎやかに混じり合い、近づいてくるにつれて沼地を揺るがすほどとなる。

だがまだ、その声や音の主は姿を見せない。やがて陽光がひと筋きらめき、鳥の大編隊が近づいてくるのを照らし出す。翼を広げた姿で、晴れ上がってきた霧のなかから現われ、空中で大きく最後の輪を描くと、かん高い鳴き声をたてながら螺旋状に身をひるがえして自分たちの餌場に降り立つ。「ツルの沼地」に新しい一日がはじまったのである。

*

このような場所では時間の感覚がずっしりと重い。氷河時代以来、毎年、時間に促されて春が目覚め、ツルの鳴き声を誘ってきた。この湿地帯を形づくっている沼炭層《ピート》は、太古は湖だった盆地に堆積したものである。ツルたちは、いわば、自分たちの歴史が書かれた本の、水に濡れたページの上に立っている。こうした泥炭層は、氷河が後退して以来、水たまりに生え広がった苔、その苔の上に繁茂したアメリカカラマツ、アメリカカラマツの上空で鳴き声をあげていたツルが圧縮されて残ったものである。その間、ツルたちは果てしなく世代を重ね、自らの骨で、未来へのかけ橋であるこの生息地を築き上げてきた。この生息地では、今後も新たなツルたちが生き、子を育て、死んでいくことだろう。

いったい、何の目的があるのか。折しも目の前の湿地で、一羽のツルが、運悪く近くにいたカエルを呑み込むと、地を蹴って宙に飛び上がり、朝の陽光のなかで力強くはばたいている。アメリカカラマツの林に、ツルの確信に満ちた鳴き声が繰り返しこだまする。ツルには、自分の存在の目的が分かっているらしい。

＊

人間が自然の趣《おもむき》を感得するには、芸術の例で分かるように、美しいものを美しいと感じることが第一歩である。そして、その美しさにも連続的にさまざまな程度のあることが分かってくると、やがては言葉ではまだ言い表わされていない事柄の価値まで分かるようになる。ツルの趣は、まだとても言葉では表現できない、この高度な領域に属しているのだとぼくは思う。

だが、これだけは言える——地球の歴史が徐々に明らかになるにつれて、ツルに対する評価が高まってきているのだ。ツルの祖先は遥か始新世に溯《さかのぼ》ることが、今では分かっている。ツルと同時代に発生したほかの動物たちは、もうとっくの昔に滅んで、この丘の地下に眠っている。だから、ツルの高鳴く声が聞こえたとしたら、それは単なる鳥の鳴き声を聞いているのではない。進化というオーケストラのトランペットの音を聞いているのだ。ツルは、人間が手のほどこしようのない過去、鳥や人間の日常の出来事の背後にあって影響を及ぼしている幾千年という信じられない時の流れの象徴である。

したがってこの鳥たち——ツルたち——は、現在という窮屈な時間帯ではなく、もっと広い、進化の過程という時間帯のなかで生き、存在している。毎年ツルがここへ戻ってくるたびに、地質年代という時計がカチリとひとつ時を刻んでいる。ツルたちは、戻ってくる場所に一種独得の雰囲気をかもし出す。果てしなく広がる、ありきたりのつまらない風景のなかにあって、ツルの湿地帯は、古生物学の一特徴である気高さを保っている。これは悠久の時の流れのうちに備わったもので、これを消し去ることができるのは散弾銃だけだ。かつてはツルたちの避難場所だったかなりの沼地で、悲しむべき事態が生じていることは歴然としている。今、ツルたちは歴史に流され、途方に暮れて立ち尽している。

ツルの備えるこうした趣の一部は、あらゆる時代を通じて、狩猟家や鳥類学者の心を引きつけてきたようだ。神聖ローマ帝国のフリードリヒ皇帝は、ツルを獲物にしてシロハヤブサを放った。また忽必烈汗《フビライ・ハン》はタカに獲物としてツルを襲わせていた。マルコ・ポーロは次のように伝えている。「忽必烈汗はシロハヤブサとタカによる猟を最高の楽しみにしている。開平府《チャンガノール》にある忽必烈汗の大宮殿の周囲は美しい平原で、そこにはおびただしい数のツルが集まってきていた。皇帝はツルを絶やさないようにするため、キビその他の穀物の作付けを命じている」。

鳥類学者のベント・ベルグは、少年の頃、故郷スウェーデンの荒地でツルを目撃し、その瞬間からツルの研究を一生の仕事にしようと決心した。そしてツルを追ってアフリカに渡り、白ナイルのほとりにツルの越冬地を発見したのである。それを最初に目にしたときのことを、彼はこう語っている。「あれは、千夜一夜物語に出てくる巨鳥ロックの飛翔にもまさる見ものだった」。

＊

氷河が北から、丘を削り、谷をえぐって下ってくると、一度は果敢に立ち向かった氷の防壁が崩れ、バラブー丘陵を乗り越え、ウィスコンシン川の河口の谷へと落下した。増水した川が逆流し、ウィスコンシン州の半ばに達する長さの湖ができた。湖の東端は氷の断崖と接しており、山々からの雪解け水が奔流となって注ぎ込んだ。この古い湖の湖岸線の跡は今でも見ることができる。その湖底が、今の大湿地帯の底である。

湖は何世紀にもわたって水位が上昇しつづけ、ついにはバラブー山地の東へとあふれ出した。ここで分断して新しい流れができ、川となって、やがて湖そのものは涸れた。あとに残った干潟にツルが訪れ、後退してゆく冬に向かって高らかに敗北を告げ、這い寄ってきた生き物たちの群れに湿地帯建設という共同作業を呼びかけたのである。水位の下がった水面にはミズゴケが浮き沼となって蝟集《いしゅう》し、やがて一面を覆った。カヤツリグサ、ヤチツツジ、アメリカカラマツ、トウヒが次々とこの沼地に進出してきて、しっかりと根を張り、水分を吸い取り、やがては泥炭となった。かくて干潟は姿を消したが、ツルはそのままだった。太古の水路にとって代わった苔むす緑地へと、ツルたちは毎年春には戻ってきて、求愛の踊りをし、高らかに鳴き、ひょろりとした栗色の子どもたちを育てる。この子どもたちは、鳥なのに、「雛《チック》」とふつうの呼ばれ方をせず、「若駒《コルト》」と呼ばれている。理由は説明しようがない。六月の露の降りた朝に、あし毛の母鳥のすぐ後を追って先祖代々の草地を跳ねまわっているツルの子どもたちの姿を自分の目で見れば、なるほどと思えよう。

　さほど遠い昔ではないが、ある年のこと、鹿革靴をはいたフランス人の罠猟師が一人、大湿地帯を縫う苔むした流れのひとつを、カヌーで強引に上ってきた。ツルたちは、自分たちの泥の要塞に侵入してきたこの暴挙に対し、大声ではやしたて、野卑な笑いを浴びせた。それから一、二世紀後、イギリス人たちが幌馬車でやってきた。そしてこの湿地帯と隣合わせの木の茂る堆石地を開墾し、トウモロコシとソバを植えた。だがそれは、開平《チャンガノ》府《ール》の忽必烈汗《フビライ・ハン》がしたように、ツルたちを養うためではなかった。だが、ツルのほうも、相手が氷河であれ、皇帝であれ、開拓者であれ、その意図には無頓着である。だから勝手に穀物を食べた。怒った農民に追い払われてトウモロコシ畑に入れなくなると、声高く警告を仲間にふれてまわり、湿地帯を越えて別の農地へと移動した。

　当時はムラサキウマゴヤシはなく、丘陵地の農場では干し草がほとんどとれず、旱天続きの年はなおさらだった。そんな旱天続きのある年、誰かがアメリカカラマツの林で火事をだした。その焼け跡に、あっという間にイワノガリヤス類の草が生い茂り、枯木をすっかり片づけると頼もしい干し草用牧草地となった。その後、毎年八月には、人々がここへ草刈りに現われるようになった。冬に、ツルたちが南へ去ってしまうと、人々は幌馬車でこの凍りついた沼地に乗り入れ、干し草を丘陵地の農場へと運んだ。こうして毎年、沼地は火と斧とで開拓が続けられ、わずか二十年ほどのあいだに、このあたり全域に干し草用牧草地が点在するようになったのである。

毎年八月、干し草づくりたちがやってきてテントを張り、飲めや歌えの大騒ぎをし、馬たちを鞭打ち、怒鳴りつけだすと、ツルはわが子たちに悲しい声で説明して、遠く離れた避難場所に引っ込む。干し草づくりたちはツルのことを「赤まだらども」と呼ぶ。ふだんは青みがかった灰色をしたツルの毛に、この季節には錆色《さびいろ》の斑点が浮いていることが多いからだ。草の刈取りが終わって積み上げられ、湿地帯が再び自分たちのものになると、ツルはまた舞い戻ってくる。そして十月の空にカナダから渡ってきた仲間たちを呼び寄せ、一緒に新しく刈られたばかりの草地の上を輪を描いて飛び、トウモロコシをくすねて過ごし、やがて霜が降りるのを合図に冬の大移動に出発する。

このように干し草用牧草地があった頃は、湿地帯に暮らす者たちにとっては牧歌的時代であった。人間、動物、植物、土壌のそれぞれが、お互いに譲り合い、助け合って生き続けてきたのである。このままでいけば、この湿地帯では永久に干し草がつくられ、ソウゲンライチョウ、シカ、ジャコウネズミが次々と生まれ、ツルの美しい鳴き声が聞こえ、クランベリーが実り続けていただろう。

だが新たに現われた支配者たちには、これが分からなかった。土壌や植物や鳥たちを、お互いに助け合う仲間だとはまるで考えなかったのである。このようにバランスのとれた自然の秩序から得られる収穫では物足りなかったのである。そこで湿地帯の周囲だけにとどまらず、中にまで農場を作ろうともくろんだ。あちこちで熱に浮かされたように、排水路が掘られ、土止め工事がはじまった。湿地帯には排水路が網の目のように張りめぐらされ、次々と新たな畑や農場ができ上がっていったのである。

だが、ろくに収穫がないうえに、霜の害を受け、しかも排水路づくりには大金がかかっただけに、借金の後始末が大変だった。たまりかねて農民たちは立ち退《の》いていった。泥炭層は乾燥し、縮小し、やがて燃えはじめた。更新世に蓄えられた太陽エネルギーが刺激臭の強い煙と化して、あたり一面を覆った。このような資源の浪費に対して発言する者は誰一人おらず、臭気に顔をそむけただけだった。旱天続きの夏が過ぎ、冬がきて雪が降っても湿地帯のくすぶりは消えなかった。畑や牧草地には大きなあばた状の焼け跡ができ、その傷痕は、数百世紀のあいだ泥炭で覆われてきた太古の湖の砂礫《されき》層にまでくい込んだ。やがて焼け跡の灰のなかからびっしりと雑草が芽を出し、その後一、二年のうちにアスペンの藪が生え伸びた。ツルたちは住みにくくなり、その数は焼け残りの牧草地の広さに比例して減少した。ツルたちにとって、パワーシャベルの奏でる歌は挽歌に近いものだった。進歩という、神の気高き僕《しもべ》たちは、ツルのことなど露知らず、それだけ関心も薄かったのである。生き物の種《しゅ》がひとつ増えようと減ろうと、土木技師たちにはどうでもよいのだろうか。およそ排水されていない湿地帯などは何の利点もないというのだろうか。

その後十年か二十年のあいだに、年を追うごとに穀物の収穫量は減り、火災は湿地帯の奥へと進み、雑木林が広がり、ツルの数は減っていった。再び冠水させるしか、泥炭の燃えるのをくいとめる手だてはないようだった。一方、クランベリーの栽培家たちは、排水溝をふさいで数カ所の土地をあらためて冠水させ、高収穫を得た。遠く離れた場所で、政治家たちが音頭をとって、耕作不適格地、過剰生産、失業救済、自然保護についての対策を練った。経済学者や治水計画立案者たちがこの湿地帯を視察に訪れた。測量技師、開発技師、CCC（Civilian Conservation Corps の略で、民間植林治水隊のこと）の連中がうるさく議論を交わした。前とは反対で、今度はやたらと冠水工事がはじまった。政府が土地を買い上げ、農民を再入植させ、排水路の堰止《せきと》め工事を大規模に施工した。徐々にだが、乾いていた土地は元の湿地に戻っていった。焼け跡のくぼみは池になった。草火事は相変わらず起きたが、湿った土地にまで及ぶことはもうなかった。

あとはCCCのキャンプが撤収されさえすれば、以上すべてがツルには結構なことである。ただし、古い焼け跡にわがもの顔に生え伸びている雑木林の存在は迷惑だし、お役所の自然保護事業というと必ずつくられる迷路のような新しい道路の数々にいたっては、なおさらありがたくないに相違ない。その地方に何が本当に必要なのかを考えるよりも、道路をつくることのほうがよっぽど簡単なのだ。どうやら、道ひとつない沼地などは、星の数ほどいる環境保護論者には無価値に見えるらしい。その昔ここで土地づくりに励んだ者には、排水溝のない土地が無価値に見えたのと同じことである。人為とは無縁の辺鄙《へんぴ》な世界は、有象無象《うぞうむぞう》にはいまだにとうてい理解できない自然の唯一の恵みであり、これまでのところその価値を知っているのは鳥類学者とツルだけしかいない。

かくして歴史というものは、それが沼地の歴史であれ、実業界の歴史であれ、常に逆説で終わる。これらの湿地帯の究極の価値は原生自然にあるのであり、ツルはその原生自然の化身《けしん》なのである。だが、原生自然の保護はすべて自滅の道をたどる。原生自然を大切に守るには、まず実情を目で見、手塩にかけて慈しむ必要がある。ところが、充分に目で見、手塩にかけて慈しんだら最後、もう大切に育てるべき原生自然は残っていないからだ。

＊

いつの日か、人間が良かれと思って踏み切った行為の当然のなりゆきとして、あるいは地質年代の機が熟したとき、最後のツルが声高らかに別れの言葉を告げ、この大湿地帯から輪を描いて大空高く飛び去っていくことだろう。遥か高い雲のあいだからは、猟笛の音が聞こえ、幻の猟犬の群れが吠えたて、チリンと小さな鈴の音が降ってくるだろう。そしてもう二度と破られることのない静寂が訪れる。ひょっとして、遥か銀河の牧草地からでも何か響いてこない限りは。

砂土地方

どんな商売の人でも「ご愛用の言葉」という家畜を少々飼っていて、それを自由に走りまわらせておける放牧場を必要としている。たとえば、経済学者は「耕作限界」「退行現象」「制度上の動脈硬化」といったお気に入りの悪態をつける場をぜひ見つけておかなくてはならない。砂土地方という広大な地域のなかでなら、こうした経済学上の非難用語という家畜を都合よく運動させる場所、勝手に出入りさせられる放牧地が見つかるし、おまけに、批判的な反論という、うるさいハエどもにもたかられずにすむ。

土壌専門家も、同様に、砂土地方がなかったら暮らしにくかったことだろう。連中の好きな「酸性不毛土壌《ポドゾル》」「排水不良土壌《グライ》」「嫌気性微生物《アネロビクス》」などという言葉を生かして使える場所がほかのどこに見つかるものか。

社会経済計画専門家も、近年になって、砂土地方を、幾分はまだ以前のままとはいえ、違った目的で利用するようになった。社会経済計画用の地図では、各地方ごとに、その実情に応じて水玉模様のように黒丸が書き並べられている。黒丸ひとつが浴槽十個とか、婦人による補助団体五つとか、アスファルト道路一マイルとか、血統のよい牛のシェア一単位などを表わしているわけだが、砂土地方のところだけはのっぺりと空白になっていて、これが形といい大きさといい、見た目にも楽しい。こういう地図が、どこもかしこも黒丸ばかりで埋まっていたら、さぞかし退屈してしまうに違いない。

要するに、砂土地方は不毛なのである。

だが、一九三〇年代、アリババの四十人の盗賊さながらに、めったやたらな社会改善運動がこの大平野を席巻していた頃、砂土地方の農民たちにほかの土地へ引っ越すよう強い勧告が出されたが、ここの文明から取り残された農民たちはなぜか出ていきたがらなかった。連邦土地銀行から三パーセントという低利の融資という餌をつきつけられても、首を縦には振らなかったのである。ぼくはその理由を知りたくなり、ついにはその疑問を解くために、自分で砂地の農場をひとつ買い求めた。

六月に、折にふれて、ぼくにとっては労せずして得た宝物である、ルピナスの実のひとつひとつに宿った露を見ていると、砂土地方は本当に貧困なのだろうかと疑問に思えてくる。収益のあがる農地にはルピナスは生えないし、ましてや、貴重な虹の輝きをきらめかす露をおくこともない。ルピナスが生えでもしたら、露の降りた夜明けを見たことのない雑草監督官が、そんなものは刈り取ってしまえと指示するに決まっている。経済学者たちは果たしてルピナスのことをご存知なのだろうか。

農民たちが砂土地方を出ていこうとしなかったのは、ここにいつづけるほうがよいと思わせる遥か遠い歴史に根ざした深い理由があったのかもしれない。砂礫の畝《うね》という畝にオキナグサの花が咲く四月にはいつも、こんな思いにとらわれる。オキナグサは多くを語らないが、砂礫をそこへ運んできた氷河を遠くしのんでその場所を好むのではないか、とぼくは推測している。それに、ごくささやかながら、オキナグサが四月の陽光を満喫できる場所は、砂礫の畝しかないのだ。だから、そこを独占して花を咲かせるために、雪にも霙《みぞれ》にも、厳しい風にも耐えているのである。

この世界に対し、豊かさではなく、ゆとりを求めていると思える植物がほかにもある。たとえば、ルピナスが青い花をまき散らす前に、いかにも貧弱な丘の頂を白いレースの帽子で包む可憐なノミノツヅリがそうだ。ノミノツヅリは上等な農地には決して生えない。ロックガーデンとベゴニアつきという文句なしに立派な農地でも敬遠する。それから、あのちっぽけなリナリアがそうだ。いかにも小さく、たおやかで、しかも青い色のため、足元にでもないとすぐには目にとまらない。吹きさらしの砂地以外の場所で、このリナリアを見た者がいるだろうか。

最後にイヌナズナだ。この植物と並ぶと、リナリアですら丈が高くて大ぶりに見える。ぼくは、イヌナズナを知っている経済学者にはついぞ会ったことがない。もしぼくが経済学者だったら、砂の上に腹這いになって、鼻先ほどの距離にあるイヌナズナを眺めながら、自分の受持ちの経済問題をとことん思案するのだが。

砂土地方でしか見当たらないという鳥もいる。その理由を推測するのは簡単な場合もあればむずかしい場合もある。ムナジロシトドの場合は理由がはっきりしている。バンクスマツ、それも砂地のバンクスマツが大好きだからだ。カナダヅルの場合も、辺鄙《へんぴ》な場所が大好きという、はっきりとした理由がある。これほど辺鄙な場所はもうほかにはどこにも残っていないのだ。だが、ヤマシギが好んで砂っぽい場所に巣づくりをするのはなぜだろうか。餌あさりなどというようなありふれたことが理由ではない。地虫ならもっと地味の肥えた土壌のほうにはるかにたくさんいるからだ。何年か考察を重ねた末、ぼくにはようやくその理由が分かった気がする。雄のヤマシギが空中ダンスを舞う前触れに地上で高鳴く姿は、さながらハイヒールをはいた背の低いご婦人のようである。だから、地被植物がもつれあってびっしりと生えている場所では見映えがしない。ところが、砂土地方のきわめて貧弱な牧草地か牧場のなかのとりわけ地味の乏しい砂礫層では、少なくとも四月のうちは地被植物がまったく生えず、生えているのは苔、イヌナズナ、タネツケバナ、ヒメスイバ、アンテナリアといった、どれも、脚の短い鳥にとっては無視できる邪魔物ばかりである。ここでなら雄のヤマシギは、余計な邪魔が入る心配がないばかりか、本当の観客、つまりぜひ見てもらいたい相手に思いきり眺めてもらいながら、息を切らして気取って歩いてみせることができる。一日のうちの一時間だけ、一年のうちの一カ月間だけ、そしておそらくはヤマシギのうちでは雄のほうにだけ重要で、しかも実利的な生活基準とはまったく無縁に違いないこのささやかな環境条件こそ、ヤマシギが巣づくりの場所として選ぶ決定的な基準なのである。

経済学者たちは、いまだに、ヤマシギをこの地に再び定住させる努力をしようとはしていない。

遍歴の旅

原子Xは、古生代の海が大地を覆っていた時代からずっと、石灰岩の鉱脈のなかで待機していた。岩石に閉じ込められた原子にとっては、時間は進まない。

転機が訪れたのは、一本のシラカシの根が岩の割れ目を縫って伸び、養分を捜し、吸収しはじめたときだった。一世紀という、またたくほどの間に、この鉱脈は侵蝕され、Xは生き物の世界へと引き出された。Xが力を貸して花がつくられ、花は実となり、実はシカを肥やし、シカはインディアンの食料となった。すべてはたった一年の出来事だった。

そのインディアンの骨を宿としてからは、Xは今度は人間の世界の、追いつ追われつの連続で、豊作と飢饉、希望と恐怖を繰り返す生活を共にした。Xはこうした事柄を、原子のひとつひとつに加わったり消えたりする小さな化学変化の形で感じとった。そのインディアンが草原で生涯を終えると、Xは束の間、地中で無為に過ごした。だがそれは、大地の血の流れに乗って新たな旅に船出するためにほかならなかった。

今度Xを吸い上げたのはヒメアブラススキの細い根だった。ヒメアブラススキは六月の草原に緑の大波をなびかせる葉の一枚にXを宿し、陽光のエネルギーを蓄えるという、ありきたりの仕事を手伝わせた。この葉には、このほかにひとつ、ありきたりでない仕事があった。チドリの卵の上にちらちらと影をさす仕事である。上空ではチドリが空中停止《ホバリング》をし、申し分のないもの――自分の卵かもしれないし、草の影かもしれないし、あるいは大草原に霞のように広がるピンク色のクサキョウチクトウかもしれない――に対して、うっとりと讃歌を歌い上げていた。

チドリたちがいよいよアルゼンチンに旅立つことになり、羽を広げると、ヒメアブラススキはこぞって新しく伸びた長い房穂を波打たせ、別れを告げた。最初のガンの群れが北から飛来し、ヒメアブラススキが一面に燃え上がるようなワインレッド色に染まる頃には、用意のいいシロアシハツカネズミがXの宿っている葉を噛《か》み切り、地中の巣のなかにしまい込んだ。忍びよる霜から小春日和をちょっぴり隠しておく気のようだ。だがやがてキツネがこのネズミを捕らえ、カビや菌類のおかげで巣が崩れてしまうと、Xは再び土中に戻り、勝手気ままな、何の心配もいらない暮らしを続けた。

次にXはグラマ・グラスの穂のなかに入り、バッファロー、バッファローの糞を経て、再び土のなかに戻った。その次はムラサキツユクサ、ウサギ、フクロウと経て、とある穂の胞子の塊のなかへと宿った。

型どおりの繰り返しにも、いつか必ず終わりがくるものだ。この場合には、大草原の火事で終止符を打たれた。火事が大草原の植物を、煙、ガス、灰と化してしまったのである。リンやカリの原子は灰のなかに残ったが、Xの所属する窒素原子は風で散ってしまった。目撃者がいたら、この時点でもう、生命のドラマは早々にして終わると予言していたかもしれない。火事のおかげで窒素が枯渇したため、土壌はその生産工場を失って役立たずになったと見て当然だったからである。

しかし、大草原は、その弓に二本の弦を備えていた。火事のおかげで草の種類が減りはしたが、マメ科の草が生える余地は増えた。プレイリー・クローバー、ブッシュ・クローバー、アメリカホドイモ、カラスノエンドウ、クロバナエンジュ、ウマゴヤシ、バプティシアなど、いずれも細い根の結節のなかに独自のバクテリアが住みついている植物が増えたのである。この結節がそれぞれ大気中から窒素を植物のなかへと取り込み、最終的には土壌のなかへ送り込んだのである。こうして大草原という貯蔵銀行は、火事のおかげで支払った分を上回る窒素をマメ科の植物から受け入れた。大草原が豊かな場所であることは、ここの一番つつましい生き物であるアメリカシロネズミにまで分かっている。だから、大草原はなぜ豊かなのかという疑問は、平穏にすぎている時代にはめったに問われることはない。

生命体を遍歴する旅のあいまごとに、Xは土のなかに横たわり、雨の力でわずかずつ低地へと運ばれていった。生きている植物は原子を取り込むことにより、また死んだ植物は原子を腐蝕した組織のなかに閉じ込めることにより、その流失を防ぐ。動物は植物を食べると、たちまちのうちに原子を高地から低地に運ぶ。どちらになるかは死に場所や糞をする場所が食事場所よりも高いか低いかによる。死に場所の高度が死に方よりも重要な意味を持つことに気づいている動物はいなかった。そんなわけで、あるキツネが牧草地でジリスを捕えて食べ、そのなかに宿っていたXを、何も知らずに、高台の、とある岩棚の端にあるねぐらへと運んだ。そこへワシが襲ってきてキツネを打ち倒した。死に際のキツネは、これでキツネの世界の自分が一巻の終わりであることには気づいていたが、ひとつの原子の新たな遍歴の旅のはじまりであることは露知らなかったのである。

やがて一人のインディアンがこのワシを捕まえ、その羽根を用いて、インディアンに格別の関心を抱いてくれているものと信じている神々の心を鎮めた。自分たちが引力を相手に必死に勝負をしているのだなどとは、このインディアンは思いもしなかった。つまり、ハツカネズミも人間も土壌も神に捧げる歌も、不思議な引力に引かれて海への行進を続ける原子の速度を弱める手段にすぎないのかもしれないなどとは、露知らなかったのである。

ある年、Xが川べりのハコヤナギに宿っていたとき、ビーバーに食べられた。ビーバーはいつも死に場所より高いところで餌をとる動物である。このビーバーは、住んでいた池が厳しい霜のせいで干上がると、飢え死にしてしまった。Xはその死体に宿ったまま、春の増水と共に下流へ流され、一時間ごとに、それまで一世紀がかりで上っていった分よりも多くの高度を失っていった。最後は澱んだ入江の細いくぼみのなかにとまり、ザリガニの餌となり、さらにアライグマを経由して、あるインディアンの体内へと移った。やがてそのインディアンは死に、川べりの塚におさまって、Xを最後の眠りにつかせた。ある春のこと、牛のくびきに掘り起こされ、春の増水に乗ってわずか一週間後には、Xはまた、太古の捕らわれの場所である海に身を横たえていた。

生命体のなかでのびのびと過ごしている原子は、自由すぎて、かえってその自由の世界を意識しない。海に戻った原子は、自由の世界を忘れている。原子がひとつ海に戻って消えるごとに、大草原は腐蝕した岩石のなかから新たに別の原子をひとつ引き出す。ただひとつ揺るぎなき真実は、草原の生き物は懸命に食を求め、短い生を果たし、次々と死んでいかなければならないということだ。草原の失った原子が、得た分を上回ることがないように。

＊

割れ目を縫って進むのは根の本性である。原子Yが、こうした根の力により母胎の岩層から自由の身となったとき、大草原にはすでに人間という新しい動物がやってきており、自分たちに都合のよい法と秩序に合わせて領土を広げはじめていた。牡牛の群れが大草原を鋤《す》きかえし、やがてYは、小麦という名の新しい草を毎年めぐる目まぐるしい旅を次々と繰り返しはじめた。

昔の大草原は、多種多様の植物が生え、動物がいるおかげで息づいていた。どの植物も、どの動物も、みんな有用だった。お互いに協力し合い競い合った結果が、全体として切れ目のない効果を挙げていたのである。だが小麦農家はもっぱら種類分けにいそしんだ。小麦農家にとっては、小麦と牛だけが有用だったからである。そこで小麦畑に群がって餌をあさる無用のハトを目にすると、たちまち空という空からハトを一掃してしまった。ハトに代わってナガカメムシが小麦泥棒をはじめたとみるや、今度は一匹ずつ殺すにも値しない小さなつまらぬ奴とばかり燻《いぶ》したてた。農民は見落としていたのだが、小麦を作付けしすぎた土壌はもろくなり、春には大雨に打たれて露出し、少しずつ下流へと流失していった。土壌の流失とナガカメムシのおかげで小麦農業ができなくなった頃には、Yとその同類たちは、すでに遥か下流の流域へと旅をしていた。

小麦の帝国が崩壊すると、入植者たちは昔ながらの草原の知恵を見習うようになった。牧畜によって土地の生産力の低下に歯止めをかけ、窒素を空中から吸収できるムラサキウマゴヤシをまいて生産力を増大させ、さらには深く根を張るトウモロコシを植えて下層の肥土《ローム》から養分を汲みとらせたのである。

だが農民が、ムラサキウマゴヤシや、その他土壌流失に対抗できるありとあらゆる新兵器を用いたのは、古い耕地を守るためだけではなく、新たな耕地を開拓するためでもあった。そして、この新たな耕地も次々と守る必要があったのである。

おかげで、いくらムラサキウマゴヤシをまいても、黒色肥土《ローム》は次第に痩せていった。侵蝕抑止技術者は肥土《ローム》を保持するために次々とダムや段丘をこしらえた。陸軍の工兵隊は堤防や導水堤を建設してあちこちの川から肥土《ローム》を洗い出そうとした。が、洗い出しは起こらず、代わりに川底が持ち上がり、おかげで船の航行に支障をきたした。そこで技術者たちはビーバーの池の巨大なものといった印象の溜池をつくった。Yはそうした溜池のひとつに流れ込み、岩層のなかから川への短い一世紀の旅を終えることになった。

溜池に着いた当初は、Yは水棲植物、魚、水鳥を遍歴する旅を何回も行った。だが、技術者たちはダムと同時に下水溝もつくったので、近くのあらゆる丘陵や海の廃棄物がそこに落とし込まれてくる。おかげで、かつてはオキナグサの花を咲かせ、戻ってきたチドリに挨拶を送った原子たちは、今では力なく、当惑したようすで、油ぎったヘドロのなかに閉じ込められている。

だが今も、根は岩石の隙間を縫って伸びている。雨は今も野を叩いている。シロアシハツカネズミも今なお小春日和の名残を隠し込んでいる。老人たちは、かつてはハトの絶滅に手を貸したものの、今ではばたき群れていたハトたちの全盛期の思い出話に花を咲かせている。そんな地方では、黒白模様のバッファローが赤い家畜小屋を出入りして、遍歴の原子たちを自由に宿らせているのだ。

リョコウバトの記念碑について

ひとつの種《しゅ》の絶滅を後世に伝える記念碑(註)が建立された。これはわれわれ人間の遺憾の意の象徴である。遺憾というのは、三月の空を春に向かって飛び交い、ウィスコンシンのあらゆる森や草原から敗走してゆく冬を追い払いながら勝ち誇って舞う、あのリョコウバトの編隊飛行を再び目にすることのできる者は、もう誰もいないからである。

若い頃にリョコウバトを見た覚えのある人は、今もいる。若木の頃にこのハトの巻き起こした風にじかに揺すられた木々もまだ生き残っている。だが、あと十年もすれば最も樹齢を重ねたオークしかその記憶をとどめなくなり、やがては丘陵だけが覚えているという時代が来るだろう。

書物のなかや博物館にならば、いつだってこのハトはいるだろう。だがそれはみな剝製や画像であって、苦しみや喜びとはまったく無縁の存在である。書物のなかのハトは雲のなかから飛び出してきてシカに避難場所へと逃げ込ませることなどできないし、亭々と聳え立つ林の万雷の喝采を浴びてはばたくこともできはしない。書物のなかのハトは、ミネソタの刈られたばかりの小麦の朝食をとることはできないし、カナダのブルーベリーの夕食をとることもできない。季節の変化に追い立てられることもなく、太陽の口づけや、風雨そのほかの天候の鞭を肌身に感じることもない。書物のなかのハトはまったく生命を持たず、単に永久に存在するだけである。

ぼくらの祖先たちは、今のぼくらよりもずっと粗末な家に住み、食物も充分ではなく、衣類も質素だった。祖先たちが自分たちの巡り合わせを改善しようと闘った努力は、同時にハトを絶滅させる努力でもあった。これを今になって遺憾に思うのは、内心、ハトの絶滅に見合うだけのものを代わりに手に入れたという確信がないせいかもしれない。なるほど、工業製品は、快適な暮らしをもたらしてくれるという点ではハトより一枚上である。だが工業製品は、春の素晴しさをますます味わわせてくれるという点では、ハトと肩を並べられるだろうか。

ダーウィンが種の起源について初めて考察を加えてから、もう一世紀がたつ。今では、ダーウィン以前の人々が誰一人知らなかったことを、誰もが知っている。つまり、人間は、ほかの生き物たちと同じく、共に進化という遍歴の旅を歩む旅人の一人にすぎないということである。この新たな知識を得たからには、われわれ人間は、もうそろそろ、ほかの生き物とは親類関係の仲間であることを認め、お互いに持ちつ持たれつで生きることを願い、生命という大事業の壮大な規模と永続性とに驚嘆の念を抱いてしかるべきである。

とりわけ、われわれ人間がこのダーウィン以来一世紀のあいだに悟ってしかるべきだったのは、人間は今や未知に挑む船の船長を気取ってはいるが、人間ばかりを探究の目標にしておけばいいというものではなく、これほどまでにお山の大将を気取る先入観を持ち合わせたのは、もとはといえば、怖さをまぎらわすために暗闇のなかで口笛を吹くのに似た単純な応急手段から生じたのだ、ということである。

繰り返すが、以上のことは、すでにわれわれ全員が悟っていて当然のことである。だが、多くの人がまだ悟っていないような気がする。

ひとつの種《しゆ》がほかの種の死滅を悼むということは、天地開闢《かいびやく》以来の新たな出来事である。最後のマンモスを斃《たお》したクロマニヨン人は、肉のことしか頭になかった。最後のリョコウバトを撃った猟師は、自分のあっぱれな腕前のことしか念頭になかった。最後のウミスズメを棍棒でなぐり殺した水夫は何も考えなかった。だが今、われわれ人間は、リョコウバトというひとつの種を失い、その損失を悼んでいる。これがもし、人間のほうが死滅したのだとしても、ハトはぼくら人間を悼みはしないだろう。この事実にこそ――デュポンがナイロンを発明したとか、ヴァニヴァー・ブッシュが爆弾を発明したといったことにもまして――人間がほかの動物よりも優れているという客観的な証拠が存在する。

註　リョコウバトの記念碑は、ウィスコンシン鳥類協会により、一九四七年五月十一日、州立ワイアルシン公園内に建立された。

崖の上にハヤブサのようにちょこんと乗っているこの記念碑は、この広い谷を、来る日も来る日も、来る年も来る年も、隈なく眺めわたしていることだろう。そして毎年三月ともなるとたいてい、ガンが渡ってきて、凍土地帯《ツンドラ》にはもっと透きとおっていて、もっと冷たくて、もっと寂しく流れている水があるのだよと、川に語りかけながら通り過ぎてゆくのを眺めることだろう。四月にはたいてい、アメリカハナズオウが咲いてはしぼむのが見え、五月にはたいてい、幾多の丘陵にオークがいっせいに花を咲かせるのが見える。アメリカオシドリは大枝のなかがうつろになっているシナノキを捜し求める。黄金色のアメリカムシクイは、カワヤナギを揺すって黄金色の花粉をまき散らす。八月にはシラサギがこのあたりの沼地でポーズをとる。チドリは九月の空から口笛を響かせ、ヒッコリーの実は十月の落葉のなかへぽろぽろと落ち、そして十一月の森を雹《ひょう》が叩く。だが、リョコウバトが通り過ぎることはない。このハトはもう一羽もいないからだ。いるのはただ、岩の上の青銅板に彫られた、飛ぶことのできないハトだけである。観光客はここの碑文を読みはするだろうが、想像力をはばたかせはしないだろう。

*

経済専門のお偉方たちに言わせると、リョコウバトの絶滅を悼むのは単なる懐旧の念《ノスタルジア》にすぎないそうだ。ハト撃ちが殺さなくても、農民たちが結局は自衛のためにそうするしかなかったろう、と言うのである。

世の中には、誰からも当然と思われながら、その実、明確な裏付けがないという妙な真実があるものだが、このお偉方たちの理屈もその一種である。

このハトは、いわば生命を持った嵐だったのである。帯電した地面と大気中の酸素の、それぞれ相反する電位の強度が限界を超えたときに生ずる稲妻のようなものだったのだ。毎年、この羽を生やした大嵐は大きな音をたてて舞い上がり、舞い降り、大陸を横切り、森や草原のたわわな実りを吸い上げ、それを生命という行きずりの風のなかで燃やしたのだ。因果応報の例に洩れずこのハトも、自らの猛烈な強さのゆえに、しっぺ返しを免れることはできなかった。ハト撃ちたちがその数を間引き、開拓者たちがハトの燃料である草原を分断してしまうと、ハトの炎は辛うじてパチパチとはぜるか、ひと筋の煙をくすぶらせる程度の細々としたものになったのである。

今日、オークの木々は今も大空にその堂々たる姿を誇示している。だが、羽を生やした稲妻はもはやない。そこで今はミミズやゾウムシが、かつては天空から雷を引きつけていた生命の営みを、ゆっくり、黙々と果たさなくてはならないのだ。

驚異なのは、リョコウバトが絶滅したことではなく、このハトが低俗な実利家たちの時代が訪れる以前の数千年間をずっと生き抜いてきたことである。

リョコウバトは自分の土地を愛していた。鈴なりのブドウの実や、はじけているブナの実に対する自らの強烈な欲望を頼りにし、距離も季節ももののともしない姿勢を支えに生きていた。きょう、ウィスコンシンで何も恵みにありつけなくても、明日はミシガン、あるいはラブラドル、またはテネシーで捜し求め、見つけ出した。ハトの愛は、現に存在するものに向けられており、それはどこかに必ずあった。それを見つけ出すにはただ、自由に飛べる空と、はばたく意志がありさえすればよかったのである。

*

過去に存在したものを愛するということは、天地開闢《かいびゃく》以来の新たな出来事であり、ほとんどの人が知らず、ハトは一羽残らず知らなかったことである。アメリカを歴史として見、宿命とひとつのなりゆきとしてとらえ、ヒッコリーの木の香りに、静かに過ぎ去った歳月を思う——これはすべて、ぼくらの誰にもできることだ。そしてこれを成就するには、自由に想像を働かせる空があり、想像力をはばたかせる意志さえあればよい。こうした事実にこそ——ブッシュが爆弾を発明したとかデュポンがナイロンを発明したとかいったことにもまして——人間がほかの動物よりも優れているという客観的な証拠が存在する。

フランボー

自然の川にカヌーでこぎ入れたことのない人や、あっても船尾に案内人を必ず乗せていた人は、珍しいことを見聞できるうえに健康的な運動にもなることが旅の価値のゆえんだ、と思いがちである。かく言うぼくも、フランボーで二人の男子大学生に出会うまではそう思っていた。

夕食の皿洗いをすませ、ぼくらは土手に腰を降ろして、遠くの川岸で水草を食《は》んでいる一頭の牡ジカを眺めていた。間もなく牡ジカは顔を上げ、上流に向かって耳を立てると、隠れ場所へと立ち去ってしまった。

すると、川の曲がり角から、牡ジカに警戒心を起こさせた相手が姿を現わした。一艘のカヌーに乗った男子学生二人だった。ぼくらの姿を認めると、二人はカヌーを岸に寄せ、おしゃべりに加わった。

「今、何時ですか?」というのが二人の最初の質問だった。二人とも時計がとまってしまい、時刻を合わせようにも、置時計も列車の警笛もラジオも何にもない生活を生まれて初めて味わったという説明である。二日間にわたって「太陽時計」を頼りに生活し、スリルを味わってきたのだ。給仕が食事を持ってきてくれるわけではないから、食事は川から釣り上げ、釣れなければ食事抜きである。次の早瀬には隠れた岩があるから気をつけろと笛を吹いて教えてくれる水先案内がいるわけではない。テントを張るかどうかの判断を間違えた際に、日照りから守ってくれる都合のいい屋根が見つかることもない。夜どおし涼しい風が吹き、しかもひと晩じゅう蚊に責められずにすむキャンプ地の選定、うまく燃える薪とくすぶるだけの枝の見分け方などを教えてくれる案内人もいなかったのである。

この冒険好きの若者二人が下流へカヌーを押し出して去ってゆく前に、二人ともこの旅が終わり次第、軍隊に入る予定であることを、ぼくらは知った。なるほど、二人の意図は明白だ。今回の旅は、二つの統制された場所――校庭と兵舎――を移動する幕間を利用した、最初にして最後の自由の享受なのである。原始的で単純きわまる大自然を旅行するということは、単に珍しいものを見聞できるという理由ばかりではなく、まったく好き勝手に間違いをしでかせるという意味でもスリルがあるというわけである。大自然に身を置いてみて、二人は生まれて初めて、賢い行動をしたときの当然の報酬、愚かな行為をしたときの当然の罰を、共に身をもって体験したのだ。こんなことは森の住人なら毎日直面していることだが、文明人は幾多の緩衝帯を築いて遠ざけている。二人の若者たちは、ここで言う意味の「自分で責任をとる」体験をしたのである。

若者なら誰でも、折にふれて大自然の旅をしてみる必要があるのではなかろうか。ここで言う意味の自由を学ぶために。

ぼくが小さな男の子だった頃、父は選りすぐりのキャンプ地、釣り場、森の説明には必ず「フランボーにほぼひけをとらないくらい素晴しい」という表現をするのが口ぐせだった。ついに自分のカヌーで、この長いこと話に聞いた流れに乗り出してみてぼくは、これは川としては一応期待どおりだが、大自然としては末期症状をきたしていることに気がついた。新しい別荘、行楽施設、自動車道路の橋脚が、この大自然の広がりを寸断しはじめていた。次々と移り変わるこんな景色を眺めながらフランボーを下ってゆくと、精神的に細身の鋸《のこぎり》で切り裂かれる思いがする。何しろ、ここここそ大自然のまっただなかだという幻想に浸りはじめたとたんに、ボート乗り場が目に飛び込んでくる始末だし、次いですぐさま、どこかの別荘主が植えたシャクヤク沿いに進むという羽目になるからである。

無事にシャクヤクの植込みを過ぎて、牡ジカが一頭、土手を跳ねている姿を見かけると、ようやく野性味を取り戻した気分になり、次の早瀬で行程は終わる。ところが眼下の淵の横でこちらを向いているのは、間に合わせの丸太小屋なのである。組み木の屋根には「ご休憩所」の看板が乗っており、午後のブリッジを楽しむための丸太づくりの東屋《あずまや》がついているという寸法である。

伝説的な大男の樵《きこり》だったポール・バンヤンは、実に忙しい男で、子孫のことまで考える暇はなかったのだが、古い北部の森のようすを目のあたりにできる場所を子孫に残してほしいと頼まれていたとしたら、フランボーを選んでいたものと思う。というのは、ここには最上質のストローブマツの林が、最上質のサトウカエデ、キハダカンバ、カナダツガの林とほぼ同じ広さで植生しているからである。こんなに見事なマツとカバとツガの混生は、過去・現在を通じて珍しい。フランボーのマツは、マツが通常生えることができる場所よりも土地が肥えた、闊葉樹《かつようじゅ》用の土壌に育ったため、実に大きくて値打ちも高いのである。また、筏《いかだ》を流しやすい流れがすぐ近くにあるため、早い時代から切り出されていたことが、巨大な切株の朽ち具合から分かる。傷物の木だけが切り出されずに残っているのだが、今日それだけでも充分に、過ぎし日の多くの緑の記念物《モニュメント》ともども、フランボーの景観に風姿を添えている。

闊葉樹の切り出しはもっとずっと後の時代のことだった。それどころか、闊葉樹の大製材会社が切り出し用の線路で最後の「積出し」をしたのは、ほんの十年前のことである。今日、その会社の名残といえばゴーストタウンの「公有地管理事務所」だけで、そこではこの地に望みを抱いて入植してくる者たちに、森林伐採地を安く払い下げる仕事をしている。こうしてアメリカの歴史の一時代――伐採をしては出ていく時代――が終わった。

捨てられたキャンプの残りかすをあさるコヨーテのように、伐採時代以後のフランボーの経済は、自己の過去の残り物に依存して生き延びている。「ジャイポ」印パルプ材の切り出し人たちは、伐採華やかなりし頃には往々にして見逃されていた、小さなツガ材を捜し歩いている。移動式製材所の職員たちは、沈んでいる「漂流木材」を求めて川底を漁っている。この多くは栄光の時代に遮二《しゃに》無二《むに》木材を筏にして流した際に沈んで埋まってしまったものである。こうした泥にまみれた古材が現在次々と昔の陸揚げ場の岸に引き揚げられている――いずれも立派に使えるものばかりで、なかには格別高い値をつけられるものもある。これほどのマツ材は、今日では北部の森のどこを捜してもないからだ。柱材の切り出し人はヌマヒノキの沼地を根こそぎにしている。シカはその後についてまわり、切り倒されたばかりの極上の葉をすっかり食べつくす。あらゆる人、あらゆるものが、残り物で生活を支えている。

　このように残り物まで洗いざらい使い尽してしまったので、今の別荘業者が丸太小屋を建てる際にはまがい物の丸太を用いている。つまりアイダホかオレゴンの平板材を切り出して、ウィスコンシンの森まで貨車で運んでくるものである。「余計なことをする」という意味で「（石灰の町）ニューカッスルへ石炭を送る」という諺があるが、ウィスコンシンに丸太を送ることに比べたら穏やかな皮肉に聞こえるくらいだ。

　しかし、川は残っており、ポール・バンヤンの時代からほとんど変わっていない場所も幾つかある。明け方早く、モーターボートが動き出す前には、今でも大自然のなかで川が歌っているのが聞こえる。幸い州有地だったために伐採されずにすんだ森林地も数カ所ある。野生動物も、かなり生き残っている。川にはカワカマス、バス、チョウザメ、沼地にはアイサ、アメリカガモ、アメリカオシドリなどが繁殖している。頭上にはミサゴ、ワシ、ワタリガラスが悠々と舞っている。シカはいたるところで見られる。多すぎるくらいだ。ぼくは二日間のカヌー旅行で五十二頭を数えた。オオカミも一、二頭が今も北部フランボーを徘徊しているし、テンを見たと言い張る罠猟師もいる。一九〇〇年以後、フランボー産のテンの皮はいっさい出まわっていないのだが。

こうした大自然の名残を核として利用し、州の自然保護局は一九四三年に、ウィスコンシンの青少年が利用して楽しめるようにと、延長五十マイルの流域を自然地域として再建することに着手した。この自然地域は州有林予定地のなかに設定されているが、川岸には森林地を設けないことにし、川を横切る道路もできるだけ少なくしてある。ゆっくりと、辛抱強く、時には高い費用をかけて、保護局は土地を買収し、別荘を取り払い、不必要な道路を整理して、元の大自然の姿をできるだけ再現する方向に向かって時計の針を逆戻りさせていったのである。

ポール・バンヤンが最良のコルクマツを育てることができたフランボーの優れた土壌のおかげで、ラスク郡では、ここ数十年のあいだに酪農業を育てあげることができた。酪農家たちは地元の電力会社の供給してくれるものよりも安い電力を求めて、農村電化協同組合（REA）をつくり、一九四七年に電力ダムの建設を申請した。だがこれができると、カヌーをこげる水域として復活する予定だった延長五十マイルのうち、下流一帯が水没してしまうことになる。

行政上の激しい応酬が繰り広げられた。農家の圧力には敏感なくせに自然の価値は忘れがちな州議会は、ＲＥＡダムを認可したばかりでなく、発電所用地の支配権に対する自然保護局の将来の発言権も封じてしまったのである。これでどうやら、フランボーに残されたカヌー用水域は、州内の自然の川のほかのどの流域とも同じく、電力をつくるための道具となり果てる雲行きだ。

そうなれば、ぼくらの子孫は、自然の川を目にする経験をまったく持たないのだから、歌い流れる水流にカヌーを浮かべる機会を恋しがることもまるでなくなることだろう。

イリノイとアイオワ

イリノイのバスの旅

一人の農夫とその息子が庭に出て、ハヒロハコヤナギの古木を横引き鋸《のこぎり》で挽き倒そうとしている。これほど大きくて古い木となると、一フィート幅の鋸でなくては歯がたたない。その昔、この木は草原という海の浮標《ブイ》だった。この木の下で、辺境軍事指導者ジョージ・ロジャース・クラークがキャンプをしたことがあるかもしれない。バッファローがこの木陰でハエを追い払いながら昼寝をしたこともあろう。毎年、春には、ハトが羽音をたてて訪れて、ねぐらとする。州立大学には及ばないとしても、これは最良の歴史図書館である。ところが、この木は一年に一度、この農家の窓の網戸に綿毛をまき散らす。この二つの事実のうち、第二の事実だけが重視されているのである。

チャイニーズエルムなら網戸に目詰まりをこしらえたりはしない、だからハヒロハコヤナギよりも植木として好都合だ、と州立大学は農夫たちに教える。同様に、大学は、チェリーの砂糖漬、牛のバン氏病、交配種のトウモロコシ、農家の美化についてご高説を垂れる。が、農家について、その由来だけはご存知ない。大学の仕事は、イリノイ州を大豆産地として確保することなのである。

ぼくは今、時速六十マイル（約九十六キロ）のバスのなかに座り、もともとは馬や一頭立て馬車のためにつくられた街道を突っ走っているところだ。コンクリートの道幅がどんどん拡張されていったため、農場の柵が道路の掘割の上に今にも倒れ込みそうになっている。削られた斜面と倒れかけた柵とのあいだの細い芝土には、かつてのイリノイ州を象徴していたもの――草原――の面影が残っている。

バスのなかで、この面影に目を向けている者は一人もいない。シャツのポケットから肥料の請求書をのぞかせている浮かない顔の農夫が、ルピナス、ハギ、バプティシアをぼんやりと眺めている。バプティシアは、かつては草原の大気から窒素を吸収して、それをこの農夫の黒色肥土《ローム》に送り込んでくれたマメ科の植物である。だが、この農夫には、周囲の成り上がり者のシバムギとこのバプティシアとの区別がつかない。この男にぼくが、草原のない州では一エーカーでせいぜい三十ブッシェル（約一キロリットル強）のトウモロコシしかとれないのに、あなたの土地で百ブッシェルもとれるのはどうしてかと尋ねたら、イリノイ州の土地のほうがよいからさ、という答えが返ってくるだろう。また、柵にからみついている白い穂をつけたあのマメに似た花の名は、と尋ねたら、首を振ってこう答えるだろう——ありゃ雑草だよ、たぶん。

墓地が、さっと通り過ぎる。その境界をムラサキの仲間が鮮やかに縁どっている。ムラサキの咲いている場所はほかにはどこにもない。ローマカミツレとノゲシが、現代的な風景に黄色のモチーフを添えている。ムラサキの花の話し相手は死者だけだ。

開け放った窓ごしに、マキバシギの、心を揺さぶるさえずりが聞こえる。その昔、この鳥の祖先たちは、かえりみる者とてない花々が果てしなく続く花園を、肩まで花に埋まりながらのんびり進むバッファローを追っていったのだろう。バスのなかの少年が、この鳥に気づいて父親に言った——ほら、シギが飛んでいるよ。

＊

看板に「ここよりグリーン・リヴァー土地保護区」と書いてある。もっと小さな字で協力団体の名も書き連ねてあるが、字が小さすぎて、走っているバスからでは読めない。各種保護団体の名の羅列に違いない。

看板はこぎれいに彩色されている。小川沿いの低地の、ゴルフでもできそうな丈の低い草が生えた草地に立っている。すぐ近くには、干上がった古い小川の川底が、優雅な蛇行の跡をとどめている。新しい小川の川底は、定規を当てたようにまっすぐだ。流れを早めるために、郡の土木技師たちが「曲がりを正した」からである。背後の丘では、等高線に沿って帯状作が行われている。ここでは侵蝕を防ぐよう流れを遅くするために、専門技師たちが河床を「曲げて」ある。流水も、こう忠告が多くては、さぞかし面くらっているに違いない。

＊

この農場では、あらゆるものが銀行の金の成り変わりである。敷地内は塗りたてのペンキと鋼鉄とコンクリートで固められている。家畜小屋の日付は開拓者である父祖を記念したものだ。屋根には避雷針が林立し、風見鶏はメッキしたての金ぴか姿で威張り返っている。豚までが、返済能力があるように見える。

植林地の古いオークなど話題にすらならない。生垣、雑木林、柵沿いの小道など、農業と関係のないものはいっさい見当たらない。トウモロコシ畑に肥えた雄の仔牛はいるが、ウズラはおそらくいないだろう。柵が芝土に立ち並んでいる。有刺鉄線ぎりぎりのところまで耕してきた者たちはみな、「無駄を省けば不足なし」と唱え続けてきたのに相違ない。

小川沿いの低地にある草地には、洪水のときに運ばれてきた塵芥《ごみ》が、藪のなかに山となって積み重なっている。小川の岸は荒れたままだ。イリノイのかさぶたが剝がれて、海へ向かって移動した跡である。オオブタクサが固まって生えているのは、増水のときの水が運びきれずに岸に打ち上げた沈積土の場所を示している。本当に返済能力があるのは誰なのだろう？　いつまでに返せるのだろうか？

＊

街道は、トウモロコシ、カラスムギ、シロツメクサの野を貫いて、ぴんと張ったテープのように延びている。バスは、華やかな道を一マイル、一マイルと刻みながら、ひた走る。乗客たちはおしゃべり、おしゃべり、おしゃべりだ。何の話を？　野球、税金、娘の夫、映画、自動車、葬式などの話題である。だが、高速で走るバスの窓外を流れ過ぎるイリノイの起伏ある大地のことは、誰も話題にしない。イリノイには創世記も、歴史も、浅瀬も、深淵も、生と死の駆け引きも、いっさいが存在しないかのように。この人たちには、イリノイは、どこか未知の港へ向かう船旅の、途中の海にすぎないのである。

もがく赤い脚

自分のごく若い頃に受けた印象を思い出してみると、ふつう「成長」と言われている過程は、実は「退化」の過程ではなかろうかという気がしてくる。また、子供に欠けているものとして大人たちが口うるさく言う「経験」にしても、日常の雑事にかまけて本当に大切な事柄を次第に見失ってゆく過程のことではないかと思えてくる。少なくともこれだけ

は確かだ――ぼくが幼い頃に接した野生動物や、それを追いかけたときの印象は今でも鮮やかに残っていて、その形、色、雰囲気は、半世紀にわたって職業として野生動物と接する経験を重ねた今となっても、消えもしなければ修正されてもいないのである。

ハンターを夢みる者はたいてい同じだが、ぼくもごく小さい頃に単銃身の散弾銃をあてがわれ、ウサギ猟に行かせてもらった。ある冬の日曜日、わがお気に入りのウサギの猟場へと向かう途中、この時季には氷と雪に覆われている湖に、小さな「風穴」があいているのに気がついた。ちょうどそこで風車が岸の温かい水を吐き出しているのだ。カモはみな、とうの昔に南へ去っている頃だったが、ぼくはこのとき、生まれて初めて鳥類学的仮説を立てた。つまり、もしこのあたりに一羽でもカモが残っているとしたら、雄にしろ雌にしろ、そのうちにきっとこの風穴に立ち寄るに違いないと思ったのである。ぼくはウサギを撃ちたい気持を抑え（当時はこの獲物だってたいした手柄だったのだ）、凍てついた泥の上の冷たいヤナギタデの茂みに座り込んで待機した。

午後いっぱい、待ち続けた。カラスが通り過ぎるたびに、そして、せっせとまわる風車がガタゴトときしんだ音をたてるたびに、寒さがつのっていった。ようやく、日没の頃となって、ぽつんと一羽、アメリカガモが西の方角から現われると、風穴を旋回して下見したりはせずに、羽を広げて、さっと下降してきた。

どう撃ったのかはまるで思い出せない。ただ覚えているのは、初めて撃ったカモが雪をかぶった氷の上にばさっと落ちてきて、腹を上に向け、赤い脚でもがいている姿を見たときの、言葉では言い表わせないうれしさだけである。

父からこの散弾銃をもらったときに言われたのは、これでコリンウズラを撃つのは構わないが、木にとまっているのは撃つな、ということだった。もう、飛んでいる鳥の撃ち方を覚えていい年頃だから、というわけだ。

ぼくの犬は、コリンウズラを木の上に追い込むのが上手だった。だから、逃げていく鳥をあてずっぽうに撃つよりも、木の上の鳥を確実に仕留めたかったのだが、それを慎しむのがぼくの最初に覚えたハンターとしてのたしなみだったのである。だが、木にとまったコリンウズラの魅力はいかにも強く、これに比べたら、悪魔とその七つの王国の誘惑など

たいしたものではない気がしたほどだった。
　羽根が生え変わる頃のコリンウズラの猟をはじめてから二度目のシーズン末のある日、アスペンの木立のなかを歩いていたところ、左手からすさまじい羽音と共に大きなコリンウズラが一羽飛び立ち、ぼくのうしろを横切って木立の上空高く舞い上がり、一番近いヌマヒノキの湿地を目指して一目散に逃げはじめた。とっさに、ウズラ撃ちなら誰でも夢見る回転撃ちをすると、見事仕留めた獲物が、羽根と黄金色の木の葉を驟雨のようにまき散らしながら落ちてきた。
　ぼくとしては飛んでいるところを初めて仕留めたコリンウズラ。それが横たわった苔むした地面を彩る赤い花のゴゼンタチバナとブルーアスターの茂みの位置を、ぼくは今でもひとつひとつ地図に描くことができる。ゴゼンタチバナやアスター類の花が好きになったのは、あのとき以来からだという気がする。

アリゾナとニューメキシコ

頂上台地

ぼくが初めてアリゾナに住んだ頃、ホワイト・マウンテンは馬にまたがる人々の世界だった。幾つかの主要道路のほかの道は、でこぼこすぎて幌馬車は通れなかった。自動車はなかった。広すぎて徒歩の旅は無理だった。羊飼いですら馬に乗っていた。こうして次々と除いていくと、「頂上台地」として知られている、郡の大きさほどもあるこの高原には、馬にまたがった者しか足を踏み入れることができなかったのである。つまりここでは、馬に乗った牛飼い、馬に乗った牧羊業者、馬に乗った森林局の役人、馬に乗った罠猟師、それと、辺境地帯では必ず見かける、どこから来て、どこへ行くのかもわからない、得体の知れない、馬に乗った連中だけが闊歩していたのである。こんな、輸送手段に基づいて土地を支配する特権階級がいたなどとは、今の世代の人には理解できまい。

もっとも当時だって、そこから北へ二日間行った、鉄道のある町々では、このようなことはなかった。ここでは革靴、ロバ、牛追い用の馬、四輪荷馬車、貨物用幌馬車、貨車の後部乗務員室、プルマン式一等客車など、さまざまな輸送手段があったのである。が、これらの移動様式は、それぞれひとつの社会階層《カースト》に対応していた。方言、衣服、食物、出入りの酒場などがそれぞれはっきりと違う人々が、それぞれの階層に見合った移動様式を選んでいた。どの階層にも共通する唯一の公分母は、よろず屋には誰もが公平につけがきく、ということだけだった。それと、アリゾナの砂塵とアリゾナの陽光は共有財産であった。平原や台地《メーサ》を幾つも越え、ホワイト・マウンテンに向かって南下するにつれて、それぞれの交通手段に頼るわけにはいかなくなるため、階層《カースト》はひとつまたひとつと消えてゆき、ついに「頂上台地」では、馬にまたがった者だけが世界を支配する。

ヘンリー・フォードのもたらした自動車革命のおかげで、こんなことはすべて姿を消したことはもちろんである。今では空ですら、どこの誰某《だれそれ》でも、飛行機で自由に飛びまわれる世の中となった。

*

冬になると、この山の頂上部は、馬に乗った人々すら寄せつけなかった。高地の草原には雪が深々と積もり、わずかに小道が通じていた小さな峡谷もすっかり吹き閉ざされてしまったからである。五月には、どの峡谷にも氷のように冷たい奔流が、轟々と音をたてて流れた。だが、そのすぐ後の時期には「乗っ越す」ことが可能だった——膝まで没する泥のなかを半日登り続けられる心臓を持った馬に乗ればの話だが。

この山の麓の小さな村では、毎年春になると、孤絶した高地に最初に踏み込む者となるのを目指す暗黙の競争が行われていた。多くの者がこれに挑んだ。理由はわざわざ穿鑿《せんさく》するまでもない。噂はぱっと広まる。一番乗りを果たした者は、馬乗りとして後光がさすような存在となる。つまり「その年の英雄」になれるのだ。

山の春は、おとぎ話とは違って、いちどきには訪れない。心地よい日があるかと思えば、羊はもう山に上った後だというのに厳しい風の吹く日もある。雹《ひょう》や雪に打たれて悲鳴をあげている牝羊や、半ば凍えかけた仔羊たちの散在する、くすんだ灰色に染まった山の牧草地ほど寒々とした風景は、ほかにはあまり見た覚えがない。陽気なホシガラスでさえ、こうした春の嵐に出遭うと、背中を丸めて縮こまっている。

夏のこの山は、日が変わり、天候が変わるごとに様相を変える。うかつな乗り手は、馬もろとも、こうした山の気まぐれを骨の髄まで思い知らされる。

気持よく晴れた朝には、山の雰囲気につい誘われて馬から降り、新鮮な草や花のなかに寝ころがりたくなる（馬のほうがもっと抑えがきかないから、手綱をしっかり握っていないとさっさと寝ころんでしまう）。生あるものすべてが歌い、さえずり、萌え出ている。何カ月このかた嵐にもまれてきた、うっそうたるマツやモミの木々が、堂々たる姿をそび

CHARLES W.
SCHWARTZ

やかしながら陽光を浴びている。ふさふさとした耳のリスが、澄まし顔ながら、抑えきれない感情を声と尻尾に表わしながら、こっちにはとっくに分かりきっていることを、しきりと話しかけてくる——こんなよい日はめったにないし、これだけ贅沢に一人でのんびり過ごせた日はない、と。

一時間もすると、入道雲が太陽を隠したらしく、今にも稲妻、雨、雹が襲ってきそうな気配となり、それまでの天国気分はすくみ上がってしまう。暗い、重苦しい雰囲気が垂れ込めて、まさに一触即発の状態だ。小石が転げたり、小枝がぽきぽき音をたてるたびに、馬が跳びはねる。この厄介者に鞍をつけようと手綱をほどきにかかると、馬はおびえていななき、こちらがヨハネ黙示録の巻物を広げてみせようとしているみたいに身を震わせる。稲妻なんか怖いものか、と誰かが言うのを聞くと、ぼくは今でも内心こうつぶやくのだ——この人はきっと七月にホワイト・マウンテンで馬に乗ったことがないのだ、と。

雷鳴の轟音もたしかに怖いが、もっと怖いのは落雷が崖っぷちの岩を砕き、その破片が煙をあげ、耳元を唸りをたててかすめてゆくときだ。それにも増して怖いのは、雷がマツに落ちて粉々に吹き飛ばす破片である。今でも覚えているが、まっ白に輝く十五フィートほどの長さの破片が、ぼくのすぐ足元の地面に深々と突きささり、音叉のようにぶーんと唸りをたてているのを目撃したことがある。

だが、恐怖のない自由を得てしまったら、人生は味気ないものに違いない。

*

この山の頂上部は、馬に乗っても越すのに半日がかりの大きな草原だが、マツ林の壁に囲まれた単なる草の円形劇場を思い描いてもらっては困る。この草原の縁は、渦巻や、曲線や、鋸の歯のような線を描き、湾状、入江状、突端状、横桁状、半島状、庭園状など千変万化の地形が連なり、どれひとつをとってもほかとは似ても似つかぬ形をしている。これを全部知りつくしている人はいないし、毎日馬で乗り入れたとしても、そのたびに千載一遇のような新しい場面に出くわす。「新しい」というのは、輝くばかりの花に彩られた盆地などに馬で乗り入れると、ここに一度でも来たことがある人はきっと歌を歌い、詩を書く気になったに違いないと思わずにはいられなくなる場合が多いからだ。

このように、きょうは信じられないことに巡り合ったぞという気持を誰しも抱くものだということは、山のキャンプ地のどこにでも黙々と立っているアスペンの樹皮に、おびただしい数の頭文字、日付、牛の焼印が刻みつけられていることからも分かると言ってよかろう。刻まれた文字を見ればいつでも、テキサス人《ホモ・テキサヌス》の歴史と文化を読みとることができる。それも、無味乾燥な文化人類学の範疇においてではない。この男の息子とは馬の取引で負けたとか、娘とは一度ダンスをしたことがあるといったことが頭文字から分かる。開拓時代の具体的な個人の生涯という形で読みとることができるのだ。たとえば、目の前のこれは一八九〇年代の日付のものだが、男の頭文字だけで牛の焼印はない。この山へ旅回りのカウボーイとして一人で初めてやってきたときに刻みつけたものに相違ない。隣のはその十年後の日付で、頭文字のほかに牛の焼印が押してある。これを刻んだ頃には、この男は、倹約や自然増収や巧みなロープさばきのおかげで手中にした「商売道具」を持つ堅実な住民になっていたのである。そのまた隣には、ほんの数年先の日付で、この男の娘の頭文字が刻まれている。刻んだのは、その娘に惚れられ、娘ばかりか親の資産を継ぐことも望んだ若者の手だ。

親のほうは、もう故人だ。晩年にはもっぱら銀行の残高や家畜の数ばかり気にして生きていたのだろうが、若い頃にはこの男だって山の春の鮮やかさに感じ入っていたことが、アスペンに刻まれた文字から分かる。

この山の歴史は、アスペンの樹皮だけではなく、ここの地名にも記録をとどめている。ここの牛の放牧地帯の名称は、卑俗だったり、ユーモラスだったり、皮肉や感傷の込められたりしたものではあっても、ありきたりのものはめったにない。たいていは、新しく訪れた者が必ず由来を尋ねたくなるような、不思議な魅力を備えた名前ばかりだ。そして、こうした由来話をすっかりつなぎ合わせると、この土地の伝説ができあがる。

たとえば、「骨牧場《ボーンヤード》」という名の美しい草原があり、死後久しい牛の頭蓋骨が半ば土に埋もれ、背骨が散乱し、その上をアーチ状にツリガネスイセンが覆っている。ここには一八八〇年代に、一人の間抜けな牛追いがテキサスの温暖な谷から初めてやってきた。この山の夏はいかにも魅力的だったので、すっかり惚れ込み、この山の干し草を頼りに家畜ともども、ひと冬過ごしてみようという気になった。ところが、十一月には幾度も嵐に襲われ、人間も馬も命からがら逃げ延びたが、牛は助からなかったのである。

また、「キャンベルの憂鬱《キャンベル・ブルー》」というのは、ブルー・リヴァーという川の源流地で、その昔、一人のカウボーイが花嫁を連れてやってきた。花嫁は、岩と木ばかりの風景に退屈して、ピアノが欲しいと言い出した。さっそくピアノが取り寄せられた。キャンベル社のピアノである。この郡でピアノを運べるラバは一頭しかおらず、こんな荷をバランスよく運ばせるという超人的な仕事のできるラバ使いも一人しかいなかった。それなのに、このピアノにも飽き足らず、嫁さんは逃げ帰ってしまった。こんなわけで、ぼくがこの話を聞いた頃には、この牧場の小屋はすでに丸太の傾いた廃墟だったのである。

また、「いんげん豆沼《フリホル・シエンガ》」という、マツの木に囲まれた湿地性の草原がある。ぼくが子供の頃、マツの木の下には小さな丸太小屋が建っており、通りすがりの旅人の一夜の宿として使われていた。そして、そこの地主はこうした小屋に粉やラードや豆を常時用意しておき、旅人のほうも、都合がつく場合はそのような備品を補充しておくという、一種の不文律があったのである。あるとき、不運な旅人がいて、嵐のためにそこに一週間も閉じ込められてしまった。しかも小屋に置いてあったのは、いんげん豆だけだったのである。この出来事は、旅人をもてなすしきたりを破ったということで、おおいに悪評を呼び、ついには地名となって後世に語り継がれることになったのである。

最後にもう一例、「極楽牧場《パラダイス・ランチ》」というのがある。地図でこの名を見たときは、いかにも陳腐な気がしたものだが、難儀な馬の旅を重ねた末に実際にたどり着いてみると、地図で想像したのとはまるで違った印象を受ける。高い山の向こう側のひっそりと隠れた場所にあり、いかにも本場の極楽というたたずまいである。緑なす草原を縫って、マスの泳ぐ流れが歌を口ずさんでいる。この草原に馬を一カ月間放牧しておくと、丸々と太って、背中のくぼみに雨水がたまるほどだ。極楽牧場を初めて訪れたとき、ぼくも内心思わずつぶやいたものである——これほどぴったりの名前がほかに考えられるだろうか、と。

＊

何度かチャンスはあったのに、ぼくはその後二度とホワイト・マウンテンを訪れていない。この山のためという名目で、観光客、道路、製材所、木材切り出し用鉄道がこの山をどう変えてしまったか、見ないほうがいいという気がするからである。ぼくが初めてあの「頂上台地」へ馬で行った頃にはまだ生まれていなかった若い人たちが、あそこは素晴しい場所だと話しているのを耳にすることがある。これには、内心無言の条件をつけながらも、ぼくも同感だ。

山の身になって考える

胸の奥底からしぼり出した吠え声が、巌頭から巌頭へとこだまし、山を縫って進み、遥かな夜の闇へと消えてゆく。これは、反抗的な野性の悲しみと、この世のあらゆる逆境に対する侮りの思いが噴き出たものである。

生きとし生けるものは（そしておそらくは、死んだものの多くも）、この叫びに注意を払う。シカはこの叫びに死期を悟り、マツは深夜の格闘と雪の上の血だまりを予感し、コヨーテは残りものにありつける期待を抱き、牛飼いは銀行への借財が増えることにおびえ、ハンターは銃弾に敢然と刃向かう牙を思い描く。だが、このように目に見える直接の期待や恐怖の背後には、山にしかわからない、もっと深い意味が隠れている。長い歳月を経て存在している山だけが、このオオカミの遠吠えに、主観を交えずに耳をすます。

隠れた意味を解読できない者でも、その意味の存在は知っている。というのは、オオカミのいる地方ならどこでもその存在が感じとれるし、そのために、ほかのすべての地方と区別がつくからである。この意味のおかげで、夜にオオカミの声を聞いたり、昼に足跡を見た者はみな、背筋の震える気持に駆られる。たとえオオカミの姿が見えず、声が聞こえなくても、ちょっとした出来事からそれと分かる場合がいくらでもある。荷役の馬が真夜中にいなないたり、小石の転がる音や、逃げてゆくシカの跳ね方、トウヒの林が落とす影の形からでも分かる。オオカミがいるかいないかを感じとることができず、あるいは山がオオカミについて秘かな意見を備えていることを知らないのは、ものを知らない初心者だけである。

この厳然たる事実に、このぼくが確信を抱くようになったのは、オオカミの死ぬさまをこの目で見た日以来である。ぼくらは高い巌頭で昼食をとっていた。足元では奔流が曲がりくねりながら流れていた。見ると、雌のシカが一頭、泡立つ流れに胸までつかりながら、急流の浅瀬を渡っているようすだ。が、こちら岸に這い上がり、尾を振ったときになって、ぼくらは間違いに気づいた。シカではなく、オオカミだったのである。ほかにも六頭、成長した子どもたちだとはっきり分かる一群が、ヤナギの陰から飛び出し、尾を振り振り、取っ組み合い、ふざけちらしながら親を出迎えて、一緒に集った。文字どおりオオカミの塊が、もつれ合い、転げまわりながら、ぼくらのいる巌頭の裾の平坦な空地の中央へとやってきたのである。

当時は、オオカミを殺すチャンスがありながらみすみす見逃すなどという話は、聞いたためしがなかった。次の瞬間、ぼくらは銃に鉛の弾丸をこめていたが、興奮のあまり正確さはややおろそかになった。もっとも、傾斜のきつい坂で下向きに撃つのは、やりにくくて当たり前である。ぼくらがライフル銃の弾丸を撃ちつくしたときになって、母オオカミ

が倒れ、子どもが一頭、越えられるはずもない崩れた岩場のほうへと、脚を引きずりながら逃げていった。

母オオカミのそばに近寄ってみると、凶暴な緑色の炎が、両の目からちょうど消えかけたところだった。そのときにぼくが悟り、以後もずっと忘れられないことがある。それは、あの目のなかには、ぼくにはまったく新しいもの、あのオオカミと山にしか分からないものが宿っているということだ。当時ぼくは若くて、やたらと引き金を引きたくて、うずうずしていた。オオカミの数が減ればそれだけシカの数が増えるはずだから、オオカミが全滅すればそれこそハンターの天国になるぞ、と思っていた。しかし、あの緑色の炎が消えたのを見て以来ぼくは、こんな考え方にはオオカミも山も賛成しないことを悟った。

そのとき以来ぼくは、オオカミを根絶やしにする州が次々と増えてゆくのを見て暮らしてきた。新たにオオカミのいなくなった山の顔をずいぶんと眺めたし、シカの新しい踏跡が迷路のようにできて、皺《しわ》のような模様のついた南斜面も幾つも見てきた。食べやすい低木や若芽が残らずシカにかじられて、最初は干からび、やがては枯死していくさまも観察してきた。食べられる木はみな、馬の鞍頭の高さまでの葉がすっかりなくなっているのも目にしている。このような山は、まるで、何者かが神に新しい剪定用大鋏《せんていおおばさみ》を渡し、ほかの仕事はすべて禁じてしまったように見える。あげくの果ては、獲物として期待されながら増えすぎが原因で次々と餓死した、群れをなすシカたちの骨が、枯死したサルビアの幹とともに野ざらしになり、あるいは高々と並ぶビャクシンの並木の下で朽ち果てていったのである。

今さらながら思うのだが、シカの群れがオオカミに戦々恐々としながら生活しているのと同様に、山はシカの群れに戦々恐々としながら生きているのではなかろうか。いや、おそらく山のほうがもっと大変だ。というのも、牡ジカが一頭オオカミに倒されても、二、三年もすれば元どおりになるのに、増えすぎたシカに荒らされた山域が元どおりになるのは何十年がかりでも怪しいからである。

＊

牛との関連でも、同じことが言える。自分の土地のオオカミを根絶やしにする牛飼いは、その土地の広さに応じてシカの数を間引くというオオカミの仕事を引き継いだことに気づいていない。山の身になって考えることを学んでいないのだ。だから、旱魃地域とか、未来を海へ洗い流す川ばかりが次々と増えてゆくのである。

*

生きとし生けるものはみな、安全、繁栄、安楽、長寿、安心を求めて闘っている。シカはしなやかな脚で闘い、牛飼いは罠や毒で、政治家はペンで、その他大勢の者は機械や投票や金銭を頼りにして闘っている。だが、すべての帰するところはひとつだ――みな、自分が生きているあいだの平和を願っているのである。このような尺度で事の成否を測るのは、それはそれで結構だし、物質本位の考え方にとっては不可欠のことでもあろう。だが、過度の安全確保は、長い目で見ると、危険しか招かないように思える。おそらくこれが「野性にこそ世界の救い」というソローの至言の背後にある思想であろう。そしてまた、これこそ、オオカミの遠吠えのなかに隠れている意味であり、山はとっくの昔に知っているのに、人間にはほとんど理解されていないことなのではなかろうか。

エスクディーア

アリゾナの生活に区切りをつけているのは、足元ではグラマ・グラス、頭上には空、地平線ではエスクディーアの山である。

この山の北に行けば、蜂蜜色の平原を馬で進むことができる。目を上げれば、いつでも、どこでも、エスクディーアが見える。

東では、錯雑とした森の多い台地《メーサ》を馬で行ける。盆地のひとつひとつが、独自の小さな世界をつくりあげているようだ。陽光がさんさんと降り注ぎ、ビャクシンの芳香が漂い、ピニョンカケスのおしゃべりの聞こえる、のんびりとした雰囲気である。だが、尾根の上に立つと、人間はたちまち広大な世界のなかの一点のしみになってしまう。その世界の端に、エスクディーアが聳えている。

南には、ブルー・リヴァーの入り組んだ峡谷が延び、シロオオジカ、野生のシチメンチョウ、バッファローがいっぱいいる。狙った牡ジカを撃ちそこね、こしゃくにも尾を振って別れを告げながら地平線の彼方に消える獲物を見送って、なぜこんなミスをしたのかと思いつつうつむくと、遥かに青い山が見える——エスクディーアだ。

西には、アパッチ国有林の飛び地が起伏している。ぼくらはそこの立木の調査をしてまわった。直径四十インチ（約一メートル強）、高さ四十フィート（約十二メートル強）の丈の高いマツを木材に換算して見積もった数字をノートに書き入れていくのである。峡谷を息を切らして登っていくと、森林調査官は、汗にまみれた指、バッタやメクラアブに刺された傷痕、やかましく鳴くリスなど直接に感じとれるものと、ノートに記した実感から遠い記号とのあいだに、妙な違和感を覚えてくる。だが、次の尾根に着くと、涼しい風が緑鮮やかなマツの海を渡ってきて、そんな疑問を吹き飛ばしてしまう。マツの海の遥かな対岸には、エスクディーアが聳えていた。

この山は、ぼくらの仕事や遊びに区切りをつけるばかりではなく、おいしい夕食にありつけるかどうかさえ左右する。冬の夕暮れどき、ぼくらは川の近くの沼地で、よくマガモを待ち伏せした。ところがマガモの群れは用心深くて、バラ色に染まった西空や青みがかった鋼色の北の空を旋回し、やがて墨のように黒々としたエスクディーアの山陰へと飛び去ってしまう。羽を広げて再び姿を現わしてくれた場合は、ぼくらは肥えた雄ガモを一羽、首尾よく厚手鍋のなかに入れて料理することができる。姿を見せなければ、またまたベーコンと豆だけの夕食という次第だった。

実を言うと、地平線のどこにもエスクディーアが見えない場所が、一カ所だけある。つまりエスクディーアの頂上だ。頂上に立つとこの山は見えないが、感じとることはできる。理由は、あの大きなクマの存在だ。

「大足爺さん《オールド・ビッグフット》」と呼ばれるあの大クマは、いわば泥棒貴族であり、エスクディーアはその城であった。毎年春になって暖かな風が吹き、雪面にさす影が穏やかになる頃には、この年老いた灰色のクマが、なだれた岩場にこしらえた冬眠用の穴から這い出し、山を降りて、牝牛の頭を叩き割る。腹いっぱい食べてしまうと、また自分の岩場へと登り返し、そこでおとなしくマーモット、ウサギ、草の実、木の根などを食べて夏を過ごす。

ぼくは一度、このクマの殺戮《さつりく》の跡を見たことがある。牛の頭蓋骨と首とがぐしゃぐしゃに砕け、まるで驀進《ばくしん》してきた貨物列車と正面衝突したような有様だった。

この老いたクマの姿を実際に目撃した者は一人もいなかったが、足元がぬかるみ気味の春には、崖の麓のあたりに、このクマの信じられないほど大きな足跡が見つかった。これを見たら、どんなに強情なカウボーイでも、クマの存在を意識する。カウボーイたちが馬でどこへ出かけてもエスクディーアが見え、エスクディーアを見ればクマに思いをはせる。キャンプファイアを囲んでの話題も決まって、牛肉、追剝ぎ、そしてクマのことだった。「大足爺さん」がわがものと主張するのは、年に一頭の牛と、数マイル四方の役にも立たない岩場にすぎなかったが、その存在は郡一帯に知れわたっていた。

こんな頃に、この放牧地帯にも、初めて進歩の波が押し寄せてきた。そして進歩はさまざまな使者を送り込んできたのである。

その一人は、初の大陸自動車横断旅行の男だった。カウボーイたちは、この道路の調教

師の気持を理解できた。この男の話は、野生馬の調教師の話と同様の、ほがらかな武勇談だったからである。

黒のビロードの服を着た美しい婦人もやってきて、ボストン訛《なま》りで夫人参政権の啓蒙演説をした。カウボーイたちは、この話を理解できなかったが、耳を傾け、婦人の姿を眺めた。

カウボーイたちはまた、電話技師がやってきてビャクシンの木に電線を張りめぐらし、即座に町と交信したのを見て驚嘆した。一人の老人などは、電線で脇肉ベーコンをとどけてもらえるのか、と技師に尋ねた。

ある年の春、進歩はさらに別の使者を送り込んできた。州政府派遣の罠猟師である。守護聖人セント・ジョージ気取りで、政府の資金で悪竜退治にやってきたという意気込みの、つなぎ服を着た男だった。どこかに退治してほしい害獣はいないかね、と男は尋ねた。いますとも、でかいクマの奴でさ。

罠猟師はラバに荷を載せ、エスクディーアに向かった。

一カ月経って猟師は戻ってきた。ラバは、背に重い獣の皮を載せられてよろめいていた。この皮を干せる納屋はこの町にたったひとつしかないというほどの大きな皮だった。猟師は最初、罠、毒入りの餌、そのほかいつも用いている策略を次々と試してみたが、どれも効き目がなかった。そこで、クマしか通れない山間《やまあい》の狭い場所にバネ銃を仕掛けて待機した。この仕掛けの紐に、最後のハイイログマである「大足爺さん」が踏み込み、弾丸に当たって最期を遂げたのである。

六月のことだった。クマの生皮は悪臭を発し、ずたずたに裂け、まるで値打ちがなくなっていた。最後のハイイログマだというのに、種《しゅ》の記念としてせめて立派な毛皮の形で残そうともしなかったのは、ずいぶん侮辱した仕打ちに見えたものだ。結局このクマの残したものは、国立博物館に納められた頭蓋骨と、この頭蓋骨のラテン名をめぐる科学者たちの論争だけだったのである。

こうした出来事について深く考えられるようになって初めて、進歩のためのルールづくりを誰かがしなければ、と思われはじめた。

＊

太古の初めから、時間は、エスクディーアの玄武岩質の大岩塊を削り、間をおいてはまた形を整えて、侵蝕を続けてきた。そして時間は、この年を経た山に三つのものを授けた。威厳ある風貌、小動物と植物たちの小社会、そしてハイイログマである。

ハイイログマを仕留めた政府派遣の罠猟師は、自分の力でエスクディーアを牛のために安全な場所にしたのだ、と思った。だが、いわば夜明けの星のコーラスがはじまって以来営々と築かれてきた大建築物の尖塔を倒すのに等しい行為をしてしまったのだということには、気づかなかったのである。

罠猟師を派遣した局長は、進化という大建築物に造詣の深い生物学者であったが、この尖塔が牛に劣らず重要なものになろうとは気づかなかった。この牛の放牧地帯が二十年足らずのうちに観光地となり、ビフテキよりクマのほうがずっと客寄せのために必要になろうとは予測できなかったのである。

クマの住む地域をいっさいなくすための予算案に票を投じた国会議員たちは、開拓者の子孫だった。彼らは口を開けばいっせいに開拓者たちの優れた徳をほめそやすが、何のことはない、その開拓地の幕引きに懸命に手を貸していたのである。

われわれ森林官も、人のことを言えた義理ではない。あるとき地元の一牧場主が耕作をしていて、十六世紀の探検家コロナドの隊の指揮官の一人の名が刻まれている短剣を発掘した。これを知ったわれわれは、自分たちはハイイログマの絶滅を黙認していたくせに、このスペイン人どもは、黄金の獲得と改宗の仕事に夢中になるあまり、必要もなく原住インディアンを絶滅させたのだと言って悪しざまに罵ったのである。われわれもまた、自分本位の正義を信じて疑わない侵略者の指揮官の同類だとは、思ってもみなかった。

エスクディーアは今も地平線に聳えているが、もはや、これを見てもクマのことを思う者はいない。エスクディーアは、今はただの山にすぎないのである。

チワワとソノーラ

グアカマハ

美に関する物理学は、自然科学の分野のうちでも、いまだに暗黒時代に属している。湾曲した宇宙の謎を解き明かしてみせる学者ですら、美の物理学の方程式を解こうとしない。たとえば、北部森林地帯の秋の景色といえば、あの大地に赤く色づいたカエデ、それにエリマキライチョウを配した光景を誰でも思い浮かべる。従来の物理学の定義からいうと、このライチョウは、一エーカーの土地に対し、質量にしろエネルギーにしろ百万分の一の意味しか持たない。だが、このライチョウをなくしてしまうと、全体が死んでしまう。ある種の原動力の莫大な量が喪失してしまうのである。

そんな損失はすべて心情的な目に映るだけのものだ、と言うのはやさしい。だが、まじめな生態学者で、そんな意見に賛成する者がいるだろうか。生態学者は、生態学的な死というものがあること、その意義は現代科学の用語では説明しきれないものだ、ということとを知り尽している。ある哲学者は、この計り知れない要素のことを、具体的な事物のニュメノン（numenon）と名づけた。つまり、たとえ遥かな星の揺れや反転といったことにしろ、測ったり予測のできる要素である現象《フェノメノン》（phenomenon）とは対照的な要素である。ライチョウは北部の森林のニュメノンであり、アオカケスはヒッコリー林の、カナダカケスは沼沢地の、ピニョンカケスはビャクシンが生育する山麓地帯のニュメノンである。鳥類学の教科書には、こういう事実は書いていない。おそらく、科学にとっては目新しいことだろうが、明敏な科学者にとってはすでに明白な事実である。それはさておき、ぼくはここで、シェラ・マドレ山脈のニュメノンの発見について書いておきたい。つまり、ハシブトオウムのことだ。

生息地を訪れる人がごくわずかしかいないという理由からだけでも、この鳥の存在はひとつの発見である。だが、実際に現地を訪れれば、耳が聞こえない人や目の見えない人でない限り、この鳥がシェラ・マドレの生活と風景に果たしている役割に気づかない人はあるまい。なにしろ、こちらがろくろく朝食をすませもしないうちから、おしゃべりなこの鳥の群れが巌頭のねぐらを発って、朝の発声練習か何かをしに、暁の空高く舞い上がってくる。ツルの編隊のように、輪を描いたり、螺旋を描いたりして、お互いに声高に論じ合っている問題は（これまた、こちとら人間には分かりかねることだが）、峡谷の向こうからゆっくりと白んでくる新たな一日の空が、前日に比べると青味や黄金色が濃いか淡いか、

といったことでもあろうか。票決は五分五分となったのか、二手の別々の集団に分かれ、高所の台地《メーサ》を目指して、笠が半ば開いたマツの実の朝食をとりに飛んでいく。人間の存在はまだ目に入っていない。

ところが少したって、こちらが峡谷の底から急な斜面を登りはじめると、なかでも目ざといハシブトオウムに、おそらく一マイルも先から、気づかれてしまう。シカ、ライオン、クマ、シチメンチョウしか通行を認められていないはずの道を、息を切らして登ってくる妙な生き物がいるぞ、というわけだ。もう朝食どころではない。ときの声をあげて全編隊がこちらに向かって突進してくる。頭上をぐるぐる飛びまわられると、こちらとしてはつくづく、オウム語の辞書がほしくなる。こんなところにいったい何の用でやってきたのだ、と聞いているのだろうか。それとも、鳥類商工会議所気取りで、自分たちの住む素晴しきふるさと、気候、住民、輝かしき未来を、あらゆる時代や場所と比較して、こちらが正しく評価しているか、確かめているだけのことなのだろうか。このどちらかか、あるいは両方を聞いているのだろう。だが、道路がここまで延びたことだし、いずれ銃を持った観光客がやってきて、このにぎやかな歓迎委員会の出迎えを受けたときにどうなるかを考えると、どうも不吉な予感が頭をかすめる。

間もなく鳥たちは、こちらが、シェラの朝の当たり前の挨拶に対して、口笛で答える程度のこともできない、気のきかない口下手な奴だということを、はっきり見抜いてしまう。

そして、こんな奴の相手はやめにして、森にまだ半開きの松笠が残っているうちに朝食をすませてしまおう、ということになる。これがすむと今度は、巌頭の下の木にとまることがある。そのときこそ、岩の縁までそっと這っていってのぞき込むのに絶好のチャンスだ。このときに初めてからだの色をよく見ることができる。おそろいの緑色のビロードの制服を着、深紅と黄色の肩章をつけ、黒のヘルメットをかぶるという姿で、騒がしくマツからマツへと飛び移っているのだが、いつも編隊を組み、しかも偶数だ。たった一度だけぼくは、五羽の群れを見たことがあるが、ほかの数のときにはつがいでなかったためしがなかった。

ぼくがこの騒々しい群れの出迎えを受けたのは九月のことだが、巣ごもりの時期のつがいもこれほどにぎやかかどうかは知らない。が、九月にオウムが山にきていれば、誰にでもすぐにそれと分かることは請け合いだ。まっとうな鳥類学者としてのぼくは、むろん、その立場にふさわしく、ここでこのオウムの鳴き声の描写をしておくべきだろう。ちょっと聞くとピニョンカケスの声に似ているが、ピニョンカケスの鳴き声は生息地の峡谷にかかる霞のようにものやわらかで、郷愁を誘う響きがあるのに対し、このオウムの鳴き声はもっと大きくて、高級喜劇のようなぴりっとした熱情にあふれている。

聞くところによると、つがいのオウムは春になると、丈の高い枯れたマツにキツツキがこしらえた穴を捜し出し、しばらく群れから離れて種の保存の務めを果たすのだそうだ。

だが、このオウムが入れるほどの穴をこしらえるというのは、いったいどんな種類のキツツキだろうか。グアカマハ（原住民は、このオウムのことを、口調のよいこの名で呼んでいる）はハトほどの大きさがあり、ハシボソキツツキがこしらえた穴でも、とうていもぐり込めそうにない。グアカマハは自分の強力な嘴《くちばし》で、必要な大きさまで穴を広げるのだろうか。それとも、このあたりにいると言われているコウテイキツツキの穴を当てにしているのだろうか。この楽しい謎解きの仕事は、将来この地を訪れる鳥類学者に残しておくとしよう。

緑色の潟《グリーン・ラグーン》

多少とも賢明なら、一度訪れた原生自然は二度と訪れないに限る。ユリの花が金ぴかになっていればいるほど、誰かが金箔を張りつけたに相違ないからだ。再訪すれば、その旅自体が不快なばかりか、思い出までも色あせてしまう。めくるめく冒険がいつまでも輝いているのは心のなかだけである。そんなわけでぼくは、コロラド川の三角州には、一九二二年に弟といっしょにカヌーで探検に出かけて以来、一度も訪れたことがない。

ぼくらの知る限りでは、この三角州は、ヘルナンド・デ・アルゴンの艦隊が一五四〇年に上陸して以来、忘れ去られたままだった。アルゴンの艦隊が碇泊したと言われている入江に面した場所にぼくらはキャンプしたのだが、そこへ着くまでの数週間というものは、人っ子一人、牝牛一頭にも出くわさず、斧で切り開いた跡も人間のつくった柵もまったく見当たらなかった。一度だけ、古いわだちの跡を横切ったことがあったが、どういう人間のものとも知れず、いずれよからぬ目的の者がつけた跡のように思われた。ブリキの缶を見つけたことがあったが、これは貴重品とばかりに拾い上げておいた。

この三角州では、夜明けにサバクカンムリウズラの口笛が響く。この鳥は、ぼくらのキャンプに覆いかぶさるようにして生え伸びているメスキートの木をねぐらにしている。太陽はまず、シェラ・マドレから顔をのぞかせると、ぎざぎざの稜線をなす峰々に縁どられた広大な盆地状の大自然である美しき荒地に、百マイルにわたって斜めに光を投げかける。地図上では、この三角州は川で二分されているが、実際にはこの川はどこにもないとも言えるし、いたるところにあるとも言える。というのは、幾百とある潟のうちどれがメキシコ湾まで最も快適に、しかも一番ゆるやかに行ける通路なのか、川も決めかねているようで、いたるところで枝分かれしているからだ。つまり、川は全部の潟を巡って流れているのであり、ぼくらもそれに従った。川は分かれては合流し、うねっては引き返し、不気味なジャングルのなかをさまよったり、ほとんど円を描くばかりにまわり込んだり、美しい木立とたわむれたりしている。ときには迷子になり、しかもそれを楽しんでいるふうで、ぼくらもそれに従った。悠長これに極まるという旅をしたかったら、海で自由を失うのをいやがっている川に従ってゆくことだ。

旧約聖書詩篇にある「主はわたしを静かなみぎわに引き連れてゆく」という句は、ぼくらには、この緑色の潟《グリーン・ラグーン》にカヌーでこぎ入れるまでは書物のなかの言葉にすぎなかった。ダビデがこの詩篇を書いていなかったら、ぼくらは自分で書かずにいられない気持になっていたに違いない。静かな水面が深いエメラルド色を呈しているのは、どうやら藻のせいらしいが、藻がなくたって緑色が薄まるわけではない。流れのみぎわには、緑滴るメスキートとヤナギがついたてのように立ち並び、彼方に広がるイバラの荒地を隔てている。川が曲がるたびに、先のよどみに数羽のシラサギのたたずむ姿が見える。一羽一羽が白い彫像のように、その白い影を水に映していた。ウの群れが、水面近くを泳ぐボラを追い求めて、黒い首で水を切って進んでゆく。ソリハシセイタカシギ、ハジロシギ、キアシシギの群れが、砂州に片足で立ったまま、まどろんでいる。マガモ、ヒドリガモ、コガモの群れが、驚いて水面を蹴って空に飛び上がる。鳥たちはいったん飛び上がると、雲のように小さく固まって前方へ逃げてからまたどこかに落ち着くか、突然反転して、ぼくらのうしろにまわり込む。シラサギの群れが遠くの緑なすヤナギの木に降り立つと、さながら時ならぬ吹雪のようだ。

ここの豊富な鳥や魚を楽しみにしているのは、ぼくらだけではない。半ば沈みかけた流木のそばで身を低くして構え、ボラを捕まえようと足を浮かせた姿のアカオオヤマネコを、ぼくらはよく見かけた。アライグマは親子で浅瀬に入り、ゲンゴロウをむしゃむしゃと食べている。コヨーテが、ぼくらが通り過ぎるのを待って、またメスキート豆の朝食を食べようと内陸の小さな丘の上からこちらを眺めていることもあった。たまには、足を痛めて飛べなくなった水辺の鳥とか、カモ、ウズラのご馳走にありついてもいたようだ。渡り鳥の浅瀬には、きまってロバシカの足跡がついている。そこでぼくらは必ず、三角州の暴君である大ジャガー、つまり地元民のいう「エル・ティーグル」の痕跡が近くに残っていないかと、こうしたシカの足跡を丹念に調べたものだ。

ぼくらは、この獣の毛皮も毛も実際に見たことがない。だが、その存在はこの未開拓地で広く知られていた。どんな獣も、どこかに必ずひそんでいるエル・ティーグルの存在を忘れることがない。うっかり忘れようものなら、その代償は死だったからである。シカは低木の周りを歩く場合とか、立ちどまってメスキートの木の下のさやをかじるときには、必ず前もって臭いをかいで、エル・ティーグルが近くにいないかどうか確かめる。キャンプファイアが焚かれれば、消す前に必ずこのジャガーの話が出る。犬も、夜には必ず主人の足元で身を丸める。ネコ属の王がいまだに夜を支配しており、その強力な前足は牛をも倒すことができ、顎はギロチンのように骨まで食いちぎる力があることは、言われるまでもなく分かっていたからである。

今頃はもう、この三角州は、牛には安全な場所となり、冒険心に富んだハンターにとっ

ても魅力のない場所となり果てていることだろう。恐怖からの自由が達成されたのだ。だが同時に、この緑色の潟《グリーン・ラグーン》から誇りがひとつ消えてしまったのである。

キプリングはアムリッツァの夕食《ゆうげ》の煙をかぎ、詩に書き残したが、どうせならもっと丹念な詩にしてほしかった。この緑の大地の薪を歌い上げ、匂いを実際にかいだ詩人はほかにはいないからである。おおかたの詩人は、無煙炭を燃やして暮らしていたのに違いない。

この三角州で燃料といえばメスキート炭しかないが、これは香り高い燃料のうちでも最高のものである。何百回となく霜や洪水に叩かれてもろくなり、幾千回となく太陽に焼かれてでき上がった、この節くれだった燃料は、古代の樹木の不滅の骨格であり、キャンプに適した場所ならどこでも見つかる。火をつければすぐに燃えだし、夕暮れの空に青い煙を棚引かせ、湯わかしの歌を奏で、パンを焼き、鍋に乗せたウズラの肉を焦がし、人間と獣たちの脛《すね》を暖めてくれる。だが、肉焼き鍋の下にシャベル一杯のメスキート炭をくべたら、きちんと火を消して、就寝する時間前にうっかりそこで尻もちをつかないよう用心しなくてはいけない。さもないと、悲鳴をあげて立ち上がり、頭上にねぐらをつくっているウズラを驚かすことになるからだ。メスキート炭はしぶとく燃えている燃料なのである。

ぼくらはトウモロコシ地帯ではホワイト・オークを燃やして料理をし、北部の森林地帯ではマツをくべて鍋を煤《すす》だらけにし、アリゾナビャクシンではシカのあばら肉を焼いた。だが、ガンの若鳥をこの三角州のメスキート炭で焙《あぶ》って料理するまでは、完璧な満足感を味わったことはついぞなかった。

このときのガンは、この最高の燃料で焙る価値があった。というのは、それまで一週間も出し抜かれたあげくに手に入れたガンだったからである。毎朝ぼくらは、ガンのやかましい編隊がメキシコ湾から内陸部へと向かい、間もなく飽食しておとなしく戻っていくのを眺めた。ガンたちは、緑色の潟《グリーン・ラグーン》にどんな珍味を求めてやってきているのだろうか。降り立つ場所とご馳走の食卓をぜひのぞきたいものだと思って、ぼくらは幾度もガンの進む方向へ向かってキャンプの移動を続けた。ある朝八時頃、編隊が輪を描き、列を乱したかと思うと、カエデの葉が散るように横滑りしながら地面に降り立つのを目撃した。次から次へと群れが続く。とうとうぼくらは、ガンたちの会合場所を見つけたのである。

翌朝、同時刻に、ぼくらはごくふつうの湿地の脇に腹ばいになって待機した。あたりの砂州には、昨日のガンの足跡が一面についていた。ぼくらは、キャンプ地から長いこと歩いてきた後だけに、もう腹ぺこだった。弟は、冷えたウズラの焙り肉を食べようとした。口元まで半分持っていきかけたとき、空から鳴き声が聞こえたので、二人ともそのまま凍りついたように動きをとめた。ウズラの肉が宙にとまっているあいだに、ガンの群れはのんびりと輪を描き、何やら打ち合わせをして、ぐずぐずしたあげく、とうとう降りてきた。ウズラの肉は砂の上に放り出され、二人の銃の音が響きわたると、食べるのに充分な数のガンが砂州の上に倒れてもがいていた。

さらに次々と群れが来ては降り立った。犬は身を伏せたまま小刻みに身を震わせている。ぼくらは、のんびりとウズラの焙り肉を食べながら、隠れ場所からのぞき見をし、鳥たちの世間話に耳を傾けた。このガンたちは砂利を丸飲みにしている。ひとつの群れがあたり一面に降り立って、やがて去っていくと、また別の群れがやってきては、お目当ての小石を熱心にあさるのである。この緑色の潟《グリーン・ラグーン》にある無数の砂利のうち、この砂州の砂利だけが最適のしろものなのである。その違いが、ハクガンにとっては、四十マイルの距離を飛んでくるだけの価値があるのだ。これが分かっただけでも、ぼくらとしては、はるばる歩いてきた値打ちがあったわけである。

この三角州では、小さな獲物ならたいていあり余るほどあって、捕りきれないほどである。キャンプした場所ではどこでも、ぼくらは数分の猟で翌日の分までのウズラを手に入れることができた。これを上手に料理するには、メスキートの木のなかに住んでいた奴をすぐにメスキート炭の上で焙らず、少なくともひと晩は、横木の上に並べて冷たい夜気にさらしておくことが必要だ。

獲物はどれも、信じられないほど肥えていた。どのシカもたっぷり脂がのっていて、背骨ぞいのくぼみには、やらせてもらえるなら小さなバケツ一杯の水を汲み入れることができるくらいだった。もっとも、やらせてはくれなかったが。

こうしたあらゆる豊穣《ほうじょう》の源をさぐるには遠くへ行くまでもない。メスキートの木にも、トルニーロの木にも、一本一本にふさふさと実の入ったさやがついている。干潟には一年草の草が生え、その草からは穀物に似た種がカップですくえるほど採れる。キクニガナに似た、さや豆つきの植物の大きな塊もあちこちにあった。だから、このあたりを縫って歩けば、いつでもポケットにあふれるほどさや豆が採れる。

一カ所、野生のメロン、つまりカラバシラスが、数エーカーの干潟を覆いつくしている場所があったのを覚えている。その凍った実をシカやアライグマが割って食べたらしく、中の種がむきだしになっていた。このご馳走の上では、熟したバナナに群がるミバエのように、ハトやウズラがばたばたと飛びまわっていた。

ぼくらは、ウズラやシカの食べるものはちょっといただきかねたが、この豊かな糧《かて》に満ちた原生自然のもたらす文句なしの喜びは分かち合った。同じようなお祭り気分にも浸った。共有の豊かな糧とお互いの繁栄とを共に喜び合ったのだ。ぼくは、人が住みついた地方では、その土地の持つ雰囲気に敏感に共鳴した、あのときの気分を味わうことができない。

この三角州でキャンプを維持していくことは、とても物見遊山《ものみゆさん》の気分ではできない。問題は水だ。ここの潟は塩水質だし、川の水も泥っぽくて飲めたものではない。そこでぼくらは、キャンプを張るたびに新たに井戸を掘った。だが、たいていの場合、メキシコ湾の塩水しか出てこない。そこで、苦心をして、どこをどう掘ればおいしい水が出るかを学んでいったのである。新しく掘った井戸の水が危ないと思った場合は、犬の後足を折ってかがませてやった。このとき犬が自分から進んで水を飲めば、それを合図にカヌーを陸に引き揚げ、火を焚き、テントを張った。あとはすっかり安心して座り込み、肉焼き鍋でじゅうじゅう音をたててウズラの肉を焙り、サン・ペドロ・マルティル山脈の背後にあかあかと沈んでゆく太陽を賞《め》でたのである。その後、皿洗いをすませると、ぼくらはその日の出来事を語り合い、夜の物音に耳をすませたものだった。

ぼくらは翌日の計画はいっさい立てなかった。大自然の地では、毎日、朝食もすまないうちに必ず、何か新しい、ついやりたくなる娯楽の対象が見つかるものだということを、経験から知っていたからである。川と同じで、ぼくらは気の向くままに動きまわったのだ。この三角州で計画どおりに旅をするのは容易なことではない。先まで広く見通しをつけようとハヒロハコヤナギの木の上に登るたびに、ぼくらはこのことを思い知らされた。あまりに広々とした視界が開けて、もっと細かく見てまわろうなどという気持がくじけてしまうのである。北西の方向のシェラ山脈の麓に、白い筋がひとつ、永遠の蜃気楼《しんきろう》さながらに光っているのを見ると、なおさらであった。これは広大な塩の砂漠で、ここで一八二九年、アレキサンダー・パティが、咽喉《のど》の渇きと、疲労と、蚊のために命を落とした。パティにはひとつの計画があった——この三角州を横断してカリフォルニアへ行くつもりだったのである。

あるとき、ぼくらは、ある緑色の潟《グリーン・ラグーン》からもっと緑色の濃い潟へと、陸伝いにカヌーをかついで移動する計画を立てた。上空に水鳥が舞っているようすからぼくらは、その潟があるのを知ったのである。場所は三百ヤード（二百七十メートル強）先だが、カチニーラという長い槍のような植物が信じられないほどびっしりと生えているジャングルのなかを抜けていかなくてはならない。しかも、その槍ぶすまが洪水のおかげでなぎ倒され、マケドニア軍の密集陣形さながらに、複雑にからんで行手を阻んでいた。そこで結局は、慎重を期して退却することになった。どうせこっちの潟のほうがきれいなんだぞ、とわが心に言い聞かせて。

密集したカチニーラの迷路に踏み込むのは実に危険だが、このことは誰も教えてくれなかった。そのくせ、危ないから充分気をつけろと注意されていたことのほうは、結局起こらなかったのである。でもそのことが頭にあって、州境にカヌーをこぎ入れたときには、ひょっこり命を落とす羽目になるのではないかという恐ろしい予感をおぼえたものだ。注意されたことというのは、ここではもっとはるかに頑丈な船でも、潮津波《ボア》にやられて転覆しているという話である。ボアとは、一定の時季にメキシコ湾から上げ潮に乗って怒濤《どとう》のごとく川を逆流してくる水の壁のことだ。ぼくらはこのボアについてあらかじめ語り合い、うまく避けるための綿密な方策を練った。波頭にイルカを乗せ、上空で騒ぎたてるカモメを従えたボアを、夢のなかにまで見たほどだった。そして河口に到着すると、カヌーを木に吊るし、二日間待機した。が、ボアはぼくらを裏切った。結局、やってこなかったのである。

この三角州には、名前のついた場所がどこにもないので、ぼくらは行く先々で名前をつけなくてはならなかった。潟のひとつに、ぼくらはリリトという名をつけた。そして、そこだったのだ、空に真珠が見えたのは。そのときぼくらは、仰向けに寝ころがって、十一月の陽光をいっぱいに浴びながら、上空でノスリが上昇気流に乗って滑翔《ソアリング》しているのをぼんやりと眺めていた。その遥か向こうの空に、突然目に映ったものがあった。白い点々が珠数のようにつながって輪となり、しかも回転しながら、交互に見えたり見えなくなったりしている。かすかに聞こえた鳴き声から、実はツルだと分かった。三角州を調べ、いい場所を見つけたと思っているのだろう。当時、ぼくの鳥類学は自己流の知識だったため、あれほど白いのだからきっとアメリカシロヅルだと思って喜んだものだ。実はやはり、カナダヅルだったのだが、そんなことはどうでもよい。大切なのは、鳥のなかでも一番の野生の種《しゅ》と共に大自然を分かち合えたということである。ぼくらも、あの鳥たちも、時間と空間の遥かなる要塞のなかに、共通のふるさとを見つけていた。ぼくらは共に洪積世の時代に還ったのである。ぼくらも、できることなら、ツルの鳴き声で挨拶を返したかった。長い歳月を経た今もなお、あのツルたちの輪を描いて飛ぶ姿が目に浮かぶ。

＊

以上はすべて、はるか昔の思い出である。あの緑色の潟《グリーン・ラグーン》では、今ではロックメロンが栽培されているという話だ。もしそのとおりなら、風味に事欠くことはあるまい。人間は常に愛するものを滅ぼす。そしてわが開拓者たちは、自分たちの大自然を滅ぼしてしまった。そうするしかなかったのだ、と言う人もいる。たとえそうでも、ぼくは、若々しい未開の地に足を踏み入れれば必ずいつも若々しい気持になれるのがうれしい。地図の空白部というものがなかったら、フランクリン・ルーズヴェルトの言う人類の四つの基本的自由はおろか、四十の自由があろうとも、それが何の役に立つというのか。

ガヴィランの歌

川の歌といえば、水が岩を噛《か》み、木の根を洗い、早瀬となって奏でる調べのことを指すのがふつうである。

リオ・ガヴィランは、そういう歌を奏でている。踊るさざ波や、アメリカスズカケノキ、オーク、マツの苔むす根方に身をひそめている肥えたニジマスを彷彿とさせる、快い音楽である。これはまた、人間に好都合な音でもある。水のざわめきが狭い谷間《たにあい》いっぱいに響きわたり、高みから水を飲みに降りてくるシカやシチメンチョウの耳に、人間や馬の足音がまったく聞こえなくなるからだ。動物諸君、次の曲がり角を曲がるときはくれぐれもご用心のほどを。ズドンとお見舞いされかねないからである。もっともその場合は、高い台《メー》地《サ》の心臓破りの坂を登る手間が省けるというものだが。

水の調べは誰の耳にも聞こえる。だが、この丘陵にはほかにも、誰の耳にもと言うわけにはいかない音楽が流れている。この調べをほんの数小節聞けるようになるにも、まずここで長期間暮らし、丘陵や川のおしゃべりを理解できるようになることが必要だ。そのうえで、静かな夜半、キャンプの火が細くなり、すばる星が巌頭の上空高く上る頃、じっと腰を降ろしてオオカミの咆哮《ほうこう》に耳を傾け、これまで見てきたこと、理解を心がけてきたことをひとつひとつ真剣に心に思い描いてみる。すると、この音楽が聞こえてくるだろう――幾千もの丘陵に刻まれた楽譜、草木や動物の生ける者と死せる者が奏でる調べ、秒という時間と世紀という時間とを結ぶ音律――以上が渾然《こんぜん》一体となった大ハーモニーが。

生ある川はいずれも、それぞれ独自の歌を歌っている。だが、ほとんどの場合この歌は、周囲の自然の誤った利用という不協和音のおかげで久しく台無しにされている。まず放牧過剰によって植物が、さらに土壌が駄目になった。次に、銃、罠、毒物によって、以前に増して多数の鳥や哺乳動物が死滅した。これに輪をかけるように、公園や森林には道路が通じ、観光客が押し寄せてきた。公園は、この大自然の音楽が多くの人に聞けるようにとつくられたものなのに、大勢の者がやってきた頃にはほとんど騒音しか聞こえない場所となり果てている。

かつては、川の奏でるハーモニーを乱さずに共存できる人々がいた。ガヴィラン沿岸にそのような人々が数千人は住んでいたに違いない。いたるところに、彼らの建造物が残っているからである。峡谷に流れ込む小谷を溯行《そこう》してみると必ず、ひとつの棚の高水位面が次々とその上の棚の底の高さと一致している小さな岩棚、つまり止水堰《しすいせき》に出くわす。それぞれの堰の背後には、かつては畑か菜園だったとおぼしき小さな空地があり、隣合わせの急斜面から流れ落ちる雨水をためて地下灌漑《かんがい》をした跡が残っている。尾根の背には、物見やぐらを建てた石の土台が見つかる。ここでおそらく、丘の斜面で暮らす農民が、水玉模

様のように点在する自分の小さな地所を見張っていたのだろう。家事用の水は川から汲んできたのに違いない。家畜をまったく飼っていなかったことは一目瞭然だ。いったいどんな作物を栽培していたのだろうか。どのくらい昔のことなのだろうか。この問いに答える唯一の断片的な手がかりは、このささやかな畑地跡に今も根を張っている、樹齢三百年に及ぶマツ、オーク、ビャクシンの木々である。このなかの最古の木の年代よりもずっと以前のことであるのは明白だ。

シカはここの小さな岩棚で横になるのが大好きだ。ここならごつごつした岩はなくて、平らな寝床となるし、オークの葉が天蓋となり、灌木がカーテンとなってくれる。堰をひと跳びすれば侵入者の視界から消え去ることもできる。

ある日、ぼくは吹き荒れる風の音にまぎれて、堰をねぐらにしている牡ジカの上方にこっそりと近づいた。牡ジカは、大昔の石組みのあいだにしっかり根を張ったオークの大木の陰に横になっていた。シカの角と耳とが、緑色をしたロゼット状のメスカルサボテンの生えるゴールデン・グラマの草原を背景に、シルエットとなって浮き上がっていた。全体の光景が、配置のよろしきを得たセンターピースさながらに、均衡を保った構図を形づくっていた。ぼくの射た矢は、シカを通り越し、昔のインディアンが積み上げた岩を削った。牡ジカは純白の尾を、あばよとばかりに振って、軽々と身を躍らせて山を下っていってしまった。そのときぼくは、シカと自分がお伽噺《とぎばなし》のなかの役を演じているような気がした。次々と土けむりが上がり、石器時代さながらの風景が続き、そしていつに変わらぬ追っかけっこだ！　仕留めそこなったが、これでよかったのだ。というのは、今ぼくが庭にしている場所のオークが大樹となる頃にも、その落葉をねぐらにする牡ジカがいて、忍び寄るハンターたちがいて、仕留めそこねたあげくに、この庭の塀をつくったのは誰だろうと思いめぐらしてほしいと思うからだ。

いつの日か、ぼくの牡ジカは、あのつややかな胸に三〇口径の銃弾をくらうだろう。不《ぶ》細工《さいく》な仔牛がオークの下のねぐらを占領し、ゴールデン・グラマを食べ尽して、残るは雑草ばかりにしてしまうだろう。やがては鉄砲水がこの古い堰を吹っ飛ばし、下の川沿いの観光道路に岩屑を積み上げる。きのうぼくがオオカミの足跡を見つけたあの古い道には、トラックが列をなし、土ぼこりをあげて走り抜けていくだろう。

表面だけを見ると、ガヴィラン流域は、開拓しにくい、石ころだらけの土地のように思える。急斜面や崖がたくさんあるし、樹木は節くれだらけで、とても柱や板に製材できそうもなく、土地は傾斜がきつくて牧場には不向きに見えるのだ。だが、あの堰をつくった昔の人々は、そんな見かけにはだまされなかったのである。ここが日々の糧《かて》に満ちた場所であることを、経験から知っていた。この節くれだったオークやビャクシンには毎年木の実がなり、野生の動物たちの食糧となっている。シカ、シチメンチョウ、ペッカリーたちが、トウモロコシ畑の仔牛と同じように、日がな一日、木の実を心ゆくまで食べて、たっぷりと肉をつけている。黄金色の穂をなびかせる草原を掘れば、球根、塊茎、野生のジャガイモなどがたっぷり採れて、さながら地下菜園といった趣だ。肥えた小さなシロタマウズラの嗉嚢《そのう》を開いてみると、不毛としか思えない岩地から鳥がつつき出した地下の食料の標本が見つかる。こうした食料こそ、植物が、動物相と呼ばれる巨大な組織にくまなく供給している原動力である。

どの地方にも、その土地の豊かさを象徴する料理がある。ガヴィラン流域丘陵地帯を代表する料理といえば、こんな具合だ——まず、木の実をたっぷり食べて肥えた牡ジカを一頭仕留める。この時季は十一月より早くてはいけないし、一月より遅くてもいけない。これをライヴ・オークの木に七日七晩吊るして霜と陽光にさらす。それから、鞍下肉の下の脂身の層から半分凍った「ひも」を切り取り、真横の向きにナイフを入れて切身にする。ひと切れずつ、塩、コショウ、粉を擦り込んでから、たっぷりクマの脂をひいて煙の立つくらい熱くした肉焼鍋の上に切身を並べ、改めてライヴ・オークの薪の上に乗せる。肉の色がほんの少し茶色になったらすぐに取り出す。鍋の脂に少し粉を加え、氷のように冷たい水と、続いて牛乳を注ぐ。次いでパン種ビスケットを入れて湯気が立ってきたら、その上に先ほどの切身を乗せ、共に肉汁に浸す。

この取り合わせは象徴的である。牡ジカが自分の山に横になっているようだ。黄金色の肉汁は、シカの生涯の最後まで注ぎ続けた太陽の光に見立てられる。

食料は、「ガヴィランの歌」に絶えず出てくるモチーフである。むろん、ここで言う食料とは、人間の食料のことばかりではない。オークの養分もそうだし、そのオークを牡ジカが食べ、牡ジカをピューマが餌食《えじき》とし、ピューマはオークの下で死に、自分の大本《おおもと》の食料である木の実のなかへ還るという、それぞれの食物すべてを指す。なお、これはオークにはじまり、オークに還る食物連鎖の一例でしかない。オークはこのほか、この川の名の由来となったオオタカの餌食にされるカケス、肉汁の脂をとったクマ、嗉嚢のなかの標本により植物学の知識を教えてくれたウズラ、毎日人間の目をくらまして逃げているシチメンチョウなどの食料ともなっているからだ。そして、このいずれもの共通目的は、ガヴィランの源流の雫《しずく》がシエラ・マドレの巨大な山体から土壌の一粒を新たに削りとり、新たなオークを育てる作業を手助けすることである。

巨大なオーケストラの楽器になぞらえることのできる植物、動物、土壌の各構造を調べる仕事をまかされている人々がいる。その人たちは「教授」と呼ばれている。各自がひとつの楽器を選び、ばらばらに分解して、弦は弦、共鳴板は共鳴板に分けて個別にその構造を記述することに生涯を捧げる。分解の過程を「研究」と称する。分解をする場所は「大学」と呼ばれている。

教授が自分の楽器の弦を弾くことはあっても、他人の楽器の弦に触れることはないし、その音色に耳を傾けても、仲間や学生に教えたりは決してしない。楽器の構造を調べるのは科学の領域だが、ハーモニーの感得は詩人の領域だとする厳しいタブーにより、こうしたことはすべて慎まれているからである。

教授たちは科学に奉仕し、科学は進歩に奉仕する。科学の進歩に対する奉仕ぶりは実に見事で、遅れた土地にこぞって進歩を広げることに急なあまり、比較的複雑な楽器の多くはないがしろにされ、壊されてしまった。こうして、幾つもの川の歌の歌詞から、ひとつずつ細部が消えていった。教授は、壊される前にそれぞれの楽器を分類することができれば、それで充分に満足なのである。

科学は世の中に、物質的恩恵と共に精神面でも寄与している。その精神的寄与で大きいのは、客観性、つまり科学的な物の見方を育んだ点だ。これは事実以外はすべて疑うということ、事実への道を切り開き、枝葉は落ちるにまかせるということだ。科学が切り開いた事実に、たとえば次のような論理がある。どの川の沿岸にももっと多数の人々を必要とし、人々はさらに多くの発明を期待している。だから、もっと科学の進歩が必要という論理だ。快適な生活は、こういう論理の鎖を際限なくつなげていくことにかかっている、というのである。だが、それと同じく、川と過ごす快適な生活とは、川の音楽を聞く耳と心を持ち、そのために川の音楽を保存する努力にかかっているとも言えると思うのだが、これは科学の領域ではまだ受け入れられていない疑問である。

科学の手はまだガヴィラン流域には及んでいない。おかげでカワウソは、よどみや早瀬で鬼ごっこを楽しみ、苔むした岸辺の下から肥えたニジマスを追い出して遊んでいる。いつの日か、その岸を洪水が太平洋にまで洗い流すとか、ある日釣り人がやってきて、そのマスは俺のものだと言いがかりをつけたりするなどとは、夢にも考えていない。科学者同様に、カワウソは自分の生活態度にいささかの疑問も持ち合わせない。ガヴィランは自分のために永久に歌い続けてくれるものと思い込んでいるのだ。

オレゴンとユタ

チートの進出

泥棒どうしでも誇りというものがあるのと同じで、植物や動物の有害生物のあいだにも連帯と協力とがある。ある有害生物が天然の障壁に妨げられると、別の有害生物が現われて新たな手段でその壁を突破する。とどのつまりは、どの地域も、どの資源も、生態学上の招かれざる客の割り当てを受ける破目となる。

そんなわけで、イエスズメは、馬の数の減少につれて無害になったが、それに代わってトラクターの進む先々で数を増やしたホシムクドリが後継者に躍り出た。クリの木の胴枯《どうがれ》病《びょう》は、クリの木の西方限界より先には行けないが、その代わりに、ニレの木の西方限界が延びるにつれてオランダニレ病が進出している。ストローブマツのコブ病は、樹木のない平原のために西への進出を阻まれたものの、裏口へまわって新たな突破口を開き、アイダホ側からロッキー山脈を越え、今では意気揚々とカリフォルニアへ進軍を続けている。

生態学的な意味の密航者は、最も初期の移住者たちと共にやってきた。スウェーデンの植物学者ペーテル・カルムによれば、ヨーロッパ原産の雑草のほとんどは、一七五〇年には早くも、ニュージャージー及びニューヨークに定着しているとのことである。その広がり方の早さは、移住者の開墾の速度と同じで、開墾地がそのまま雑草の恰好の苗床となったと言っていい。

その後も次々と西部からほかの雑草が進出してきて、放牧された家畜の蹄《ひづめ》で踏み固められた何千平方マイルにも及ぶ土地が、雑草にはおあつらえ向きの苗床となった。こうなると、広がり方が早すぎて、記録が追いつかないほどだった。よく晴れた春の日、目を覚ましてみたら牧場いっぱいに新種の雑草が生え広がっていた、といった有様だったのである。なかでも顕著な例がダウニーチェス、通称チート（学名はBromus tectorum）の山間部及び北西山麓地帯への進出であった。

種々雑多な雑草に新種がひとつ加わっただけではないかと、いやに楽観視する向きがないように言っておきたいのだが、チートは活性土壌をつくってくれるような類の草ではない。この草はオオスズメノテッポウやメヒシバと同じ類の一年草で、毎年秋には枯れ、その秋か翌年の春に種をまき散らす。ヨーロッパでは、草ぶき屋根の腐りかけた藁《わら》がこの草の生育環境となっている。ラテン語で屋根のことをtectum《テクタム》と言い、brome《ブローム》はチートと同属のスズメノチャヒキのことなので、Bromus tectorumという学名は「屋根の上のスズメノチャヒキ」という意味だ。家の屋根で生育できる植物なら、地味豊かで乾燥した、このアメリカ大陸の屋根と言える土地でも繁茂できるというわけだ。

現在、北西山岳地帯の側面に連なる丘陵地が蜂蜜色をしているのは、かつてこのあたりを覆っていた、養分に富み有益なバンチグラスやヒメカモジグサの色ではなく、こうした土着の草に代わって進出してきた、質の劣るチートの色である。通りすがりのドライバーたちは、なだらかな起伏を眺めながら、そのまま視線を遥かな連峰に向けて讃嘆の声をあげるものの、この植物交代には気づかない。ましてや、この丘陵地帯が荒れた肌を、生態学的な意味の白粉《おしろい》でとりつくろっているのだとは思いも及ばない。

この植物交代は、放牧過剰が原因である。おびただしい家畜の群れが草を食《は》み、踏みつけたおかげで、丘陵地帯の表皮がはげてしまい、赤むけした大地を何かが覆ってやる必要が生じた。チートがその役目を果たしたのである。

チートはびっしりと密生し、しかも茎のひとつひとつに刺《とげ》つきののぎの塊がついているので、熟したチートは家畜でも食べにくい。熟したチートを何とか食べようとする牛の苦行がどれほどのものかは、試しに短靴をはいてこの草の茂みを歩いてみれば分かる。チートの生える地域で野外で仕事をする人たちはみな、深い革のブーツをはいている。ここではナイロン製の靴は、板敷き道かコンクリート製の歩道でしか通用しない。

この刺つきののぎは、さながら黄色い絨毯《じゅうたん》のように、秋の丘陵をすっぽりと覆ってしまう。しかも、綿毛のように燃えやすい。それだけに、チートの生える地帯で火事を完全に防ぐのは無理である。その結果、せっかく生え残っていたヨモギ類や、ビタブラッシュのような優れた植物の芽まで次々と燃えてゆき、比較的高い場所のものしか残らなくなってしまう。ところが、こうした高い場所のものは冬の牧草としてはあまり役に立たない。マツの下枝なども、シカや馬たちが冬に身を寄せる場所として必要だが、これも同様に火事で焼け、高い場所にしか見られなくなってしまった。

夏に訪れる観光客の目には、山麓の灌木の茂みが少々火事で焼失していたところで、たいした損失には見えないかもしれない。だがそれは、冬には雪のおかげで家畜も猟の獲物たちも共に山の高所から締め出されるという事実に思いいたらないからである。家畜は谷間の牧場で食物にありつけるが、オオシカをはじめシカ類は、山麓で自力で餌を見つけるか、飢え死にするしかない。もともと動物が冬に生息できる地域は狭いし、北へ行けば行くほど、冬の生息可能地と夏の生息地との格差が大きい。それだけに今、丘陵地に散在するこうしたビタブラッシュ、ヨモギ類、オークの群生地が、チート火事の猛攻にあって急激に減少しはじめているという事実は、その地域全体の野生動物が生き残れるかどうかの鍵を握っている。また、こうした群生地のなかで自然に守られて、土着の多年草が生き残っていることがよくある。それが、この群生地で火事が起こると、保護となる木がみな焼けてしまい、多年草だけ翌年生えてきても、みな家畜に食べられてしまう。冬の放牧地に関する負担の軽減のためにどちらが先に行動を起こすべきか、などと狩猟家と牧畜農家とが論争しているあいだに、論争の対象となる冬の放牧地自体がチートのおかげでどんどん減っているのが現状である。

チートが原因で起こる細かな癪《しゃく》の種はたくさんあるが、そのほとんどは、シカの飢えや牛の口のなかをちくちく刺す問題に比べれば、たいして重要ではない。しかし、それでも幾つかについてはぜひ言い足しておく必要がある。チートは、古くからのムラサキウマゴヤシの生育地に侵入し、干し草の質を下げてしまう。またチートは、孵《かえ》ったばかりのカモの雛《ひな》が高台の巣から低地の水際へ命がけの移動をするときに、行手を遮断する。さらにチートは、木材切り出し地の低地周辺に侵入し、マツの若木を窒息させ、しかも火事を起こしやすいので、生長したマツまで脅やかしている。

いつだったかぼくは、カリフォルニアの北側の州境の「通関手続所」に着いた折、車と荷物を検疫官に調べられるという、ちょっといらいらする思いを経験した。担当官の丁重な説明によると、カリフォルニアでは旅行者は大歓迎だが、動植物に対して有害な植物が荷物にまぎれ込んでいないかを確認する必要があるのだという。有害植物とはどんなものですか、とぼくはたずねてみた。担当官は、菜園や果樹園に被害を及ぼす恐れのある植物の名前を長々とあげてみせたが、チートの名は言わずじまいだった。その黄色い絨毯が、担当官の足元から遥かな丘陵にいたるまで四方八方に広がっているというのに。

コイ、ホシムクドリ、オカヒジキの進出のときもそうだったが、チートの害を受けた地域では、これを当然のなりゆきとしてとらえ、この侵入者にも役に立つところがあると言い出した。曰く、新たに芽を出したチートは、芽のうちだけは立派な飼料になる。昼食に食べた骨付き肉だって、うららかな春の日のチートで育った仔羊のものです、と言わんばかりである。曰く、チートは、チートの侵入を招いた放牧過剰の後に生ずる土壌侵蝕を軽減する（生態学上のこんな楽観的循環論をされても、長々と考え込むしかない）。

西部は、チートを必要悪として受け入れたのだろうか。いつまでも共存していくつもりなのか、それとも過去の土地利用の過ちを糺《ただ》すために、チートを挑戦相手にするつもりがあるのだろうか。この疑問の手がかりがほしくて、ぼくは各方面の意見に注意深く耳を傾けてみた。だが、ほぼどちらを向いても、絶望的な態度にしか出くわさなかった。今までのところ、野生の動物の管理に誇りを持つ感覚、情けない風景の放置を恥とする感覚はついぞ見当たらない。議会や編集室の大向こうをうならせる自然保護対策案ならば、あえて風車に立ち向かう姿勢を見せるくせに、未耕地の問題では槍を持ちさえしないのだ。

マニトバ

クランデボーイ

教育とは、どうやら、ひとつのことに目を向けたらほかのことには目をつぶることを学ぶものらしい。

おおかたの人が目をつぶって見ないものに、湿地帯の個々の特質がある。それで思い出したが、いつぞや、あるお客を特別の好意のつもりでクランデボーイへ案内したのに、よその湿地帯よりも見た目に寂しいし、足元がぬかって歩きにくいとしか思ってもらえなかったことがある。

不思議なことに、ペリカン、ハヤブサ、ソリハシシギ、アメリカカイツブリたちはみな、クランデボーイがよその湿地帯とはひと味違うことを知っている。なぜ、この鳥たちは、よその湿地帯をさしおいて、ここへ来たがるのだろうか。ぼくがこの区域に入ってゆくと、単なる通りすがりの者というよりも、まるで不倶戴天《ふぐたいてん》の敵に出遭ったように憤慨したようすを見せるのはなぜだろうか。

この謎を、ぼくは次のように解釈する。つまり、クランデボーイは、空間的な意味ばかりか、時間的な意味のうえでも、よそとはかけ離れた湿地帯なのである。フランクリン・ルーズヴェルト大統領が万物の四大自由（言論・表現の自由、信仰の自由、欠乏からの自由、恐怖からの自由）を宣言した一九四一年という年が、いずれの湿地帯にも同時に訪れたと思っているのは、おしきせの歴史をうのみにしている連中だけにすぎない。この鳥たちのほうがよく知っているのだ。南に向かうペリカンの群れは、クランデボーイの上空で、草原特有の上昇気流に触れただけで、ここは地質のうえでは過去に属する着陸地であり、最も容赦なき圧迫者、すなわち未来という時間からの避難所であることを、即座に感じとる。そして古めかしい奇声を発しながら羽ばたきをとめ、翼を広げて、過ぎ去りし時代の気ままな荒地へと、堂々たる螺旋を宙に描きながら舞い降りてくるのだ。

ほかの避難者たちはすでに来ていて、時間の進行のあいまの中休みを、それぞれの流儀で楽しんでいる。メリケンアジサシが、楽しげな子供たちの一団のように、干潟の上で歓声をあげている。後退する氷河から初めて解け出した冷たい水に、餌の小魚が鰭《ひれ》を震わせているのを見て騒いでいるのだろうか。ずらりと一列に並んだツルたちは、信用がおけないとか怖いとかと思えば、相手構わず手をあげて反抗の構えを示す。ハクチョウの小編隊が、威風堂々たる姿で静々と入江を進むさまは、ハクチョウに似つかわしいものがいかにはかなく消えていくかを悼んでいるかのようだ。この湿地帯は大きな湖へと注いでいるが、その注ぎ口に近い場所の、嵐で枯れたハヒロハコヤナギの梢《こずえ》からは、ハヤブサが遊び半分に、上空を通りかかる鳥を襲っている。ハヤブサはカモの肉で腹いっぱいなのに、コガモを脅して悲鳴をあげさせては楽しんでいる。これもまた、この草原をアガシー湖が水で覆っていた時代には、ハヤブサの食後のスポーツだったのである。

こうした野生動物の行動様式を分類するのはやさしい。いずれも隠しだてをせずに思いどおりの行動をしているからだ。ところが、クランデボーイを避難所にする鳥のうちで、ぼくがどうしても心を読めない鳥がいる。向こうが人間の侵入者とちっとも心を通わせようとしないからである。ほかの鳥たちなら、つなぎの服を着た闖入者《ちんにゆうしや》をじきに信頼してくれるのに、あのアメリカカイツブリときたら、全然だ！　水際のアシの茂みに注意深く忍び寄ってみるのだが、すぐに入江の水中に音もなくもぐり込んで、銀色の水しぶきしか見せてくれない。しばらくして遠くの岸辺のアシのカーテンの陰から、小さな鈴を鳴らすような声で、あたりの仲間たちに警戒の合図を送っている。いったい、何を警戒しているのだろう。

これはぼくにもさっぱり見当がつかなかった。この鳥と人類とのあいだには、何か越えがたい障害があるようだ。ぼくのところに来たお客のうちで、このアメリカカイツブリが鳥名リストにちゃんと名前が載っているのを知らず、その鳴き声を文字に置き換えて「クリック・クリック」とか、そういった無意味な呼称でメモをしていた人がいた。この人は、ここには鳥の鳴き声以上の意味がふくまれていること、何か隠された意味があって、音声の模写で事足りるのではなく、正確な翻訳と解釈が必要な内容を備えていることに思いいたらなかったのだ。だが、かく言うぼくも、残念ながら、過去も現在も、この鳥の声を翻訳したり理解することにはお手上げという点では、その人と変わりがない。

春が深まるにつれて、この鈴を鳴らすような声はひっきりなしに聞こえるようになる。明け方といわず、夕暮れといわず、開けた水面のどこからでも聞こえてくる。察するところこれは、若鳥がいよいよ水中へ自分で泳ぎ出す時期を迎えたので、カイツブリの身の処し方について親たちから講義を受けているところではないかと思う。ところが、この授業風景を見るのは容易なことではない。

ある日のことぼくは、ジャコウネズミのねぐらの泥にまみれて、うつ伏せの姿勢で身をひそめていた。衣服は周囲の色を吸収し、ぼくの目は湿地帯の教えを吸収している、という案配であった。アメリカホシハジロの母親が、雛の一団を引き連れて泳ぎまわっている。雛たちはまだ嘴《くちばし》がピンク色で、からだは金緑色の産毛にふんわりと包まれている。コオニクイナが、ほとんど鼻先に触れんばかりにかすめて通り過ぎた。池の水面を、ペリカンの影が滑ってゆく。池ではキアシシギが、全身を輝かせ、声を震わせてさえずっている。ぼくが詩を書くには脳みそを絞りつくす必要があるが、キアシシギは脚をちょっと持ち上げて歩く、だけで、もっと素晴しい詩をつくっているのではないか——ふと、そんな気がした。

ミンクが一匹、背後の岸辺にするすると出てきて空に鼻を突き出し、何やらかぎとろうとしている。ヌマクイナが走っては止まり、また走っては止まりしてイグサの茂みに近づくと、そこから雛の鳴き騒ぐ声があがる。陽光を浴びて、ついうとうととしかけたとき、開けた水面からひょいと水鳥の頭が現われ、野性的な赤い目をぎらぎらと光らせた。あたりが静まりかえっているのを見すまして、銀色のからだを現わした。ガンほどの大きさの、魚雷のようにすらりとしたからだつきをしている。いつ、どこからと考える暇もないうちに、二羽目のカイツブリが現われた。広い背中に銀真珠色の雛を二羽、丸く立てた羽で巧みに包み込むようにして安座させている。息をのんで見守るうちに、親子全員が角を曲がりこんで行ってしまった。やがてアシのカーテンの陰から、はっきりと、ばかにしたような響きで、鈴の音に似たあの鳴き声が聞こえてきた。

歴史感覚というものは、科学と芸術とがもたらした最も貴重な贈り物に違いない。だが、カイツブリは科学も芸術も持ち合わせないのに、人間よりずっと歴史を知っているのではないかという気がする。原始そのままのぼんやりとしたカイツブリの頭脳は、ヘイスティングズの戦いで誰が勝利を収めたかはまったく知らなくとも、時間の戦いで誰が勝ったのかは知っているように思える。かりに人類という種《しゅ》が、カイツブリという種と同じように古いものであるにせよ、われわれ人間はカイツブリの鳴き声の意味をつかんでいたほうが

よいのではあるまいか。ほんの数世代の自意識に目覚めた人々がどれだけの伝統、誇り、軽蔑、知恵を人類にもたらしたかを考えてみてほしい！　それから、この鳥を駆り立ててきた連綿と続く誇りとは何なのかを考えてみるべきだろう。なにしろカイツブリは、人間の出現以前に無量の時間を生きてきているのだから。

それはともあれ、カイツブリの鳴き声には、何かしら独得の権威が備わっており、湿地帯の鳥たちの合唱を支配し統合する響きがある。おそらくは、何か太古の権威に基づき、すべての動物相に対して指揮をとっているのではなかろうか。だが、年々水面が低地に後退するのに合わせ、湖岸に打ち寄せる大波が次々と岩礁を湿地に変えていく音頭《おんど》をとっているのは誰だろうか。サゴヤシやイグサに、太陽の熱や光と空気とを吸収する仕事を続けさせ、冬でもジャコウネズミを飢えさせず、メダカが湿地帯を埋め尽して生気のないジャングルにしてしまうのを防いだりしているのは誰なのか。昼は、卵を抱いたカモに忍耐を諭し、夜は、ミンクに血なまぐさい襲撃をそそのかすのは誰なのか。さらにまた、シラサギには獲物を突くときの正確さを、ハヤブサには突進するときのスピードを教えるのは誰なのか。こうした生き物はみな、人間の耳に聞こえるような教示を受けることもなく、多種多様な行為を遂行しているのだから、動物たちは何も教わらず、その優れた能力は生まれつきのものであり、勤勉なのは自動的行為にすぎず、野生動物はあきることを知らないのだ、とわれわれ人間は勝手に思い込んでいる。が、あきることを知らないのは、おそらくカイツブリだけだ。そしてカイツブリが、生き残りたい者はみなたゆまず食べ、闘い、子供を育て、そして死んでいかなくてはならないと、動物たちに念を押しているのではあるまいか。

かつてはイリノイからアタバスカまでの草原一帯に広がっていた湿地帯は、今では北の方に向かって縮小してきている。人間は湿地帯だけに頼って生きるわけにはいかない。そこで、湿地帯のない生活を求めたのに違いない。農場と湿地帯、野生のものと飼いならされたものとが、お互いに寛容と調和をもって共存することを進歩は認めないのだ。

こうしてわれわれ人間は、浚渫《しゅんせつ》をして堤防を築き、排水土管を並べて漆喰《しっくい》で接ぎ合わせ、トウモロコシ畑の水分を吸い上げて、今では小麦畑としてしまった。青き湖は緑がかった沼沢地となり、緑がかった沼沢地は固い泥土と化し、固い泥土は小麦畑にと姿が変わる。

いつの日かぼくの沼地も、堤防で囲われ、水を抜かれ、小麦の下となって忘れ去られてゆくのだろう。ちょうど、きょうが、そしてきのうが、歳月の彼方に忘れ去られてゆくように。最後のカワマスが最後の淵のなかで、これが最期とばかりに身をくねらせる頃には、アジサシはもうクランデボーイに大声で別れの言葉を告げ、ハクチョウは純白の威厳ある姿で弧を描きながら大空へ飛び立ち、そしてツルは高々と告別のラッパを吹き鳴らしていることだろう。

Ⅲ　自然保護を考える

自然保護の美学

恋愛と戦争とを除けば、野外レクリエーションという名で知られている集団的気晴しほど、勝手気ままに行われ、参加する個人が種々雑多で、しかも私欲と利他主義という二律背反的要素が同居している活動は、めったにあるものではない。人々が自然に還るということは結構なことであって、異論をはさむ余地はない。しかし、そもそもその利点はどこにあり、それを奨励するには何をすべきなのだろうか。この疑問に対する意見はまとまりを欠いているし、とびきり無節操な連中にいたっては、疑問すら感じていない有様である。

レクリエーションのあり方が問題視されるようになったのは、セオドア・ルーズヴェルト大統領の時代であった。この頃にはもう鉄道が都会から田園を追い出し、代わりに都会の住民を大量に郊外へ連れ出しはじめていた。そして、都会からの脱出者が増えるにつれて、平和、閑寂、野生動物、景色の、一人当たりの割り当てが減っていき、目的地へ着くまでの距離はますます延びてゆくという事実が目立ちはじめてきた。

自動車が普及すると、それまではたいしたこともなく、しかも一部の地域に限定されていた悩みが、よい道路のある地域のすみずみにまで行きわたった。おかげで、一九四〇年代以前にはふんだんにあったものが、僻地でもわずかしか残らなくなったのである。だが、それでも、それを見つけ出さないことにはおさまらない。そこで、太陽からイオンが放射されるように、週末の行楽客が町という町から四方八方へとあふれ出し、行く先々で熱気と摩擦を生むにいたった。観光業者は宿と食事を餌にして、イオンたちをさらに多く、さらに速く、さらに遠くへとおびき寄せる。このところ混み合ってきた場所のほんの少し先にある、新しい避暑地、風景のみどころ、狩猟地、釣りのできる湖の穴場をあなたにだけ教えましょうという、岩と清流を描いた広告が、誰彼なしに訴えかける。関連当局は次々と奥地に道路を建設し、その道路に釣られてますます都会からあふれる人出をさばくために、さらに奥地の土地を買い足してゆく。機械工業が、生の自然と出会う衝撃を薄めてしまっているのだ。森林跋渉《ばっしょう》技術とは、今や機械や道路を使う技術の意味に変わった。自然の俗化を極め付きにしたのは、トレーラーの出現であった。旅行やゴルフでも味わえるようなことしか森や山に求めない人には、現状は案外結構なのかもしれない。しかし、それ以上のものを求める人には、レクリエーションとは、必死に求めても求めるものは決して見つからないという自家撞着の行為であり、機械化社会の生み出す欲求不満の最たるものになったのである。

自動車に乗った観光客が殺到するおかげで大自然がさらに奥へと後退させられていく現象は、今ではもう一部の地域だけのことではない。ハドソン湾、アラスカ、メキシコ、南アフリカにもすでに波及し、お次は南アメリカとシベリアの番である。かつてはモホーク川の岸沿いでインディアンの太鼓が鳴り響いたものだが、今では世界じゅうの川沿いで自動車のクラクションが鳴り響いている。ホモ・サピエンスは、もはや、自分のブドウやイチジクの木の下をぶらついている存在ではない。過ぎし時代を生き抜いた無数の生物たちの凝縮されたエネルギーをガソリンタンクにつめて、新たな牧草地を求めて右往左往している。そして、まるでアリのように大地に蝟集《いしゅう》しているのである。

これが、野外レクリエーションの最新の典型である。

では、レクリエーションを楽しむ人とはどんな人であり、何を求めているのだろうか。幾つかの例が頭に浮かぶ。

まず、カモの来る沼地に目を向けてみよう。非常線さながらに、周囲にはずらりと車がとまっている。アシの茂みには、それぞれここぞと場所を占めてかがみこんでいる人たちがいて、即戦態勢を整えている。いざとなれば、国の法律を破ろうが公共の福祉に反しようが、構わずカモを撃つ気で引金にかけた指をうずうずさせているのだ。すでに食事は満ち足りているのに、さらに神の目をかすめて自分専用の肉を得ようとする欲望は衰えを知らない有様である。

これとは別に、珍しいシダ類や新種のアメリカムシクイを見つけたくて郊外の森を歩きまわる人たちがいる。自分たちは自然から盗みも略奪もしないのだからという理由で、生物を殺す人たちを見下している。とはいえ、たぶん若い頃にはやはり殺生をしていたのだ。

郊外の行楽地ではこのほか、カバノキの幹に下手な詩を彫りつけて喜んでいる自然愛好者もいる。専門分野を持たないドライバーはいたるところにおり、この連中のレクリエーションは車の走行距離を増やすことである。ひと夏で全国の国立公園を走破し、今はメキシコ・シティを目指して南下中といった人々である。

最後に、プロと称する人々がいる。無数にある自然保護団体のどれかに属して奮闘している人々で、自然を愛する大衆が望んでいるものを提供したり、あるいは、自分たちがぜひとも提供したいと思うものを大衆が望むよう努力をしているのである。

こう書いてくると、こんな種々雑多な考えの人々を一律に論ずるのはどうしてか、という疑問が出るかもしれない。それは、こうした人々はそれぞれ流儀は違うが、探求者であるという点で共通しているからである。ではなぜ本人たちは自らを自然保護主義者と称しているのだろうか。それは、自然の景色や動物など、探求の対象としている自然の書物がなかなか見つからなくなってしまったからである。それで、今あるものを確保しておこうと、法律という呪文を用いて、予算の獲得、地域計画の策定、担当官庁の再編を狙い、そのほか大衆からの要望という形による後押しを望んでいるからだ。

レクリエーションは、ふつう経済的資源として話題にされる。議会の委員たちは、大衆がレクリエーションを求めていかに巨額のお金を使っているかを、しかつめらしく説明する。たしかに、レクリエーションに経済的側面があることは事実だ——湖岸の釣り宿一軒、あるいは沼地のカモ猟地をひとつつくるにしても、隣合わせの農地全体の維持費に匹敵する費用がかかりかねないからである。

レクリエーションにはまた、道徳的側面もある。まだ踏み荒らされてない場所に先を争って踏み込む向きには、各種の規制やら「十カ条の遵守事項《じゅんしゅ》」といったものが設けられ、歯止めがかけられる。「野外でのマナー」などという言葉も聞く。若い人たちには道義心が吹き込まれる。「野外レジャー愛好者心得」を書き並べた宣伝ポスターが印刷され、一ドルで売られて、賛同者の部屋の壁に張られたりもしている。

だが、ここではっきり言えるのは、経済的側面や道徳的側面から唱えられていることは、レクリエーション活動の結果であって、動機ではないということだ。われわれが自然と接したいと望むのは、自然から楽しみを得たいからである。話は違うが、オペラを上演する場合、催し物をつくり、維持していくにはそれなりの経済的な仕組みが必要だ。オペラにたずさわるプロたちは、催し物をつくり、維持していくことで生計を立てている。だからといって、その人たちがオペラに取り組んでいる根本的動機、ないしは存在理由《レーゾン・デートル》が経済的理由に根ざしていると言ったら誤りであろう。レクリエーション活動の場合でも、同じことが言える。待ち伏せ用のブラインドに身を潜めているカモ撃ちのハンターと、舞台上のオペラ歌手とでは、身支度は大違いだが、実は同じことをしている。どちらも、以前は日常生活に密着していたドラマを、今は遊びの形で追体験しているのである。せんじつめれば、どちらも美的行為と言える。

　野外レクリエーションに対する公共施策のあり方では意見が分かれている。対象となる資源の基盤を保護するには、何を対象に選び、どんな手を打つべきかについて、良心的な人々のあいだでも意見がまっ二つに割れているのだ。たとえば、自然保護協会は奥地から道路を締め出すべきだと言い、商工会議所は反対にもっと延長すべきだと主張して、どちらもレクリエーションの発展のためというお題目をかかげて譲らない。猟鳥養殖業者はタカを殺し、バードウォッチャーはそれの保護に努めているが、片方は銃による狩猟《ハンティング》のため、もう一方は双眼鏡による探鳥《ハンティング》のためにやっているのだと、それぞれに主張して譲らない。そして、お互いに、相手陣営に、短い意地悪な名前を勝手につけて呼ぶのが当たり前になっている。それどころか、同じくレクリエーションと言いながら、それぞれが中身は別のことを考えているのだ。そして、こうした中身は、陣営が違えばその特徴も性格も著しく異なっているのである。だから、何か政策が施行された場合、一方の目には正しく見えても、他方の目には誤りと映るということが起こりうる。

　そこで、グループごとに中身を切り離し、各個にその目立った特徴や性格をとりあげて吟味してみるのが適切のようだ。

それには、一番単純で、誰の目にもはっきり区別できるものからはじめるのがよい。つまり、主義主張といった抽象的なことではなく、野外レジャー愛好者が求め、見つけ、手に入れ、持ち帰る具体的な対象物によって分けるのである。たとえば鳥獣や魚といった自然からの獲物、さらには獲物の頭部、皮、写真、標本といった証拠品、つまり成就のしるしがこの部類に入る。

右に例をあげたものはすべて、成功の記念品であるという意味で共通している。こういう記念品を手に入れることはもちろんのこと、捜し求めることが楽しいのだとか、楽しいはずだという考え方が根底にある。そして、鳥の卵一個、ひと皿分のマス、籠いっぱいのキノコ、クマの写真、野草の押し花、山頂のケルンにさしこんだメモなど、対象は何であれ、こうした記念品は一種の証明書なのだ。その持ち主が間違いなくどこそこに行ったとか、しかじかのことを成し遂げたという証拠なのである。言葉を変えれば、それは持ち主が困難を克服し、人並優れた知恵を働かせ、何としてでも目標物を手中にするために、昔から必要とされている技術や忍耐力、眼識を磨き上げた証明である。そして、記念品に込められたこのような意味のほうが、その品の、物としての価値よりも、はるかに値打ちがあるとみるのがふつうである。

だが、このような記念品を大量の人間が追い求めるとなると話は違ってくる。鳥獣や魚の獲物の場合は、養殖や管理のおかげで総数が増え、一人が前よりもたくさん手に入れたり、あるいは、一人の割り当て量を同じにすれば、前よりも大勢の人に割り振ることが可能になった。ここ十年ばかりのあいだに、野生生物管理という新しい職業も突如として登場している。大学は軒並、そういう管理技術を教えたり、野生生物の収穫量を効率よく大幅に増やす研究を行うようになった。だが、これがあまり行き過ぎると、収穫量の増大が収益逓減の法則に結びついてしまう。それに鳥獣や魚の獲物を高度に集約した管理下におくと、人為的な要素が多くなるため、個々の記念品の価値の低下を招く。

たとえば、マスを孵化場で養殖し、魚が乱獲されている川へ新たに放流した場合を考えてみよう。この川ではもう、天然のマスは育たなくなっている。水が汚染されるか、乱伐や家畜の踏み荒しのおかげで水温が上がり、あるいは沈泥がたまっているからだ。この川のマスが、ロッキー山脈の自然の渓流で釣った完全に野生のマスと値打ちが同じだと言う人は誰もいまい。養殖マスでも釣るにはそれなりの技術がいることは確かだろうが、自慢の種にするにしては価値が低いことも確かだ（ある専門家によると、養殖マスは養殖用の餌ばかり食べているため肝臓が退化しており、早死にしやすいとのことだ）。それでも、釣り人が多すぎるため、今ではほぼ全面的に養殖マスに頼っている州が幾つもあるのが現状だ。

人工的管理の仕方にはあらゆる段階のものがあるが、大量に利用されるものほど、おし

なべて自然保護の技術が人工の極致という方向に押し進められがちであり、それに伴って成功の記念品の価値も全体として下落してゆく。

養殖マスは費用がかかるうえに多少無防備でもあるので、保護管理委員会としてはこのマスを安全に守ろうとするあまり、養殖場にやってくるシラサギやアジサシ、それに放流する川に住んでいるアイサもカワウソも、みな殺しにしなくては安心できないという気持に駆られてしまう。釣り人連中は、ある種《しゅ》の野生生物の保護のために別の種の野生生物が犠牲になっても屁とも思わないらしいが、鳥類学者としては歯ぎしりしたくなることである。魚の人工的管理は、釣り人には結構なことでも、別のもっと高度かもしれないレクリエーションを犠牲にしているのである。いわば、全員のものである資本金を取り崩して、一部の者にだけ配当を払っているようなものだ。自然保護に名を借りた同様の身勝手な理屈が、狩猟鳥獣の管理面でもまかり通っている。ヨーロッパでは、野生の猟鳥に関する調査統計が長期にわたって整備されており、猟鳥とそれを餌とする捕食鳥との「交換比率」まで分かっている。これに基づいて、ドイツのザクセンでは、許可されている猟鳥七羽に対してタカは一羽、小型の猟鳥三羽に対してそれぞれの補色鳥は一羽しか殺せないきまりとなっている。

植生の被害は、動物の人工的管理の結果起こるのがふつうである。たとえば、シカによる森林の食害がそうだ。ドイツ北部、ペンシルヴァニア州北東部、それにカイバブ地方などがその好例だが、このほかにもあまりまだ知られていない被害地域が何十カ所もある。いずれの場合も、天敵が人為的に駆除されたためにシカが増えすぎ、その食料となる植物が枯れたり再生産不能にいたったのが原因である。人工的に管理されたシカの食料となる脅威にさらされている植物は、ヨーロッパではブナ、カエデ、イチイ、北米東部では低木性のイチイ類とヌマヒノキ、西部ではマウンテンマホガニーとクリフローズをあげることができる。この被害の結果、野草から森林の樹木にいたるまで植物相の構成が次第に貧弱となり、それにつれて、シカが栄養不良のために小型化してしまっている。封建貴族の城内の壁面を飾ったような堂々たる牡ジカは、現在の森ではもうまったく見られなくなってしまった。

イギリスの原野では、ヤマウズラやキジが乱獲されたため、その餌となっていたウサギがわがもの顔で動きまわって木の芽を食い荒らし、その結果、樹木の再生産が阻害された。熱帯地方の数多くの島々では、食肉用及び狩猟用に導入されたヤギのせいで、野生の植物も動物も共にひどい被害を受けている。そのほか、天敵である捕食鳥が人間によって駆除されたおかげでのさばりだした哺乳類による被害、及びその哺乳類どうしの相互被害の大きさ、また、動物の餌にされる植物が裸にされた範囲の広さは、それこそ計り知れないほどであろう。生態系の管理の失敗のおかげで危機に瀕した農作物を救うには、ひっきりなしに被害を取りつくろうと同時に、有刺鉄線で自衛するしかない。

以上のことから、大量利用は、狩猟鳥獣や魚のような生き物を直接手に入れる形の成功記念品の価値を低め、さらには狩猟用以外の鳥獣、野生の植生、農作物といったほかの資源の被害をも誘発する原因になりやすいと言うことができる。

だが、写真撮影のような「間接的な」成功記念品の場合には、直接的な場合と同じ価値の低下や被害を招くことはまずない。おおまかに言って、ある風景を毎日十人ばかりの人がカメラで写したとしても、そのために風景そのものが損なわれることはないし、これが百人になったとしても、ほかの資源にまで被害が及ぶということはない。カメラ産業は、自然に寄生する産業のうちでは、珍しく害のないものに数えていい。

このように見てくると、同じ成功記念品といっても、直接的か間接的かという二種類のとらえ方のあいだには、大量利用による対象物への影響の及ぼし方に根本的な相違のあることが分かる。

ここで、レクリエーションのもうひとつの要素について考えてみよう。つまり、自然に閑寂の境地を求めるというもので、これは先の何らかの記念品を求める場合と比べていっそう微妙で複雑な意味合いを持つ要素である。この境地の享受が稀少価値として一部の人々から非常に高く評価されていることは、自然論争を通じて立証ずみだ。この考え方に基づき、自然保護議案の提出者たちは、国立公園や国有林を管理している道路建設局と、ある歩み寄りにこぎつけた。一部にまったく道路のない地域を設けるという点で正式に合意に達したのである。すでに開設されている自然区域のうち、十二カ所に一カ所の割合で正式に「原生自然区域」と銘打ち、その縁辺部までしか道路は建設しないことにする、というものだ。これは独創的なアイデアだと宣伝されているが、なるほど独創的もいいところである。間もなく、この区域内の踏跡道は大混雑となり、お化粧直しのためにCCC（民間植林治水隊）が出動し、あるいは火の不始末により思いがけない火事が起きて消防団を送り込む事態ともなれば、この区域をまっ二つに割る道路の必要が生じることは目に見えている。宣伝に誘われて大勢の人が押しかけてくれれば、案内人や人夫の料金が上がるかもしれず、これに対して、自然保護政策はどうも庶民的な施策ではないとみなす人も出てくる。地元の商工会議所にしても、当初は「原生自然区域」などとものものしく銘打たれた奥地のなりゆきを静観しているだろうが、観光客の落とす金のうまみをまっさきに味わう。すると、自然だの不自然だのという名目はどうでもいいから、もっと儲《もう》けたくなるというものだ。

要するに、自然区域に稀少価値があるということ自体が、かえっていっそうの宣伝と開発を促し、これ以上の稀少化を防ごうとする懸命の努力を台無しにしかねないのである。大量利用の直接の影響により、閑寂の境地を味わうチャンスが減っていることは、今さら議論をするまでもなく明らかである。この意味からすると、自動車道路、キャンプ地の建設や便所の設置などをレクリエーション資源の「開発」と称するのは間違った言い方だ。群衆用にそのような施設をつくることは(価値のあるものを新たに加えるとか、あるいは創り出すという意味での)開発とは言えない。反対に、もともと薄いスープをさらに水で薄めているにすぎないのである。

この閑寂な境地の追求という要素とここで比較対照したいのは、非常にはっきりした、単純とも呼べるもうひとつの要素である。これを、たとえば「新鮮な空気と風景の変化」と銘打ってもいい。こちらの要素の価値は、大量使用によっても台無しになったり低下することはない。国立公園のゲートをくぐった一千人目の観光客でも、一人目の人とほぼ同じ空気を吸い、月曜日のオフィスにも似た新たな気分を味わうことができる。大勢で野外へ押しかけたほうがよけいに気分一新できると信じられているふしすらある。以上のことから、新鮮な空気と風景の変化の追求という要素は、写真撮影による成功記念品の収集という要素と同様と言うことができる——どちらも、対象を損耗することなく、大量利用に耐えるという意味で。

ここで、さらに別の要素に目を向けてみよう。つまり、お目あての土地や、そこに生息する生物が、自然の仕組みにより独自の特徴を備えるにいたった経緯（進化）を知り、生存を維持しているようす（生態）を観察して理解する楽しみという要素である。これは「自然研究」と呼ばれるもので、対象に選ばれたほうは警戒して怖《お》じ気《け》を催すだろうが、今はまだ、大衆の心をこうした自然認識へと向けさせる手さぐりの段階なのである。

この自然認識の優れた特徴は、いかなる資源の消耗も価値の稀釈も伴わない、という点にある。たとえば、ある人はタカの捕食を見て進化のドラマと感じるが、別の者の目から見ればせっかくのご馳走を横取りされたとしか思えまい。しかし、どう感じるにせよ、このドラマが続く限り、百人なら百人の人の心に次々と興奮を呼ぶことだろう。怖いのは一種類の人種だけだ——すぐさま銃を持ち出して、このドラマに終止符を打ってしまいたがる人種である。

自然の営みに対する認識を促進させることこそ、レクリエーション施策のうちで、唯一の、真に創造的な側面である。

これは大切なことだ。だが、この認識に「快適な生活」をさらに向上させる力が秘められていることは、ごくわずかの人にしか理解されていない。十八世紀の辺境開拓者ダニエル・ブーンは、「暗くて血なまぐさい場所」である森林や草原に初めて分け入ったとき、「野外のアメリカ」の真髄を文句なしに手中にした。ブーンがこう呼んでいたわけではないが、彼が発見したものは、まさにわれわれが現在求めているものである。しかもここで問題にしているのは、名称ではなく、具体的な内容である。

断わっておくが、レクリエーションとはただ単に野外へ行けばいいというものではない。肝心なのは、野外の事物に接したときの受けとめ方である。ダニエル・ブーンの自然に対する受けとめ方が優れていたのは、見る対象を選ぶ資質に恵まれていたばかりでなく、見た物に心の目を働かす資質にも恵まれていたおかげだった。生態学という科学は、この心の目にも変化をもたらしたのである。生態学は、ブーンの目には単なる事実としか映らなかったことの起源と機能とを明らかにした。また、ブーンにはただの属性としか見えなかったことの仕組みをも明らかにした。この変化を測る物指しはないが、現代の優れた生態学者と比較すると、ブーンといえども物事の表面しか見ていなかったと言って差支えない。植物と動物の共同体が備えている信じられないほどの複雑さ――これは、当時はまだ、人間で言うなら乙女の盛りの時代だったアメリカという有機体のもつ独得の美しさ、と言い換えてもいい――は、ブーンには見抜けなかったし、理解もできなかったのだが、現代でもバビット氏（シンクレア・ルイスの小説『バビット』の主人公で、教養のない、物質万能主義の実業家）には、やはり見抜けもせず理解もできない事柄である。したがって、アメリカのレクリエーション資源の真の開発とは、アメリカ人の自然認識能力を開発するに限ると言える。このほかの施策はすべて、麗々しく開発という名をかぶせてはいても、せいぜいのところ、例の価値稀釈現象を少々遅らせるか隠蔽《いんぺい》する効果しか持たない。

だがここで、世のバビット氏はすべからく生態学の博士号を取ってから自分の国土に目を向けるべし、などと一足飛びの結論を出してはならない。それどころか、なまじ博士号の肩書がつくと、いわゆる専門馬鹿となって、俗事には無関心ということになりかねない。人間の持つ貴重な精神能力はいずれもそうだが、認識能力というものも、本質を失わずにいくらでも小さく分割することが可能である。都会の空地に生えた雑草からでも、巨木のアメリカスギに劣らない教訓を得ることができるのである。科学者が南海で冒険的な探査をしてもどうしても見つけ出せなかったことを、農夫が自分の牧草地で見つけることもありうる。つまり、この認識能力というものは、学問やお金を積んだからといって必ず手に入るものではない。外国まで足を伸ばさなくとも国内でも培うことはできるし、この能力がわずかな者でも、たっぷり備えている者に劣らず充分に活用することが可能である。また、自然の認識のためにわざわざレクリエーション地へ押しかけても役に立たず、必要でもないのだ。

最後に、五番目の要素として、管理・保護の楽しみというのがある。これは、自らの手で管理はせずに自然保護賛成を唱えている野外レジャー愛好者には、とうてい分からない要素である。一部の、自然に対する認識能力を持つ者が、しかるべき管理技術を駆使してはじめて味わえる楽しみである。つまり、この楽しみは、自ら狩猟をするほど裕福ではない地主とか、鋭い観察眼と生態学的ものの見方を備えた土地行政官専用のものだと言っていい。風景を金で買う観光客にはとても分からないことだし、猟場の管理を州や部下まかせにしている者も同様である。政府は、レクリエーション地の運営を民間学者の手から大衆の手へ移そうとしているが、あにはからんや、市民に与えるつもりの楽しみの大きな部分を森林官に分け与えてしまっているのだ。この理屈からいくと、われわれ森林官や猟鳥管理官は、野生生物の管理・保護という仕事に対して、報酬を受け取るのではなく、こちらからお金を払ってもよいくらいである。

収穫を生むには適切な管理・保護をすることが、収穫高そのものと同じくらい大切だということは、農業の場合はある程度まで理解されているが、自然保護の分野ではさっぱりである。アメリカの狩猟家たちは、スコットランドの湿地やドイツの森林で行われている徹底した猟鳥飼育管理をほとんど評価しておらず、当然払ってよい敬意を示していない。これは、ヨーロッパの地主が猟鳥飼育管理を通じて養っている管理・保護の考え方をまったく見落としているからである。わが国ではまだこうした考え方は育っていない。これは重要な点である。農家を補助金で釣って森林を育てさせたり、有料ゲートつきの猟場で猟鳥を育成させるようにすべきだなどという結論を出しているようでは、誘いに乗る農家も、結論を出したご本人のほうも、ありのままの自然を管理・保護する楽しみがまるで分かっていないことを暴露するだけのことである。

科学者たちの唱える警句に「個体発生は系統発生を繰り返す」というのがある。これは、個体ひとつひとつの成育過程は、その種《しゅ》全体の進化の歴史の引き写しである、という意味である。これは物質面ばかりか、精神面においても正しい。つまり、成功記念品集めをしている者は、精神発達面がいわば穴居人の段階なのだ。ただし、成功記念品集めという行為そのものは、種としても個人としても若い時代の特権であり、弁解する必要はさらさらない。

ただし、現代の成功記念品収集者を見ていて心穏やかになれない点は、彼らがその段階で成長をとめてしまい、閑寂の境地、自然の認識、管理・保護といったことを楽しむ能力が未発達のままか、あるいはまったく欠落してしまっていることだ。そして、身近な場所には目を向けようともせずに、モーターつきのアリよろしくありとあらゆるところに群れ、野外活動に充足を得ることもなく、ひたすらむさぼっている。こういう連中のために、レクリエーション活動の推進者たちは、われこそは大衆に奉仕しているのだと勝手に思い込み、その実、自然の価値を貶《おとし》め、成功記念品の人工化に励んでいるのである。

成功記念品を目当てにレクリエーション活動をする者は、隠微なやり方で自分の堕落に手を貸すという特徴を備えている。楽しむためにはどうしても、自ら所有し、侵入し、横取りしなくてはおさまらない。自分が直接目にすることのできない自然などは何の価値もない、と思い込む。利用されていない奥地は社会のために何の役にも立っていない、という理屈をまき散らす。こういう想像力を欠いた連中には、地図の空白部はまったく役に立たない無駄な場所としか思えない。他の者にとっては最高に価値ある場所と思えるのに（たとえばアラスカを例にわが身にあてはめて考えてみても、自分が永久に行けそうにないからといってアラスカが無価値だと言えるだろうか。北極地方の大草原、ガンの飛来するユーコンの牧草地帯、アラスカヒグマ、マッキンレーの背後の羊の放牧地帯をこの目で見るために自動車道路がほしいと、ぼくが思うだろうか）。

要約すると、野外レクリエーションが未発達の段階では資源の基盤をただ消費してしまうだけだが、もっと高い段階に達すると、少なくともある程度まではそれぞれ独自の充足感を生み出し、しかも土地や生物の損耗はほとんど、あるいはまったく伴わずにすむことは明らかなようだ。レクリエーションの発達過程を質的に崩壊させかねない恐れのある要因としてあげられるのは、輸送手段ばかりが拡張され、それに応じて自然を認識する能力の成長が追いつかないことである。レクリエーションの開発は、素晴しき国土に自動車道路を建設するのではなく、まだ素晴しさに欠けるところのある人間の心に、自然に対する感受性を植えつける仕事なのである。

アメリカ文化における野生生物

未開の人々の文化は、野生生物を基盤としているものが多い。たとえば、平原インディアンは、バッファローを食べていたばかりでなく、建築、衣服、言語、芸術、宗教面でも大幅にバッファローを基調としていた。

文明国の場合、その文化基盤は外部の地域にも伝わるが、それでもその野生に根ざした部分は失われずに残っているものだ。そこでここでは、野生の持つ基本的な価値について論じることにしたい。

文化の軽重を量ることは誰にもできないことだから、ぼくもそんな議論で時間を無駄にするのはよそう。ただ、野生の事物との接触を追体験させてくれるスポーツ、慣習、行為には文化的価値がふくまれているという考え方に、思慮深い人ならたいてい賛成している、とだけ言えば充分であろう。そして、その価値には三種類ある、というのがぼくの意見である。

第一は、自分の国の起源と発展を思い起こさせてくれるという価値、言い換えるなら、自分の国の歴史に目覚めさせてくれる追体験にふくまれる価値である。このような目覚めこそ、最も純粋な意味での「民族意識」と言えよう。ほかに簡単な呼び名が見つからないので、かつて素朴な挽割板の柵がどこでも見られた時代を象徴して、ここではこれを「挽割板の価値」と呼ぶことにする。たとえば、ボーイ・スカウトの少年は、アライグマの皮をなめして帽子にし、それをかぶって線路下のヤナギの木立へダニエル・ブーン気取りで探検にいく。こうして少年は、まさしくアメリカの歴史を再演しているのだ。この程度ながら、修養として、現代の暗く血なまぐさい現実に立ち向かう準備をしているのである。また、農家の少年が、ジャコウネズミの臭いをぷんぷんさせて教室に現われる。朝食前に罠を見まわってきたのだ。この少年は毛皮取引の時代の夢を再演しているのである。個体だけではなく、社会でも、個体発生は系統発生を繰り返している。

第二は、人間が、土―植物―動物―人間という食物連鎖に依存していること、つまり生物界の基本的秩序を思い起こさせる追体験にふくまれている価値である。文明の発達のおかげで、人間―大地という基本的関係に道具や介在者たちが割り込み、この価値の認識が薄れかけてきている。人間は、自分たちを支えているのは産業だと思い込み、その産業を支えているものが何なのかを忘れかけている。その昔は、教育は大地に目を向けさせ、大地から遠ざかる真似は決してさせなかったものである。「ウサギの皮を持ち帰り、それで赤ちゃんをくるんだとさ」という子守歌の歌詞には、かつては家族の食べ物や着る物を求めて男が獲物を追い求めた頃の思い出が込められている。

第三は、「スポーツマンシップ」と総称されている、倫理的な抑制を伴う追体験にふくまれている価値である。野生生物を捕る道具の発達のほうが人間の進歩より早いため、スポーツマンシップはそうした道具の使用に進んで歯止めをかけるという作用をする。つまり、スポーツマンシップは、野生生物を捕る際に道具にはあまり頼らず、技術の上達に重点をおくことを狙いとしているのである。

ハンターには、ふつう拍手をしたり不満を唱えたりする観客はいない。野生保護の面からすると、これは独得な長所である。ハンターの行動は、大観衆に目撃されているわけではなく、本人が良心に従って説明する話からしか分からない。この事実は、いくら強調してもしきれないほど大切な点である。

倫理規範を進んで守る態度は、スポーツマンとしての自己の尊厳を高める。しかし、逆に規範を進んで犯す者は、自己を卑しめ、堕落させているのだ、ということも忘れてはならない。たとえば、釣りの場合でも狩猟の場合でも共通して言われている規範のひとつに、良い獲物をやたらと捕るな、というのがある。ところが、ウィスコンシン州のシカ猟ハンターたちの場合、狩猟許可対象の牡ジカ一頭当たり、少なくとも牝ジカ一頭ないしは仔ジカ一頭を撃ち殺し、そのまま森のなかに遺棄している。また、持ち出し許可対象の牡ジカ二頭につき、別にもう一頭の牡ジカを必ず傷つけている。以上ははっきり論証のできる事実である。換言すると、およそ半数のハンターは、許可されているシカを一頭手に入れる前に、もう一頭を見境なく射殺しているという勘定になる。しかも、違法に射殺した死体はその場に置きっ放しで知らん顔をしている。こんなシカ猟には社会的な価値がないばかりか、猟以外でも破廉恥な行動をするための訓練をわざわざしているようなものである。

こうしてみると、挽割板時代や人間―大地時代の追体験はゼロないしプラスの価値ありと言えそうだが、倫理意識の追体験はマイナスの価値しかないと言えるようだ。

以上は、野外活動という根に供給できる文化的栄養素を大ざっぱに三種類定めてみたものである。しかし、これで文化が栄養満点になるというわけではない。価値の吸収は自動的にできるものではなく、健全な文化のみが価値を吸収し、成長できるのである。その点、現在の形のわが国の野外レクリエーションは、果たして文化に栄養を与えているだろうか。

開拓者時代は、野外活動の「挽割板の価値」の真髄というべき二つの知恵を生んだ。ひとつは「軽装備」主義であり、もうひとつは「一発必中」主義である。開拓者たちはいつも、必要に迫られて軽装備を実行した。機銃掃射戦術が使えるような輸送手段も金も銃も持っていなかったので、すべからく倹約し、精確を旨とする射撃を心がけたのである。これも、ありていに言うなら、そもそもの初めから、この二つの主義を守るしかなかったのだ。いわば必要が生み出した知恵だったのである。

しかし、その後の時代の進展につれて、この考え方が、自らの行為に進んで一定の限度を設けるというスポーツマンシップの規範となった。これを土台として育ったのが、独立心、不屈の根性、森林跋渉《ばっしょう》技術、射撃技倆といった、いかにもアメリカ的な伝統である。こうした伝統は、目で見たり手で触れたりできるものではないが、だからと言って抽象的なものではない。セオドア・ルーズヴェルトは偉大なスポーツマンであったが、それは成功記念品をたくさん獲得したからではなく、見たり触れたりできないこのアメリカの伝統精神というものを、小学生でも分かるような言葉で表現したからである。スチュワート・エドワード・ホワイトの初期の著作には、この伝統精神のことが、さらに詳細かつ正確な表現で描かれている。このような人たちが伝統精神に着目し、その発揚を促す手段の見本を示してくれたので、野外活動に文化としての価値が付与されたのだと言っても言いすぎではない。

次に登場したのが道具屋連中、いわゆるスポーツ用品業界である。この業界が、アメリカの野外活動愛好者たちを次から次へと新案特許の道具で飾りたててしまった。こうした道具はすべて、独立心、不屈の根性、森林跋渉技術、射撃技倆などを養う補助という触れ込みだったのだが、今や補助どころか主役になってしまった観が強い。道具はポケットにあふれ、首や腰にまでぶら下げられている。持ちきれない分は、自動車のトランクやトレーラーなどに積み込まれる。個々の道具は軽量化が進み、品質も改良されているが、全部

を合わせると、以前はキロ単位だったものがトン単位で量らなくては間に合わなくなった。道具の売上規模は天文学的数字に上り、これこそ「野生生物の経済的価値」を示すものだと大まじめに公言される始末である。だが、文化的価値のほうはどうなっているのだろうか。

実例のしめくくりとして、組み立て式囮鴨《デコイ》の背後でスチール製ボートに乗って待機するカモ猟のハンターの場合を考えてみよう。パッパッと音をたてるモーターボートが、ハンターを隠れ場まで苦もなく運んでくれる。風の冷たい日はいつでも、携帯用ヒーターで暖をとれる。隠れ場に着くとハンターは、上空を飛んでゆくカモの群れに向かって、いかにも誘うような調子で、大量生産の鳥笛を吹く。

吹き方はレコードを使って自宅で練習してきたのだ。鳥笛のほうはいざ知らず、デコイの効果はてきめんで、カモの群れは旋回をはじめる。二回目の旋回が終わるまでには撃たなくてはならない。なにしろ、沼地にはほかにもハンターたちがうようよしており、みんな同じように武装しているので、うかうかすると先を越されかねないからだ。距離七十ヤードで、もう発砲する。銃の絞り装置が無段階調節つきだし、広告によれば射程の長いのが特長というスーパーZ弾をしこたま持参しているからだ。カモの群れが散開する。二、三羽、瀕死の姿のカモが、あらぬ方向へ脱落してゆく。こんなハンターが、野外活動の文化的価値を吸収していると言えるものだろうか。徒《いたず》らにミンクの餌をつくってやっているだけではないのか。うしろの隠れ場からも銃声が轟く。距離は七十五ヤード。これでも仕留められるつもりなのだろうか。これが現在の典型的なカモ猟の実態である。どこの公有地でも、多くのクラブで行っているカモ猟のやり方なのだ。軽装備や一発必中の伝統精神は、どこへ行ってしまったのだろうか。

答えは単純ではない。ルーズヴェルトだって、近代的ライフル銃を使うのを潔しとしなかったわけではない。ホワイトも、遠慮なくアルミ製食器、絹製テント、乾燥食品を用いた。この二人といえども、多少とも道具の助けを借りていた。もっとも、節度をわきまえており、道具に振りまわされることはなかったが。

節度とはどの程度なのか、正しい道具の使用と不正な使用の一線をどこに引くべきなのか、それがぼくには分かっているなどと言うつもりはない。ただし、道具の素姓が、文化的波及効果におおいにかかわりがあることは確かなようだ。釣りや狩猟にせよ、野外生活にせよ、手製の道具を用いるのであれば、人間と大地のドラマを充実させることはあっても、破壊することはない。自分でつくった毛鉤でマスを釣り上げれば、喜びは二倍になるというものだ。もっとも、ぼく自身、大量生産による道具を日頃たくさん用いている。とはいえ、お金で買った道具で、野外活動の文化的価値を破壊することがないよう、一定の限度がなくてはならない。

すべての野外活動がカモ猟のように堕落してしまったわけではない。アメリカの伝統精神の擁護者は今なお存在する。弓矢猟運動やタカ猟の復活は、行き過ぎへの反省の兆とみてよいかもしれない。それでも、全般的な風潮としては、機械化へ拍車がかけられる一方であることは明らかであり、それにつれて文化的価値、とりわけ「挽割板の価値」と「倫理的抑制の価値」が減退してきてしまっている。

ぼくの印象を言えば、アメリカの野外活動家たちは、自分に何が降りかかっているのか分からずに戸惑っている状態なのだと思う。そこで、大きくて優秀な道具ほど産業には役立っているのだから、野外レクリエーションの場合にも同じ考え方で道具を用いて何が悪い、と考えてしまうのだ。だが、この考え方には大きな見落としがある。野外レクリエーションは本来は原始への憧れ、先祖返りなのであって、文明と野生とを対比して見ることにこそ価値があるのだ。それをまるで工場を森や沼地に持ち込むがごとき行きすぎた機械化に走るのでは、まるでぶちこわしだ、ということにまったく気づいていない。

現今の野外活動家には、何が間違いなのかを教えてくれる指導者がいない。スポーツ・ジャーナリズムは、今ではスポーツの代弁者ではなくなった。道具屋の看板持ちと成り果てたのである。野生生物を管理する行政当局も、狩猟鳥獣の生産に大わらわで、狩猟の文化的価値のことまでには頭がまわらない状態だ。クセノフォンからセオドア・ルーズヴェルトにいたるまで、誰もがスポーツには価値があると唱えているので、この価値は放っておいても不滅のものだと決め込まれている。

銃猟以外の分野では、機械化の影響はさまざまである。新式の望遠鏡、カメラ、アルミ製の標識用脚輪が鳥類学の文化的価値を貶《おとし》めていないことは確かだ。魚釣りも、船外機やアルミ製カヌーを別にすれば、狩猟の場合と比べてはるかに機械化の度合いが少ないようである。これに対し、動力つきの輸送手段は原生自然の旅というスポーツをほぼ台無しにしてしまい、跋渉する価値のある原生自然は雀の涙ほどを残すのみとなってしまった。

猟犬を用いて僻地で行われるキツネ狩りは、機械化を一部分、それもほとんど無害と思える部分にしか採用しないで続けられている好例である。これこそきわめて純粋な形のスポーツに数えていい。これは今なお挽割板時代の真の趣を残しており、第一級の、人間—大地の共演ドラマと言える。キツネは射殺しないように配慮されており、倫理的抑制の精神も残っている。ところが今ではフォードの車で獲物を追跡しはじめているというのだ！角笛の響きと自動車のクラクションとがいっしょくたに聞こえてくるとは！　それでもさすがに、ロボット式の猟犬を発明したり、無段絞りの散弾銃を犬の鼻先にくっつけるということを考え出したがる者はいないようだ。レコードとか、これに類した安直な方法で猟犬を調教するという話も聞かない。どうやら用品業界も犬の領分にはお手上げのようである。

野外スポーツの悪弊のすべてを肉体の補助用具の発明者のせいにしてしまうのは、必ずしも正確ではない。広報、宣伝関係の人々は次々とアイデアをひねり出すが、アイデアというものは、たとえ役に立たなくても、製品のようにすぐにその欠点が分かるということはめったにない。特に指摘したいのは、「穴場情報」という分野の出現である。狩猟や釣りでどこへ行けば良い獲物が捕れるのかという知識は、きわめて個人的な財産である。釣り竿とか犬とか銃のように、個人の好意で借りたり譲り受けたりする類のものだ。それを売上部数を増やす手段として、スポーツ欄という公開の場で言い触らすのはどうかと思う。無料の「サービス」として誰彼構わず提供してしまうのは、まったくお門違いのように思えてならない。「自然保護」をするお役所までが、当今では、釣りの穴場やカモの穴場を、どこの誰とも知れない一般大衆に触れまわっているのである。

こうした種々雑多な組織や団体が、野外活動の、本来は個人に属する一分野を、よってたかって大っぴらにしているのが今の趨勢《すうせい》である。正しいとか正しくないとかの一線をどこに引くかは、ぼくには分からない。だが、「穴場情報」が理性の境界をすっかりぶちこわしていることは確かだと思っている。

狩猟や釣りが好況のときには、「穴場情報」の提供によって目算どおりありあまるお客を引きつけることができる。ところが、不況の場合には、広報宣伝担当者はもっと強引な手段に訴える。そのひとつに「釣りくじ」というのがあり、養殖した魚の数匹に当たり札をつけて放流し、その魚を釣り上げた者に賞金を出すのだ。科学技術と賭博場とが結合したこの奇怪な手段のおかげで、すでに資源の枯渇しかけている多くの湖の乱獲が押し進められ、村の商工会議所のお偉方たちの鼻が高くなるという寸法だ。

野生生物専門の管理官たちが、こうした行事は自分の知ったことではないと考えているとしたら、それは怠慢である。養殖担当者も、それを釣り場に売り込む者も、ひとつ穴のむじなであって、やっていることの本質に違いはない。

野生生物の管理官たちは目下、環境整備によって狩猟鳥獣を原野で育てることを試みている。これによって狩猟というものを収奪から間引きへと性格を変えようとしているのである。この転換が成功したあかつきには、文化的価値にどんな影響があるだろうか。挽割板時代への郷愁と野放しの収奪とが歴史的に結びついていることは認めておかなくてはならない。ダニエル・ブーンは農業における間引きですらあまり我慢ができなかったし、ましてや野生生物の間引きは論外と考えていた。いなせにズボン吊りのバンドを片方はずした姿のいわゆる「片肌脱ぎ」の野外活動家たちが、間引きに必要なだけ獲物を捕るという考え方になかなか改めたがらないのは、挽割板時代の伝統精神の表われである。つまり、間引きという考え方が受け入れられないのは、挽割板時代の伝統のひとつであった「獲物は捕り放題」の考え方と相容れないからだと思われる。

機械化は、挽割板の価値を破壊するだけで、何かそれに代わる文化的価値はひとつも生み出さない。少なくともぼくの目には映らない。が、間引き、言い換えれば繁殖の管理は、挽割板の価値と同等の文化価値があると、少なくともぼくは思う。つまり、自然の管理・保護である。野生生物を間引きして土地を管理するという体験を積むことは、あれこれ手を尽して農業を営む場合とまったく同等の価値を持つ。いずれも人間と大地の結びつきという根本関係を想起させてくれるからである。しかもこれには、倫理的抑制という要素も含まれている。捕食鳥獣をむやみと殺さないようにして狩猟鳥獣を管理するには、高次元の倫理的抑制を必要とするからだ。したがって、間引きのために獲物を捕るという考え方に転換すれば、捕り放題という挽割板の価値は減ずるものの、ほかの二つの価値は増すと結論づけてよかろう。

野外スポーツを、目ざましい勢いで進む機械化現象とまったく沈滞した伝統との角逐の場としてみるなら、その文化としての価値の前途はまことに暗澹たるものである。しかし、スポーツに対する考え方のほうも、続々と登場する道具に負けない勢いで成長させることがなぜできないのだろうか。文化の価値を盛り返すには、積極的な攻めに出る必要があるのではなかろうか。誰はともあれ、このぼくは、その機は充分熟していると信じている。スポーツマンは、スポーツの新しい形を自ら決定する鍵を握っているのだ。

たとえば、ここ十年ほどのあいだに、まったく新しいタイプのスポーツがひとつ誕生している。これは道具を用いるが、道具に振りまわされることはない。立入禁止区域設定の問題を回避できるし、単位面積あたりの参加人数も大幅に増やせる。捕獲量制限を設ける必要はまったくなく、シーズンオフもない。教師は必要だが、見張り番はいらない。最高の文化的価値を持つ新たな森林跋渉技術は必要となる。そのスポーツとは、野生生物研究のことである。

野生生物研究は、専門家の聖域という形でスタートした。もちろん、一段と困難で面倒な研究対象は相変わらず専門家の手に委ねる必要があるが、あらゆる層のアマチュアに適した研究テーマがたっぷりある。機械の分野では、発明研究の場にアマチュアが参加するようになってすでに久しい。だが、生物学の分野では、アマチュアが研究に参加することのスポーツ的価値は、まだやっと認められはじめたばかりである。

アマチュアの鳥類研究家マーガレット・モース・ナイスは、自宅の裏庭にやってくるウタスズメを観察した。そして今では、鳥の行動研究にかけては世界的権威となり、鳥の社会組織を専門とする学者顔負けの発想と業績とを残している。チャールズ・L・ブローリーは銀行家だが、面白半分にワシに脚輪をつけて放した。その結果、それまでは知られていなかった事実を発見した。ワシのなかには、冬は南部で巣づくりをし、それから北の森林へ休暇旅行に飛んでゆく種《しゅ》のあることが分かったのである。ノーマン・クリドルとスチュアート・クリドルは、どちらもマニトバの草原地帯の小麦農場主だが、自分たちの農場内の動植物を研究し、地元の植物のことから野生生物の周期性に関することまで、万事に通じた権威として知られるようになった。ニューメキシコの山岳地帯の牧畜業者エリオット・S・バーカーは、人目に触れることの少ないネコ属の動物、つまりピューマについてこれまでに書かれた二冊の優れた本のうちの一冊を書いた人物である。この人たちが遊びから成果を得たなどと思ってはいけない。これは、未知のものを観察し研究することがどんなに楽しいかを悟ったおかげにほかならない。

現在、おおかたのアマチュアが学びとっている鳥類学、哺乳類動物学、植物学の知識は、アマチュアに到達可能な（アマチュアにも門戸が開かれている）水準に比べたらまだ児戯に等しい。これはひとつには、生物学の教育全体が（野生生物に関する教育もふくめて）研究を専門家に独占させることを狙いとする仕組みになっているからだ。アマチュアにあてがわれた役まわりは、専門の大家には先刻承知の事実を追認するために、見せかけの発見の旅に船出することでしかない。そんな偽りの旅を奨励するよりも、若者には次のように教えてやってほしいものだ――船はきみの心のなかででき上がりはじめているはずだ、その船で未知の大海原へ自由に乗り出したまえ、と。

ぼくの意見では、野生生物研究というスポーツの奨励普及は、野生生物の管理を職とする者の最も重要な仕事であると思う。野生生物には見た目以上の価値がほかにもある。それは目下、ごく一部の生態学者にしか理解されていないが、全人類が取り組むべき重要な意味をはらんだ価値なのである。

動物には、個々の動物が知らず知らずのうちに手を貸して実現している、群れとしての行動様式のあることが、現在分かっている。たとえば、ウサギは周期性ということを知らないが、現に周期性の体現者である。

こうした集団の行動様式は、個体を観察したり、あるいは短期間の観察だけでは識別することはできない。一匹のウサギをどんなに詳しく調べたところで、周期性については何ひとつ分かりはしない。ウサギの周期性という概念は、ウサギの群れを数十年にわたって詳細に調べてみて初めてつかめるのである。

このことから、心穏やかでない疑問がわいてくる。人間にも、個々の者が知らず知らずのうちに手を貸して実現している、群れとしての行動様式があるのではないのか、という疑問だ。暴動、戦争、社会不安、革命などは、その行動様式の一断面ではあるまいか。

歴史家や哲学者には、人間の集団行動は個々の人間の意志的行為が積み重なった結果と解釈すべきだ、と主張する者が多い。外交の要諦は、政治集団というものはそのなかの有力な一人の人物の性格を反映しているものだという前提の上に成り立っている。これとは別に、一部の経済学者は、社会全体を歴史の進行の単なる媒体とみなし、人間の知識というものはおおむね、なるほどそういうことだったのかと後になって分かることばかりだ、と言う。

人間社会は、ウサギの社会に比べると、もっと高度の意志が集約して変遷するものだと考えるのはもっともなことだが、人間は、ひとつの種《しゅ》として、これまで理解する環境がなかったために個人としてはまったく未知のまま手を貸している集団行動様式を備えているのだ、と考えてみるのも理にかなっている。このほかにも、人間が勝手に誤って解釈していることが、まだまだたくさんあるのかもしれない。

このように、人間の集団行動の基礎は何なのかという疑問を抱いてみると、ただひとつ人間に最も類似しているもの、つまり高等動物に対し、自然と特別な関心を寄せ、また特別な価値を置くようになる。とりわけエリントンは、こうした動物と人間との類比推理には文化的価値があると指摘している。こんなに豊かな知識の宝庫がありながら、何百年ものあいだ、われわれ人間はこれに近づくことができなかった。その所在も捜し方も知らなかったからである。しかし、今日では、生態学のおかげで、動物の集団との類比により、人間自身の問題を解く鍵が分かりはじめている。生物の少数の集団にでもわずかに変化が起きたことが分かれば、その生物全体のメカニズムにどう影響するのかを推測することが可能である。変化に秘められた意味を少しでも深く感得し、批判的に分析する能力こそ、今後の森林跋渉技術の基本である。

以上を要約するとこうだ。野生生物は、かつてはわれわれ人間の飢えを満たし、文化の基盤となった。そして今も、余暇の楽しみを与えてくれている。ところが、われわれは、近代的な機械という手段でその楽しみを取得し、その結果その価値を損なおうとしている。近代的な知性という手段で取得するならば、楽しみばかりでなく、知恵も得ることができるはずなのに。

原生自然

原生自然は、人間が文明という人工物をつくり出す素材である。

原生自然は、均質な素材であったためしがない。実に多種多様であり、それを元にでき上がった人工物も非常に変化に富んでいる。こうして、さまざまな形で最終的にでき上がったものは「文化」として知られている。世界の文化の豊かな多様性は、素材となった自然の多様性を反映しているのである。

人類の史上初めての変化が二つ、目下急速に進んでいる。ひとつは、地球上で比較的人間の住みやすい地域内の原生自然が消滅しはじめていることである。もうひとつは、近代的な輸送手段の発達と工業化により、世界的な規模で文化の混淆が進んでいることである。どちらも防ぐことはできないし、また防ぐべきではないのかもしれない。しかし、この急速に進む変化にわずかに改善の手を加えれば、失われる恐れのある大切な価値の幾つかを救えるのではないか、という疑問がわく。

汗をかいて働いている者にとっては、目の前の鉄床《かなとこ》の上の素材は何としても攻略しなくてはならない対象である。開拓者たちにとって、原生自然はまさにそのような対象であった。

だが、仕事のあいまに一服している者は、周囲の世界に冷静な目を向けるゆとりがあるので、同じ素材が愛し慈しむべき対象に見えてくる。その素材のおかげで自分の生活が定まり、意味も生まれてくるからである。そこで、せめて原生自然のひとかけらでも、博物館の標本として保存しようという気持を抱く。いつの日か、自分たちの継承した文化の起源を見たり、触れたり、研究したいと思う人々の啓発に役立つようにと。

残された宝

われわれがアメリカをつくり出してきた、あの変化に満ちた原生自然は、その多くがすでに過去のものとなった。したがって、残された自然を保護する実用的な計画を立てるには、広さも、自然の度合も、場所によって大きく変わらざるをえない。

海のように広々と咲き続く野の花が開拓者の馬のあぶみに触れた、あの葉丈の長い草原は、もう誰も目にすることはできまい。それだけに、今残っている草原植物を種《しゅ》として生きた形で保存できるような、一八四〇年代さながらの土地をあちこちに見つけておくのが賢明であろう。かつてはそのような植物が何百種となく存在しており、その多くが今ではめったに見られないほど美しかった。それなのに、その大部分は、その土地を受け継いだ人々には知られずじまいである。

だが、かつてスペインの探検家カベーサ・デ・バーカがバッファローの腹の下から地平線を眺めたという、葉丈の短い草原は、羊や牛や乾式農業のおかげでぼろぼろの姿になっているとはいえ、一万エーカーほどの規模のものがまだ数カ所は残っている。一八四九年のゴールド・ラッシュの折に西部を訪れた人たちの姿を州議事堂に記念として壁画に残すくらいなら、この残った草原を国立草原保護区とすれば、人々が押し寄せ、往時の殺到ぶりをしのぶよすがとなるのではあるまいか。

海岸地区の草原について言えば、フロリダに一カ所、テキサスに一カ所残っているが、それとても、石油井戸とタマネギ畑とオレンジ畑に取り囲まれ、今にも掘削ドリルとブルドーザーの歯牙にかけられようとしている。まさに断末魔の叫びである。

五大湖地方のマツの原生林、沿岸地の平原の広葉樹林、あるいは巨木の硬材種の林も、この先再び目にすることのできる者はいないだろう。このなかからせめて数エーカーずつでも残せれば、標本としては充分なのだが。しかし、千エーカー規模のカエデやカナダツガの樹林は、まだ数カ所が健在である。このほかにも同様の規模の、アパラチア地方の広葉樹林、南部の広葉樹種の湿生地、アディロンダック地方のトウヒ林などが残っている。

CHARLES
SCHWARTZ

だが、わずかに残ったこれらの地域も、伐採を免れる可能性は乏しく、観光道路の建設を免れる可能性はもっと乏しい。

原生自然がきわめて急速に消滅している地域としては、たとえば海岸地域がある。東海岸も西海岸も、かつての自然の浜辺は観光用の宿泊施設と道路のおかげでほとんど台無しにされてしまった。スペリオル湖の沿岸は五大湖のうちで残された最大の原生自然地域なのに、今やそれも消滅の危機に瀕している。単一の自然形態を保っているなかで、ここほど歴史としっくり結びついているところはほかにはなく、また、ここほど完全にそれが失われようとしているところも、ほかにはない。

北米全土のうち、ロッキー山脈の東側に一カ所だけ、原生自然地域として正式に保護されている広大な場所がある。それは、ミネソタからオンタリオにまたがる、クエティコ・スペリオル国際公園である。湖と河川とがモザイク模様を織りなす、この壮大なカヌーの地は、大部分がカナダ領であるため、広さの決定はほぼカナダの一存だが、最近、二つの開発計画により、現状の保全が危ぶまれている。ひとつは水上飛行機の運航により釣り場がどんどん広がっていること、もうひとつはミネソタ側の区域を全部国立公園に編入するか、あるいは部分的に州所管の森林地区にするかという行政上の争いである。事と次第によっては全区域が発電所用人工湖の底に沈む恐れがあり、自然保護支持議員どうしのこの嘆かわしい分裂騒ぎは、先ゆきはおそらく、電力（すなわち権力）の支配に屈する結果を招きそうだ。

ロッキー山脈沿いの諸州には、十万から五十万エーカーまでのさまざまな広さの国有林があるが、いずれも奥まった場所にあるため原生自然の姿を保っており、道路、ホテル、その他不調和な施設は閉め出されている。国立公園でもこれと同じ原則が適用されているが、どこまでならばよいという特定の境界は定められていない。総じて、これらの連邦管轄地域が自然保護計画の基幹となっているが、紙の上の記録からうかがわれるほど安泰な状態にあるわけではない。新しい観光道路を求める地元の圧力により、こちらはちょっぴり、あちらはごっそりという具合に、自然が削り取られているのが現状である。森林火災対策用の道路拡張要求は年がら年じゅう提出され、こうして拡張された道路は結局はなしくずしに一般用のハイウエイとなってゆく。遊休地となっているCCC（民間植林治水隊）のキャンプ地は、必要のない場合が多い新道路の建設を大幅に誘い込む結果となった。戦時中の木材不足は、軍用の名目の下に、正当かどうかはいっさい問われず、数多くの道路延長に拍車をかけた。そして現在では、スキー・トウとスキー客用のホテルの建設が数多くの山岳地帯で進められ、しかも、せっかくの原生自然保全指定が守られていない場合が多いのである。

自然破壊を起こすきわめて油断のならない要因のひとつとして、捕食鳥獣管理があげられる。事の次第は次のとおりだ。まず、大型狩猟鳥獣を管理する必要から、オオカミやピユーマを原生自然地域から一掃してしまう。すると大型の狩猟鳥獣(ふつうはシカ、オオジカが対象)の数がやたらと増えて、地域内の樹木の若芽を食い尽してしまうほどになる。そこでハンターをけしかけて、過剰分を撃ち捕らせようとする。ところが、いまどきのハンターは、車からあまり離れた場所へは行きたがらない。そこで、過剰な狩猟鳥獣のいるすぐ近くまで道路を敷いてやる必要が生じる。こうして原生自然は次から次へと寸断されていき、今もこの状態が続いている。

ロッキー山脈系の原生自然保全地域には、ビャクシンが点綴《てんてつ》する南西部から「オレゴンに波打って広がる果てしなき森」にいたるまで、実にさまざまなタイプの森林がふくまれている。ところが砂漠地帯はまるでふくまれていない。これはおそらく、「景観」とは湖とマツ林に限るという未熟な審美眼の持主が指定したせいではなかろうか。

カナダとアラスカには、次のような広漠とした処女地がいまだに広がっている——

名もなき者たちが
　名もなき川のほとりをさまようところ
人知れぬ谷間に
　人知れず独り果つるところ——

こうした地域の代表的な場所は保存可能であるし、また保存すべきである。その多くは、経済的な利用価値は取るに足らないか、むしろ負担となろう。そんなことならばわざわざ計画を立てる必要はない、という議論が当然出てくるに違いない。原生自然としてしか価値のないような場所は、放っておいたって残るだろうというわけだ。だが、最近の歴史のどこをどう見ても、そんな仮定は気休めにすぎないことが分かる。かりに自然地域は残ったとしても、そこの動物たちはどうなるのだろうか。北米種のトナカイ、何種類かのオオツノヒツジ、森林地に住む純粋種のバッファロー、ツンドラ地帯に生息するハイイログマ、淡水産のアザラシ、およびクジラは、現在すでに絶滅の危機に瀕している。その地域に特有の動物相を欠いた自然地域が、いったい何の役に立つだろうか。最近組織された北極協会は、北極の原野の工業地帯化を打ち出したが、これが原生自然としての北極を破滅に導くことはまず間違いない。北極の地方までがついに断末魔の叫びをあげている。

カナダとアラスカが、原生自然を守るせっかくのチャンスを、どこまで理解し、生かすことができるかは、誰にも見当がつかない。開拓者というのは、えてして改革にばかり目を向け、草創期の姿を永久に残そうという努力を嘲《あざけ》るものだからだ。

レクリエーションのための原生自然

生存の糧を求める肉体的闘争は、数えきれないほどの世代にわたって、実利的な行為だった。それが元の形を失うと、健全な本能が働いて肉体的なスポーツやゲームに形を変えた。

人間と獣とのあいだの肉体的闘争も同様に実利的な行為だったが、今はスポーツとして、釣り・狩猟の形で残っている。

公有の原生自然地域というのは、何よりもまず、開拓者時代の人間の行動力や生活内に示された比較的素朴で猛々しい技を、スポーツという形で永久に残すための手段である。

こうした技の幾つかは、世界じゅうで共通して用いられている。つまり細部ではアメリカ独得のやり方であっても、技そのものは世界で広く使われているということである。例をあげるなら、狩猟、釣り、生活用具持参の徒歩の旅などがある。

しかし旅のなかには、木ならさしずめヒッコリーのように、アメリカ独得のものが二つある。アメリカ以外の場所でも模倣されてきてはいるが、完成の域に達したのは北米大陸においてだけという旅である。ひとつはカヌーによる旅、もうひとつは牛馬に荷を積んだ隊列による旅だ。もっとも、今ではどちらも急速に少なくなってきている。なにしろ今は、ハドソン湾のインディアンがモーターボートを乗りまわし、山男がフォードをすっとばすご時世だ。このぼくだって、カヌーや荷馬で生活しろと言われたら宗旨変えをするかもしれない。どちらも大変な重労働だからだ。しかし、スポーツとして原生自然の旅をする身としては、機械化された代用品にはとてもつき合う気になれない。やかましいモーターボートで荷を運んだり、避暑地のホテルの牧草地で鈴つきのラバを乗りまわしたりするのは願い下げだ。それくらいなら、家にいたほうがましだ。

原生自然地域とは、何よりもまず、原生自然の旅をする原始的な技術、とりわけカヌーやバックパッキングの技術を楽しむための聖域なのである。

人によっては、そんな原始的な技術を残しておくのがそんなに大切なことなのかと、議論をしたくなるかもしれない。が、ぼくはそんな議論に乗る気はない。大切か大切でないか先刻承知のうえでか、腹に一物あっての反問としか思えないからである。

アメリカでは、原始的技術を保存するために原生自然地域があると言ってもよいのに、ヨーロッパの狩猟や釣りではあまりこの原始的技術を必要としない。ヨーロッパ人は、しなくてすむ場合には、森のなかでキャンプをしたり、料理をしたり、自分の用を足したりしないのである。雑用は勢子《せこ》や使用人まかせにし、狩猟は開拓時代を追体験するスポーツというよりはピクニックの雰囲気に満ちている。技くらべのほうも、実のところ、もっぱら鳥獣の捕獲高を競うことに限られている。

原生自然は、ゴルフ場や観光客用キャンプ地と比べるとレクリエーションに利用できる場所がわずかだから、原生自然相手のスポーツは「庶民的ではない」と言って非難する人がいる。この議論の基本的な誤りは、そもそも大量生産主義に逆らう意図でやっていること

とに大量生産主義の原理を当てはめていることである。レクリエーションの価値は利用者の数で決まるものではない。その経験の深さに比例し、日常のわずらわしい生活とのへだたりや対比の程度に応じて、レクリエーションの価値は上下するのだ。この基準から見ると、機械化された野外活動は、せいぜいのところ、水で薄めたミルク並でしかない。

機械化されたレクリエーションは、すでに森林や山の十分の九を占領してしまった。少数派を気遣う気持が多少ともあるなら、残りの十分の一はぜひとも原生自然のままで残しておいてほしいものだ。

科学のための原生自然

有機体の機能のうちで最も重要なのは、「健康」と呼ばれる内在的な自己再生能力である。

その自己再生の過程に人間の干渉と管理を受けている有機体が二つある。ひとつは人間自身（医薬と公衆衛生）、もうひとつは土地である（農業と自然保護）。

土地の健康を管理する試みは、これまでのところあまり成功していない。が、土壌が肥沃さを失ったり、肥沃な土壌ができるよりも流失する速度のほうが速かったり、河川が異常に氾濫したり水位が下がったりしたとしたら、土地が病んでいる証拠であることは、現在広く認識されている。

しかしこのほかの変異現象は、事実としては分かっているものの、土地が病んでいる兆候とは受けとられていない。はっきりとした原因もなく、保護をしていたにもかかわらず、植物や動物の種《しゅ》が消えてしまったり、あるいは、それなりの手を打ったのに害をもたらす種《しゅ》が入り込んできて、あまりはっきりとした説明がつかない場合には、やはり土地という有機体が病んでいるとみなさなくてはいけない。ところが現実には、どちらも実によく起こる現象であるため、正常な進化現象だとして片づけられてしまっている。

土地のこういう症状を安易に考えていることは、相変わらず局地的な処置でお茶をにごすのが当たり前だという事実によく現われている。こんなことだから、土壌が肥沃さを失っても、肥料を施すとか、管理する植生や動物の種類を変えてみるくらいが関の山なのだ。そこに元から存在する野生の植物や動物が、その土壌をつくり出したのであり、その土壌の維持にも同様に重要な役割を果たしているのではないかということは考えてもみない。たとえば、最近になって分かったことだが、良質のタバコの収穫量は、理由は分からないものの、野生のブタクサの作用で種まき前の土壌が良質に条件づけられているかどうかに左右されている。このような思いがけない依存関係が、自然には広く存在しているらしいのだが、なかなかそうとは気づかないものだ。

プレーリー・ドッグ、ジリス、ハツカネズミが害になるほどの数に増えると薬殺して処理してしまうが、大量発生の根本原因を考えたりすることはまずない。動物に変異が起こるのは動物に原因があるものと決め込んでしまうのである。最近の科学調査によると、齧歯《げっし》動物の大量発生の真の原因は植生の乱れだと指摘されている。ところが、せっかくこんな手がかりがあるのに、さらに突っこんだ調査が行われたという話はほとんど聞かない。

現在、多くの植林地で、元は材木用の木が三、四本は育った土壌で一、二本しか育たなくなってきている。なぜだろうか。洞察力のある森林学者には分かっていることだが、この原因は木にあるとは思われず、土壌の微小植生にあり、元どおりにするには壊滅に要した以上の歳月が必要のようだ。

自然保護対策の多くは、明らかに表面的である。洪水調節ダムは洪水の原因とは何の関係もなくつくられている。堰や段丘をつくるのだって侵蝕の原因に応じての対策ではない。狩猟鳥獣や釣魚の供給を維持するために保護策を講じたり孵化場をつくるのにしても、自然の供給がなくなった真の原因が分かってやっているわけではないのである。

一般的に言って、最近の実証例でもほぼ明らかなように、土地の場合も人間のからだとまったく同様に、一部の場所に症状が現われていても原因は別のところにあることが多い。現在、自然保護と称して行われている施策は、おおむね、生体の苦痛を局部的に和らげる、いわば対症療法にすぎない。それもたしかに必要なことだが、根本的な治療と混同してはならない。土地の診断技術は活発に開発が進められているが、土地の健康管理の研究はまだその端緒にもついていないのである。

土地の健康管理の研究のために必要なのは、何よりもまず、正常状態時の基礎資料、すなわち健康な土地がひとつの有機体としてどのように自己を維持しているのか、その全体像を把握しておくことである。

この把握の役に立つお手本が二つある。ひとつは、何世紀にもわたって人間に占められていながら、土地の生理がおおむね正常を保っている地域である。そのような地域で、ぼくが知っているのは一カ所しかない。それはヨーロッパ北東部である。この地域を研究して無駄になることはまずあるまい。

もうひとつ、しかも最も完全なお手本は、原生自然である。ちなみに、古生物学上の豊富な証拠から、次のことが分かっている。まず、原生自然はとてつもなく長い期間にわたって存続していたということ。次に、その地域に生育している種《しゅ》が絶滅したり、救いようのない状態に陥ったことはめったにないこと。そして、天候や水の働きにより、流失に見合う速度かそれ以上の速度で土壌が再形成されたということである。したがって、原生自然は、土地の健康を研究するための、願ってもないほど重要な実験室だと言ってよい。

モンタナの土地生理を研究するのにアマゾンでというわけにはいかない。それぞれの地方の生物相を知るには、その地方の原生自然内で、人間の手の加わった場所とそうでない場所との比較研究が必要である。しかし、あらゆるタイプの土地を研究するにはもう手遅れで、限られた生物相の原生自然を研究区域として確保するのがせいぜいのところだ。それに、このように残っている地域も、ほとんどがいかにも小さくて、どこからどう見ても昔のままの正常な姿を保っているとは言いがたいのである。百万エーカーに及ぶ広さがある国立公園ですら、自然の捕食鳥獣の存続を維持したり、家畜によって運ばれる病害が野生動物に及ぶのをくいとめるには充分な広さとは言えない。そんなわけで、イエローストン国立公園ではすでにオオカミとピューマが姿を消し、その結果オオシカが増えて植物を荒しまくり、とりわけ越冬地帯では植生を滅ぼす事態を招いている。同時に、ハイイログマとオオツノヒツジの数が減少してきている。オオツノヒツジの場合は病気が原因だ。

どんなに広い原生自然地域にも条件が狂った場所はあるもので、生態学者J・E・ウィーヴァーはわずか数エーカーの原野を対象に研究をしただけで、草原の自然の植生のほうが、農地経営上の必要から取り替えた植生よりも旱魃に強い原因を発見した。ウィーヴァーの研究によると、天然種の植生はお互いに地下で「チームワーク」を発揮して、それぞれ異なった土層に根を伸ばして共存しているのだが、農地経営の必要上から輪作される植生は、どれも同じ深さの土層だけに根を伸ばし、お互いに張り合うために障害を累増させてしまうのである。ウィーヴァーのこうした研究のおかげで、農地経営上のひとつの重要な原理が確立された。

トグレディアックも、わずか数エーカーの原野を研究しただけで、古い開墾地に生えたマツが、一度も開墾されたことのない土壌に生えたマツに比べ、幹の太さも、風に対する強さもかなわない原因をつきとめた。未開墾地の場合、マツの根は以前の根が伸びたところに残っている土中の溝に沿って伸びていくため、開墾地のマツよりも深く根をおろすことができるのである。

多くの場合、病んだ土地と比較のできる原生地域がないと、土地を健康にする優れた対策のつかみ方がさっぱり見当もつかないものだ。初期の時代にアメリカ南西部を旅行した人はたいてい、この地方の山岳地帯の川の色はもともとから澄んでいるのだと言うが、これには疑問が残る。というのは、その人はたまたまそうした時期にぶつかっただけかもしれないからである。メキシコのチワワのシェラ・マドレ地方の川も澄んでいることで有名だが、インディアンの出没を恐れて、このあたりの土地は放牧その他の用に使われたことがなかった。それだけに、あの澄んだ川が、最悪のときには、マスが跳ねても分からないほど、とは言わないまでも、白く濁った色に変わるものだということはずっと知られておらず、そのことが分かって初めて土地侵蝕の専門家たちは、この地方の土壌の基礎データをつかむことができたのである。

ここの川の土手には水際までびっしりと苔が生えている。これに相当するアリゾナやニューメキシコの川のほとんどは、丸石が累々と堆積し、苔は生えず、土気のない岩だらけの姿で、樹木もほとんどないという様相を呈している。そこで国際的な調査機関を設けてシェラ・マドレの原生自然地域の保全を図り、それを研究することは、国境をはさんだ両国の、病んだ土地を治療するためのお手本として有益であると同時に、充分考慮に価する善隣友好の共同事業となることだろう。

要するに、原生自然地域で手の及ぶところはすべて、大小に関係なく、土地の科学のお手本としての価値があると言ってよい。レクリエーションだけが原生自然地域の唯一の、ないしは主要な用途というわけではないのである。

野生生物のための原生自然

国立公園は、比較的大型の肉食動物を永久に保存する手段としては、不充分だ。ハイイログマは絶滅寸前だし、公園区域内にすでにオオカミは生息していないという事実からも明らかである。また、オオツノヒツジにとっても充分な広さとは言えず、現にその数はジリ貧状態である。

なぜ不充分なのかは、ある場合については解明されても、別の場合では依然として分からないままである。現在の国立公園は、オオカミのように行動範囲の広い動物にはたしかに狭すぎる。このほかの動物でも、理由は不明だが、個体群としては繁殖を維持できない種《しゅ》が多いようだ。

野生生物が生息可能な地域を拡大する最も簡単な方法は、たいていの公園の周囲にある国有林のうち、少しでも自然の姿を残している場所に、絶滅に瀕した種《しゅ》の広場の役を果たさせることである。だが、残念ながらその役を果たしていないことは、ハイイログマの例を見ても明らかだ。

一九〇九年、ぼくが初めて西部を訪れた頃には、大きな山地には必ずハイイログマの姿が見えたが、逆に、何カ月旅をしても自然保護官には会わなかったものである。ところが今では、「林の陰には」必ず、何らかの形で自然保護に携わっている人がいるのに、堂々とした大型哺乳動物のほとんどは、野生生物保護当局の規模が大きくなるにつれ、カナダ領のほうへどんどん逃げ込んでいっている。合衆国の領域に生き残っているハイイログマは公式に六千頭と報告されているが、そのうち五千頭はアラスカに生息している。また、生息している州の数は五州だけである。カナダだろうとアラスカだろうと、ハイイログマが生き残っているのなら結構なことじゃないか、と言う向きがあるかもしれない。が、ぼくにはちっとも結構なことではない。アラスカに生息するようになったクマは、まるで別の種《しゅ》のようなものである。ハイイログマをアラスカに追いやることは、幸福を天国に追いやるようなものだ。おいそれとは行けない場所なのだから。

ハイイログマを引き留めるには、連続した広大な地域を設け、そこからは道路や家畜を閉め出すなり、家畜による自然破壊が起きたらすぐに修復することが必要である。こういう地域をつくるには、ばらばらの家畜農場をまとめて買い上げるしかない。ところが、自然保護当局は、土地を買い上げたり替え地をする広範な権限を持っているにもかかわらず、これまでこの目的に沿った成果は何ひとつおさめていない。聞くところによると、森林局はモンタナ州にハイイログマ保護区を設けたとのことだが、一方、ぼくの知っているユタ州のある山域では、この州唯一のハイイログマ生息地が残っているのに、森林局がなんとそこで牧羊業を奨励しているのである。

恒久的なハイイログマ保護区と恒久的な原生自然地域とは、名称は別々だが、もちろん問題は同じである。どちらに重点を置くにせよ、自然保護についての長期的な物の見方と、歴史的な視野が必要だ。現在では、進化の演ずる野外劇に目を向ける者のみが、その舞台である原生自然、あるいはその見事な作品であるハイイログマを正しく評価することができる。だが、教育が真に人を啓発するようになれば、いずれは、古き西部の遺物が新しき西部に新たな意味と価値とを付与するのだということを理解する人が次第に増えていくことだろう。これからうまれてくる若者たちは、探検家ルイスとクラークの足跡をなぞってミズリー川を溯行し、あるいはジェイムズ・ケイペン・アダムズのルートをたどってシェラの山々に登るだろうが、そのたびにどの世代の者も、こう尋ねるだろう——あの大きな白いクマはどこにいるのですか、と。現状のままでは、その際に、それは自然保護主義者も見ていないうちに死に絶えてしまったんだよ、などと情けない返事をすることになってしまうだろう。

原生自然の守り手たち

原生自然は、減少することはあっても増加することのない資源である。レクリエーションのため、科学のため、野生生物のためといった具合に、原生自然を守ったり利用したりして原生自然区域が蝕まれるのをくいとめたり手を加えたりすることはできるが、言葉の正しい意味で原生自然を新たにつくり出すことは不可能である。

したがって、自然保護計画と名のつくものはどれも、原生自然の減少を少しでもくいとめようとする延命策である。原生自然協会《ウィルダネス・ソサイエティ》は一九三五年に、「アメリカに残された原生自然を救うというただひとつの目的のために」設立された。

だが、このような協会をつくるだけでは充分ではない。自然保護行政に関係するどの部局にも、原生自然を真に理解する心の持主がいてくれないことには、新たな被害が目に見える形にまで進行してからでなくては、協会のほうでは気づきようがないのである。さらには、一般市民のなかにも、少数でよいから、原生自然を理解する人が全国にいて、日頃からよく目をきかせ、いざとなったらすぐに行動を起こせる態勢にあることが必要である。

ヨーロッパでは、原生自然は今ではカルパティアン山脈やシベリアくらいにしか残っておらず、心ある自然保護主義者たちはみな、失った自然を心から嘆いている。ほかのたいていの文明国と比較して土地を遊ばせておく余裕のないイギリスですらも、点々と散在するわずかな半自然地域を救済しようと、遅まきながら精力的な運動が起きている。

原生自然の文化的価値を理解する能力とは、突きつめて考えてみると、人間以外のものに知的でしかも謙虚な心で接することができるかどうかの問題だということに落ち着く。土地に根を張るという姿勢を失った、浮わついた心の現代人は、自分はすでに大切なものを見つけていると思い込んでいる。そういう者が、人間の王国は、経済的にも政治的にも、この先千年は続くなどと触れまわっているのだ。これに対し、学究の徒だけは、歴史とはすべてひとつの点から出発して続いているもので、人間というものは繰り返しその原点に立ち戻っては、再びまた永続性のある価値の尺度を求めて探究をはじめる存在であることを正しく理解している。なぜ未開の自然が人間の企てに内容と意味を付与してくれるのかを理解しているのは、このような学徒だけである。

土地倫理《ランド・エシツク》

絶対的威厳に満ちたオデュッセウスは、トロイの戦いから帰還すると、留守中に不埒《ふらち》な振舞いがあったとして、自分の家の奴隷女十二人を一本のロープで縛り首に処した。

この処置に、何の異論も起きなかった。それはその奴隷女たちがオデュッセウスの所有物だったからである。所有物の処分は、当時も、現代と同じく、自分の都合の問題であり、正しいか間違いかの問題ではなかった。

正しいか間違いかという捉え方が、オデュッセウスの時代のギリシャになかったわけではない。そのことは、黒い船首のガレー船隊が水を切って黒ずんだワイン色の海をようやく故国へ帰国の途につくまでの長い歳月、彼の妻が貞節を守りとおしていた事実からも分かる。ただ、当時の倫理観では、妻の座には人格が認められていたものの、奴隷という生きた所有物には認められていなかったのである。その後三千年の歳月が経つうちに、倫理規範はさまざまな分野の行為を拘束するようになり、自分の都合だけによる判断が認められる範囲は狭められていった。

倫理拡張の筋道

この、倫理の適用範囲の拡張は、従来は哲学者だけが研究してきたが、実は生態進化の過程に他ならない。したがって、その筋道は、哲学の用語に限らず、生態学の用語でも表現できる。生態学の立場で言うなら、倫理とは、生存競争における行動の自由に設けられた制限のことである。哲学の立場で言えば、倫理とは、反社会的行為から社会的行為を区別することである。表現は違うが、共にひとつのことについて定義しているのだ。倫理は、相互に依存しあっている個体なり集団なりが、お互いに助け合う方法を見つけようと考えはじめることが出発点となっている。生態学者はこれを「共生」と呼ぶ。政治も経済も、元は自由競争だったのが、やがて一部が倫理意識を伴った協同作業の仕組みに置き換えられた、発達した形態の共生にほかならない。

協同作業の仕組みは、人口密度が増し、道具が便利になるにつれて、複雑さを増してきた。たとえば、マストドンの時代の棍棒や石の反社会的使用法を定義することのほうが、自動車時代の弾丸や広告の反社会的利用法を云々することよりもずっと簡単である。最初の倫理則は、個人どうしの関係を律するものであった。モーゼの十戒はその一例である。その後に付け加えられた倫理則は、個人と社会の関係を律するものであった。たとえば、「自分の欲することを他人に施せ」という教えを代表とする「黄金律」は、個人を社会に調和させようとする倫理則であり、民主主義という政治原理は社会を個人に調和させようとする倫理則である。

これまでのところ、人間と、土地および土地に依存して生きる動植物との関係を律する倫理則は存在しない。土地は、オデュッセウスの奴隷女と同じく、今なお人間の所有物である。人間と土地とは、相変わらず、まったく実利的な関係で結ばれており、人間は特権を主張するばかりでいっさい義務を負っていない。

人間を取り巻く環境のうち、個人、社会に次いで第三の要素である土地にまで倫理則の範囲を拡張することは、ぼくが事実の読み違いをしているのでない限り、進化の道筋として起こりうることであり、生態学的に見て必然的なことである。これは筋道からいって当然通過すべき第三段階なのだ。最初の二つの段階はすでに通過ずみである。エゼキエルとイザヤという優れた預言者のいた時代から、独自の思想を持つ人々はみな、土地から収奪するばかりでは不得策であるだけでなく、間違った行為であると主張してきた。しかし、社会はいまだにこの人たちの主張を認めていない。が、現在行われている自然保護運動は、こういう主張を認めようとする胎動だとぼくは思っている。

倫理は、その場その場の生態的状況に対応する際の指針だと思ってよかろう。生態的状況というのは、常に新たに変わり、しかも複雑であり、反応がすぐには現われないため、このような指針がないことには、いったいどう対応すれば社会にとって都合がよいのか、ふつうの人間にはさっぱり分からないからである。動物的本能は、こういう状況に個人が対応する際の指針だ。倫理則は、次第に発展してゆく一種の社会本能だと言ってよい。

共同体の概念

これまでの倫理則はすべて、ただひとつの前提条件の上に成り立っていた。つまり、個人とは、相互に依存しあう諸部分から成る共同体の一員であるということである。個人は、本能の働きにより、その共同体のなかで自分の場を確保しようとして他人と競争をする。だが同時に、倫理観も働いて、他人との協同にも努めるのである（それとて、競争の場を見つけるためなのかもしれない）。

土地倫理《ランド・エシツク》とは、要するに、この共同体という概念の枠を、土壌、水、植物、動物、つまりはこれらを総称した「土地」にまで拡大した場合の倫理をさす。

これは簡単なことのように聞こえる。これまでもすでにわれわれは、自由人の土地や勇者の故郷としての我が国土を讃え、愛し、恩義を感じてきたのではなかったか。そうだ、しかし、何を、誰を愛したというのか。土壌でなかったことは確かだ。現にわれわれは、土壌を川下へ流出させて平然としている。水でなかったことも確かだ。水はタービンをまわしたり、艀《はしけ》を浮かべたり、汚水を流したりする以外の役目はないものと、われわれは思い込んでいる。植物でなかったことも確かだ。ある植物の共同体を全滅させる仕事を、われわれは眉ひとつひそめずにやってのけているではないか。動物でなかったことも確かだ。きわめて大型の、しかもきわめて美しい種《しゅ》の多くを、われわれはすでに絶滅させてしまった。土地倫理《ランド・エシック》といえども、むろん、こうした「資源」の改変や管理、そして消費を防ぎきれるものではない。しかし、これらの資源が存続する権利、少なくとも場所によっては自然の状態で存続する権利を保証する働きはする。

要するに、土地倫理《ランド・エシック》は、ヒトという種の役割を、土地という共同体の征服者から、単なる一構成員、一市民へと変えるのである。これは、仲間の構成員に対する尊敬の念の表われであると同時に、自分の所属している共同体への尊敬の念の表われでもある。

人類の歴史でわれわれは、征服者の役割は結局は自己破滅であることを学んだ(ものと思いたい)。なぜか。征服者というものは、その立場から言って、何が共同体の時計を動かしているのか、共同体の暮らしのなかで、何に、そして誰には価値があり、何に、そして誰には価値がないのかといったことを、当然わきまえているものと、暗に期待されているからである。ところが、どれもわきまえていないと分かるのが常で、だからこそ、他者を征服したことがかえって仇となり、結局は自らを滅ぼすことになるのだ。

生物の共同体でもまったく同様のことが言える。人類の始祖の一人アブラハムは、土地が何のために存在するのかを正確に知っていた。アブラハムは乳と蜜に象徴される生活の豊かさをもたらすために存在していたのだ。現代では、アブラハムと同じ目で土地を見るかどうかは、教育程度に反比例している。

今日、ふつうの人は、何が共同体の時計を動かしているのかは、科学の力で分かるものと思い込んでいる。ところが科学者のほうでは、科学では分からないということに同様の確信を抱いている。生物のメカニズムは複雑すぎて、完璧に理解することはとてもできそうもないと思っているのである。

人間は、実のところ、生物の集団のなかの一構成員にすぎないのだということは、歴史を生態学の立場から解釈してみればうなずける。歴史上の出来事の多くは、これまでは、人間の企ての結果という解釈しかされていなかったが、実際には、人間と土地との、生物を媒介にした相互作用の結果だったのである。土地の特性は、そこに住む人間の特性と同じように、こうした出来事に強い影響を及ぼしていたのだ。

たとえば、ミシシッピ谷の開拓地の例を考えてみよう。独立戦争のあと何年にもわたって、この谷の支配権をめぐって三つのグループが争った。つまり原住インディアン、フランスとイギリスの商人たち、それにアメリカ人の開拓者たちである。当時デトロイトにいたイギリス人たちは、迷った末に結局、豊かな葦原の地ケンタッキーに目をつけて植民することに決めたのだが、もう一歩進んでミシシッピ谷のインディアンとの争いにもう少し力を入れていたら、事態はどう変わっていたか、歴史家なら疑問に思うところだ。それに、この葦原の地が、牛、鋤《すき》、火、斧《おの》に代表される、開拓者たちの用いた独得のさまざまな威力を受けて、一面のブルーグラスの地と変わったという事実を、よくかみしめて考えてみるべき時である。かりに、この血なまぐさい黒ずんだ土地に固有の植生遷移《せんい》が、こうした人為的な威力を受けた際に、ブルーグラスのような牧草ではなく、一文の値打ちもないスゲ類や低木類、あるいは雑草しか育たなかったとしたら、その後の事態はどうなっていただろうか。ブーンとその部下のケントンが、あれほどケンタッキーの開拓に執念を燃やしただろうか。そのほかオハイオ、インディアナ、イリノイ、ミズーリへと開拓者たちがあふれる事態も起きていただろうか。ルイジアナの購入はありえただろうか。新たな州の大陸横断連合は？　南北戦争は？

ケンタッキーの例は、歴史というドラマのひと幕である。人間という俳優たちがこのドラマで演じようとしたことについてはよく語られているが、その成功不成功は、人間が移り住んだ場所に加えた威力に土壌がどう反応したかということに、大幅に依存していたのだということは、めったに語られることがない。ケンタッキーの場合、ブルーグラスがいったいどこから来たのかも分からないのだ――土着の種《しゅ》だったのかもしれないし、ヨーロッパからひそかに渡来したとも考えられる。

後から考えてみて、この葦原の地と対照的なのが、南西部のなりゆきである。南西部でも開拓者たちは、ケンタッキーの場合に劣らず勇敢で、創意にあふれ、忍耐強かった。そしてここでもさまざまな威力を駆使したのに、ブルーグラスや、そのほか苛酷な環境に耐える植物はまったく育たなかったのである。この地域に家畜が放牧されるようになると、役に立たない草や低木類が次々とはびこってゆき、環境のバランスが崩れはじめた。植生の後退が起こるたびに侵蝕が進んだ。侵蝕が進むと、ますます植生の後退を招いた。その結果、今日では、植物と土壌ばかりか、それに頼って成り立っていた動物の共同体も影響を受けて荒廃が進んでいる。初期は開拓者たちは、こんなことになろうとは思いもしなかった。ニューメキシコの湿地帯では、わざわざ排水溝を切りひらいて、荒廃を促進させているほどである。もっとも、この荒廃の進み方はあまり目立たないので、この地域で気づいている人はほとんどいない。この哀れな風景をカラフルで魅力的だと感じる旅行者にいたっては、実態がまるで見えていないのだ（今でもたしかに美しい風景だが、一八四八年にメキシコから割譲された当時の面影はほとんど失われている）。

この地域は以前にも一度「開発」されたことがあるが、結果はまるで違う。南西部にはコロンブスの大陸発見以前の時代にプエブロ・インディアンが定住していたのだが、彼らはたまたま、放牧用の家畜は持っていなかったのである。彼らの文明は滅びてしまったが、それは彼らの土地が滅びたからではない。

インドでは、土を育てる草がまるで生えない地域にも人が住みついているが、土地が荒廃するようすはまったくない。これは、牛を草のところへ連れていくのではなく、牛のほうに草を持っていってやるという簡単な手段が効を奏しているのだ（これは何か深い知恵によるものか、偶然の思いつきだったのか、ぼくには分からない）。

要約するなら、植物の遷移が歴史の進路を左右してきたのである。開拓者たちは、良きにつけ悪しきにつけ、その土地固有の植物遷移を明らかにしただけにすぎない。現在、果たして、歴史がこの趣旨で教えられているだろうか。いずれはそうなるだろう、土地を共同体とみなす考えが、本当にわれわれの知的生活に浸透するようになったあかつきには。

自然保護とは、人間と土地とのあいだに調和が保たれた状態のことである。ほぼ百年にわたる啓発活動にもかかわらず、自然保護はいまだにカタツムリの歩みのように遅々たる進み方しか示していない。運動の進め方も、依然として、封筒の隅に標語を刷り込むとか、集会の挨拶で一席ぶつ程度でしかない。未開地の対策も相変わらず一歩前進二歩後退の状態が続いている。

このジレンマに対してふつう返ってくる答えは「もっと自然保護教育を」である。誰もこの問題を議論しようとしないが、必要なのは本当に教育の量を増やすことだけだろうか。中身についても、何か欠けていはしないだろうか。

その中身を短い形でうまく要約するのはむずかしいが、ぼくの考えでは、要点はおよそ次のとおりである。すなわち、規則を守ること、選挙で適切な候補者に一票を投ずること、自然保護関係の組織に参加すること、自分の土地に役立つと思われる自然保護策を実際に行うことなどで、そのほかは政府がやるべきことである。

これは、何か価値のあることをするには、いかにも簡単すぎる公式に思われるかもしれない。だがこれは、善し悪しを判断するためのものではなく、義務を負わせるのが目的でもない。犠牲を求めているのではなく、現在の価値観の変更を迫ろうとするものでもないのだ。ただ、土地を利用するには、自分勝手な都合よりも一歩進んだ心構えが必要なので、それにはせめてこれくらいの中身は啓発しないといけない、と言っているだけのことである。では、そのような教育で、どの程度まで人を啓発できるものだろうか。それには次の例が答えの一部になるかもしれない。

ウィスコンシン南西地域の表土が五大湖のほうへ徐々に流失している事実は、生態系を見る目を持たない人を除けば、一九三〇年頃までには誰の目にも明らかであった。一九三三年、農民は、もし所定の改善策を五年間採用するならCCCが必要な機材を添えて労力を提供しようという申し出を受けた。この申し出は広く受け入れられた。ところが、五年間の契約期限が切れると、たちまちこの改善策は忘れ去られてしまったのである。農民は、即効性があり、目に見えて自分たちの得になるような策しか続けなかったのである。

この経験に照らして、今度は、農民に自分で改善規則を書かせればもっと早く本質を理解するだろうという案が出た。そこで一九三七年に、ウィスコンシン州議会は土壌保全地区法を成立させた。この法律が農民に訴えた趣旨は次のような内容である。「農家が土地利用の改善規則を自分で作成するなら、公費で技術サービスを提供し、特定の農業機械の購入資金を融資する。規則は郡ごとに定め、法律としての効力を持つ」。ほとんど全部の郡が、このありがたい援助を受けるためにさっそく団結したが、この計画が実施されて十年たつ今日、規則を作成した郡はひとつもない。一畝おきの刈取り、牧草地の再生、石灰散布といった施策では目に見えた進歩があったものの、家畜の放牧による被害を防ぐ植林地をつくるとか、急斜面での耕作や放牧を控えるといった面ではまったく進歩の跡が見られないのである。要するに、農民は、とにかく自分の得になりそうな改善策ばかりを選び、共同体のためにはなっても自分の得になるかどうかはっきりしない策は無視してしまったのである。

どうして規則をつくらなかったのかと農民に尋ねると、地域社会として規則を守れる態勢がまだ整っていないのだ、という答えが返ってくる。規則をつくる前にまず教育が必要だ、というのだ。しかし、現実に行われている教育では、土地に対する義務について、自分の利益になる策をとれということ以外は何も教えていない。とどのつまりは、いくら教育したところで、土壌は削られ、健康な植林地は減る一方で、一九三七年のように洪水がたびたび起こることになる。

この現状にあって解せないのは、道路の改修、学校、教会、野球チームづくりといった地域社会の企てには、自分の利益を離れた義務を負って当然という考え方のあることである。そのくせ、土地に注ぐ水の動きの改善とか、牧農地の景観美や多様性を保全することとなると、当然負うべき義務とはみなされず、これまで真剣に議論されたことすらなかったのである。土地利用の倫理規範は相変わらず、一世紀前の社会生活の倫理規範と同じく、自分本位の実利主義にもっぱら左右されているのが実情である。

以上を要約してみよう。われわれは農民に対し、自分の土壌を救うのに都合のよいことをするように求めた。農民は言われたとおりにしたが、それ以外のことはしなかった。だから、自分の森から七割五分がた樹木を切り払って開墾地をつくり、そこへ自分の牛を放ち、この開墾のおかげで流下する雨水、岩石、土壌は共同溝に流し込んで平気な農民（これさえしなければまずまずなのだが）が相変わらず社会の尊敬すべき一員とみなされている。畑に石灰をまき、等高線沿いに作物の植え付けをしていれば、農民は土壌保全地区に与えられるあらゆる特権と給付金とを確保できるのである。この保全地区は、社会機構の見事な成果のひとつではあるが、二気筒式耕運機に荒されて喘《あえ》いでいる。というのは、われわれは臆病すぎたし、成功をあせったあまり、農民たちに自分たちの義務の真の重大さを教えなかったからである。義務は、良心を伴わないことには何の意味もない。社会的良心を人間だけでなく土地にまで拡張することが、われわれの当面する課題である。

われわれが知的に重点をおく対象や誠実さ、愛情、信念における内面的な変化が起きないことには、倫理観の重大な変化が起きたためしはない。自然保護がまだ、人間の行動の根底に触れていないことは、哲学や宗教がいまだにこの問題を扱ったためしがないのが何よりの証拠だ。自然保護をやさしいものにしようとしたばかりに、矮小化してしまったのである。

土地倫理の代用品

歴史の倫理が必死にパンを求めているのに石を差し出し、石がいかにパンに似ているかをやっきになって説明している、というのがわれわれ人間の自然保護の姿勢である。「パン」である土地倫理《ランド・エシック》の代用に用いられている「石」の例の幾つかを、これから説明しよう。

もっぱら経済的な動機に基づいている自然保護対策の基本的な弱点は、対象とする土地共同体の構成員のほとんどが経済的には何の価値もないという点である。野の花、さえずる鳥などがその例だ。ウィスコンシンに自生する二万二千種の高等動植物のうち、売買されたり、飼料や食料となったり、その他経済的用途に供せられるものが果たして五パーセント以上あるかどうか怪しい。にもかかわらず、これらの生物はいずれも、このウィスコンシンという生物共同体の構成員であり、もし(ぼくが信じているように)すべての種《しゅ》がそろわないことには共同体全体の安定性が欠けるというのであれば、たとえ経済的には役に立たなくとも、どの種も存続する資格がある。

経済的には役に立たない部類に入り、絶滅の危機にさらされているものの、われわれ人間がおおいに気に入っている種の場合は、経済的重要性があるかのような口実が設けられる。今世紀のはじめ、声の美しい鳥が何種類か、絶滅しそうになったことがあった。鳥類学者たちは、なんとかこの鳥たちを救おうと思い、この鳥たちがいなくなれば害虫が穀物を荒らしてしまうといった趣旨の、いかにもあやふやな論拠で保護を主張した。論拠を正当と思ってもらうには、どうしても経済的な意味合いを加味する必要があったのである。

こういう遠まわしの主張を今日読むのは苦痛である。現在でも、土地倫理《ランド・エシック》は確立されていない。だが、それでもどうにか、人間にとって経済的利益があろうとなかろうと、鳥も生き物として存続する権利があるということを認める形勢にまでは近づいてきた。

捕食性の哺乳動物、猛禽類、それに魚を採食する鳥も、まったく同じ状況に置かれている。その昔、生物学者たちは、こういう生物は弱ったものだけを捕食するので健康なものはちゃんと子孫を残すのだとか、畑を荒らす齧歯《げっし》動物を獲物にするので農家の利益につながるだとか、「無価値」な種だけを捕食しているのだなどと、無理なこじつけをしていたものである。ここでもやはり、論拠に正当性を持たせるためには、経済性を強調する必要があった。だが近年になってようやく、もっと正直な議論が聞かれるようになってきた。つまり、捕食動物も生物共同体の一員であること、現実にせよ想像上にせよ、これらの生物を自分の利益の都合で絶滅させる権利は誰にもないのだ、といった主張が現われてきた。しかし残念ながら、こうした啓発的な意見はまだ言葉だけの段階にとどまっている。実際に野外では、捕食動物が消滅の一途をたどっているのだ。連邦議会、自然保護局、州議会の認可のもとにシンリンオオカミが絶滅に追い込まれている状況を見るがいい。

ある種の樹木は、生長が遅すぎるとか、材木としては値段が安すぎて採算がとれないなどの理由から、経済優先の森林官により、共同体からの「除名処分」を受けている。ヌマヒノキ、アメリカカラマツ、イトスギ、ブナ、カナダツガがその例である。ヨーロッパでは、もっと生態学的な見地から森林管理が進められており、商売にならない樹木もその土地の森林共同体の構成員として認められ、保存すべきものとされている。そのうえ、種《しゅ》によっては（たとえばブナ）、土壌を肥沃にする貴重な働きのあることが分かってきた。森林地とその構成員である各樹木、その他の植生やそこに住む動物たちが、お互いに助け合って成り立っていることは、自明のこととして認められている。

経済的に価値のないことが、一部の種や群れだけの特徴であるばかりでなく、そこの生物共同体全体の特徴でもある、という場合もある。たとえば、湿地、沼沢、砂丘、それに「砂漠」などがその例だ。こういう場合のお定まりの手段は、保護地区、記念遺跡、公園などの形で政府に下駄を預けてしまうことである。困るのは、こうした地域に、もっと価値の高い私有地が散在している場合が多いことだ。政府としては、こういう散在した土地を買い上げたり管理することはなかなかできない相談である。とどのつまりは、せっかくの広い地域がむざむざ消滅するのを指をくわえて見逃さなくてはならなかった例も幾つかある。もし私有地の地主が生態学的な物の見方の持ち主なら、自分の農地と地域社会に変化に富んだ美しさを加味してくれるこうした土地のかなりの部分の守護者である自分に、誇りを感じてしかるべきなのだが。

場合によっては、こういう「荒地」には何の得もないと思っていたのが間違いと分かることもある。だが、そうと気づいたときはたいてい後の祭なのだ。ジャコウネズミの生息する湿生地に再び水を引こうとしている今の騒ぎなどは、そのいい例である。

アメリカの自然保護の場合、私有地の地主がやる気がないのに、それでもやる必要のあることはすべて政府に押しつける傾向が顕著である。政府による買上げ、事業計画、助成金、規則の制定が、森林管理、地域管理、土壌及び流水管理、公園及び原生自然の保全、漁場管理、渡り鳥管理など、さまざまな分野で広く行われている。政府による自然保護対策がこのように進展したことは、多くの場合適切であり、当然のことであったし、これしか手がなかった場合もある。政府まかせがすべていけない、などと言うつもりのないことは、ぼく自身、これまでの生涯の大部分を政府関係の仕事に捧げてきたという事実からも、お分かりいただけるものと思う。それでもなおかつ、次のような疑問がわく。こういう企ては、いったいどこまで規模を広げればケリがつくのだろうか。課税基礎をどこまで細分化すればよいのだろう。政府の自然保護対策は、どこまでふくれ上がったら、マストドンのように、自分の大きさに耐えきれなくなるものだろうか。以上の疑問に対する答えは、もしあるとするなら、土地倫理《ランド・エシック》か、私有地の地主に今以上の義務を負わせる、何かほかの強制力にあるように思われる。

企業として土地を保有し、利用している者、とりわけ木材業者や牧畜業者は、土地の公有地化が進んだり、やかましい規則が増えることには露骨にいやな顔をする。そのくせ(注目すべき例外もあるにはあるが)、それに代わる唯一の、すぐにもできること、つまり自分の土地の保全措置を自発的に実行する気配はほとんど見せない。

私有地の地主に、自分の得にはならないが、地域社会の役には立つことをやらせようとしても、目下のところでは、渋々賛成するにすぎない。金がかかるのでやりたくないと言うのなら無理もないし、よく分かるが、将来を見通したり、偏見を捨てたり、時間をかけるだけですむ場合は、少なくとも議論をするくらいはできるはずである。土地利用に関する助成金が最近になってすさまじい勢いでふくれ上がっているのは、大部分が、政府のお膝元の部局の自然保護教育がいいかげんであるせいに決まっている。土地管理事務所や農業大学は幾つもあり、サービス体制の拡充をうたってはいるけれど、ぼくが調べた限りでは、これらの施設で土地に対する倫理的義務、つまり土地倫理《ランド・エシック》について教えているところはひとつもない。

要約すると、人間の自分勝手な経済的観点だけに基づいた自然保護体制は、どうしようもなく偏ったものである。これでは、土地という共同体のなかの、人間の商売の役には立たないが（われわれ人間の知る限りでも）その共同体の健全な機能に欠くことのできないと思われる数多くの要素をないがしろにし、ひいては絶滅させてしまう結果になる。これは、生物共同体のなかの人間の経済に役立たない部分はなくなったって、役に立つ部分はちゃんと機能するという前提に立ったやり方だが、この前提がそもそも間違っていると、ぼくは思うのだ。それにこのままでは、負担が大きすぎたり、内容が複雑すぎたり、広範囲にちらばりすぎたりして、とても政府の手に負えないことまで、やたらと政府に押しつけることになりかねない。

私有地の地主のほうが倫理的な義務感を持つこと——これが、現状で対処できる、唯一の実効のある救済策である。

土地に経済的関係を付与したり導入したりする倫理観は、土地を生命のメカニズムとみなすという心理的イメージの存在を前提としている。われわれが倫理的になれるのは、見たり触れたり、理解したり愛したり、さもなければ信じられるものとの関係を持った場合だけである。

土地ピラミッド

自然保護教育でふつう用いられているのは、「自然のバランス」というイメージである。詳しく理由を書いていると長たらしくなるのでここでは割愛するが、この言葉では、土地のメカニズムに対する人間の無知ぶりを正確に表わしきれない。生態学で用いられている「生物ピラミッド」という言葉のほうが、はるかに実体に近いイメージを呼び起こす。そこでまず、土地の象徴としてのこのピラミッドの成り立ちをざっと説明し、ついでこのイメージのもつ意味の幾つかを、土地利用という観点から突っ込んで眺めてみたい。

植物は太陽からエネルギーを吸収する。このエネルギーは、生物相という回路の中を移動していく。そして、この生物相というものも、幾つもの層から成るピラミッドとして思い描いてみることができる。一番下の層が土壌である。土壌の層の上が植物層、次に昆虫層、鳥と齧歯動物の層と続き、その他さまざまな動物を経て、最上段は大型の肉食動物の層という構造だ。

同じ層に所属する種《しゅ》はどれも、起源や外観が似ているのではなく、お互いに食べる物が似ている。どの層の場合も、食料のほか多くの便宜を下の層に依存し、かわりに上の層に食料と便宜を提供している。上の層にいくほど、そこに所属する種の個体数は減っていく。逆に言うなら、肉食動物一頭ごとに何百頭という餌食となる動物がおり、その餌食一頭ごとに何千頭という別の餌食がおり、そのまた餌となる昆虫が何百万といて、その昆虫の食べる植物は無数に存在するというわけだ。つまり、生物相というメカニズムをピラミッドという形で表わしたのは、上から下にいくに従って個体数が増えていくというイメージを示したかったからである。人間は、肉食もすれば菜食もするクマ、アライグマ、リスなどと同じ中間の層に所属している。

食料やその他の便宜の一連の依存関係は、食物連鎖と呼ばれる。たとえば土壌—オーク—シカ—インディアンというのがその一例だが、この連鎖は今ではほとんど土壌—トウモロコシ—牛—農民と内容を変えている。人間をふくめてそれぞれの種は、多くの食物連鎖に連なる環《わ》のひとつだ。シカはオーク以外にも何百種もの植物を食べるし、牛もトウモロコシ以外に何百種もの植物を食べる。つまり、どちらも、何百という食物連鎖に連なる環のひとつである。ピラミッドにはこうした無数の鎖が複雑に絡み合っていて、一見無秩序のように見えるが、全体としては安定を保っていることから、高度に組織だった構造であ

ることが分かる。全体としての機能は、多種多様な部分どうしの協同と競争に左右されている。

当初、この生物ピラミッドは、低くこぢんまりとしたものだった。食物連鎖は短くて単純だった。進化のおかげで次々と層が重なり、環が増えていったのである。人間は、ピラミッドの高さと複雑さとを増やした何千もの要素のひとつである。科学はわれわれに多くの疑問を提示したが、確実なことも、少なくともひとつだけは提示してくれた。すなわち、進化が進むほど、生物相は精巧かつ変化に富んだものになる、という事実である。

こうしてみると、土地は単なる土ではない。土、植物、動物という回路を巡るエネルギーの源泉である。食物連鎖はエネルギーを上方の層に送る生きた回路である。死と腐朽によってエネルギーはまた土に還る。つまり、この回路に行止りはないのだ。もっともすべてのエネルギーがこの回路だけを通るのではなく、腐朽によって放散したり、空気中から吸収されたり、土壌、泥炭層、寿命の永い森林の樹木のなかに蓄積されるエネルギーもある。だがこちらは、いわば生命維持用の回転資金をゆっくり増やすようなもので、蓄積用回路である。海洋への流失によって総量が減少していくが、通常その程度は小さく、岩床の腐蝕によって補塡《ほてん》される。それは海洋に蓄えられ、長い地質年代を経るうちに新たな土地となり、新しいピラミッドを形成する。

樹木が栄養分を吸い上げるのは複雑な細胞組織の働きのおかげだが、これと同様に、エネルギーをピラミッドの上層へと送る速さと特性は、植物と動物の共同体の複雑な構造のおかげである。この複雑さがなかったら、おそらくエネルギーの正常な循環は起こるまい。構造とは、構成員である種の、その共同体特有の種類や役割を意味していることはもちろん、その共同体特有の個体数のことを意味している。土地の複雑な構造とそのエネルギー単位としての円滑な機能とのあいだの相互依存関係は、土地の基本特性のひとつである。

　回路の一部に何か変化が起きると、ほかの多くの部分も、それに適合せざるをえない。変化は必ずしもエネルギーの流れを遮断したり迂回させたりするとは限らない。進化というのも、必要に迫られた変化が長く続いている現象であり、その結果、流れのメカニズムが精巧になり、回路の延長も増えている。だが、進化という形の変化は、緩慢で局部的であるのがふつうだ。人間は道具を発明したおかげで、それまでに例のない威力、速度、範囲を備えた変化をもたらすことのできる存在となったのである。

　ひとつの変化は必ず、植物界と動物界の双方を巻き込む形で現われる。大型の肉食動物がピラミッドの頂部から取り除かれると、食物連鎖が、進化の歴史上初めて、長くはならずに短縮されてしまう。よその土地から人間に馴《な》らされた種《しゅ》が持ち込まれると、野生の種は取り除かれ、新たな環境に移される。こうして、人間により、世界的な規模で動植物の移動や混淆《こんこう》が行われるようになると、新たな環境で病虫害扱いをされてのけものにされたり、絶滅したりする種がでてくる。こうした影響は、まずもって、意図的につくりだしたことでもなければ、予見できることでもない。いつも思いがけない形で、しかも多くは原因もつかめない形で、生物共同体の構造をつくり変えてしまう。農芸科学は、こうしたメカニズムで生じる新たな病虫害と、それを抑えようとする新たな技術開発とのあいだの競争だと言っていい。

人間が起こす変化には、このほか、動物と植物を巡るエネルギーの流れやエネルギーの土への環流に影響を及ぼすものがある。肥沃度とは、エネルギーを取り入れたり蓄積したり放出したりする土の能力のことである。農業において、土を酷使しすぎたり、表土層の原生種を栽培種と極端に置き換えたりすると、エネルギーの回路を攪乱《かくらん》し、蓄積エネルギーを枯渇させてしまうことになりかねない。蓄積エネルギーや、それを固定していた有機物を消耗しつくした土壌は、新たに形成されるよりも早く流失していってしまう。これが侵蝕である。

水系も土壌と同じく、エネルギー回路の一部である。工業は水質汚染をしたり、河川を堰き止めたりして、エネルギー循環の保持に欠かせない動植物を締め出してしまう。

輸送手段の発達は、さらにまた別の根本的な変化をもたらした。つまり、今では、ある地域で生育した動植物が別の地域で消費され、そこの土に還るということが起きている。輸送手段の発達はまた、岩石や大気中に蓄積されているエネルギーをほかの場所で用いることを可能にした。今では、赤道の向こう側の魚を食べた鳥の糞から採集した窒素を菜園に肥料としてまくことができるのである。このようにして、以前は一定の地域内で自足していた回路が、今では世界的な規模で交流をしているのだ。

ピラミッドに人間の都合がいいように変化を加えると、蓄えられていたエネルギーを放出する。するとはじめのうちは、野生種にせよ人間が馴らした種にせよ、いかにも動植物の収穫が増えたように見えて欺かれることがある。生物界の元本を取り崩すと手ひどい報いがあるのに、目先の利益にごまかされて、そのことに気づかなかったり、気づくのが遅くなったりしがちなのである。

＊

エネルギー回路としての土地を考えるには、大ざっぱに言って、次の三つの基本的な考え方が必要である。

(1) 土地は単なる土ではない。

(2) 土着の動植物はエネルギー回路を通じた状態に保つ。外来種は、同じ作用をするものとしないものとがある。

(3) 人為的な変化は、進化による変化とは異なった秩序を形成し、当初の意図や予測よりも広範囲の影響を及ぼす。

以上の考え方を総合すると、次の二つの基本的な問題点が浮かび上がる。土地は果たして、新たな秩序に適応できるのだろうか？　意図する変化を、もっと穏やかに達成することはできないのだろうか？

生物相は、地域によって、激しい改変に耐える能力に差があるように見える。たとえば西ヨーロッパでは、今ではシーザーが目にしたのとはまるでかけ離れた生物ピラミッドを形成している。大型動物の何種類かは姿を消した。湿地性の森林は牧草地や耕地に変わった。多くの種類の新たな動植物が導入され、あるものは病虫害として取り除かれた。残った原生種は、その分布も豊富さも大きく様変わりしている。それでも土壌は依然として流失しないし、外部の地域から栄養分を補給されていまだに肥沃を保っている。水系は正常に流れている。新しい体制は充分に機能し、持ちこたえているようだ。目に見えるような回路の遮断や乱れはいっさいない。

つまり、西ヨーロッパは抵抗力の強い生物相を備えていると言える。内部組織が外力に対して頑丈で、しかも柔軟性があり、抵抗力が強いのである。どんなに苛酷な変質を受けても、ここのピラミッドは、これまでのところ、そのたびに何らかの新たな生活様式をつくりだし、しかもその生活様式は、人間にも、その他ほとんどの原生種にとっても、生息しやすい条件を整えていたのである。

日本も、破壊を伴わずに急激な改変を達成できた例と考えていい。

そのほかの大部分の文明地域、及びまだ文明にほとんど接したことのない幾つかの地域では、荒廃の初期の兆候から進んだ段階まで、地域によってさまざまな様相を呈している。小アジアと北アフリカでは、気象変動が荒廃の進んだ原因なのか結果なのか、意見が分かれている。合衆国では、破壊の程度は地域ごとに異なる。最悪なのは南西部、オザーク地域と南部の一部で、最も破壊の程度の少ないのはニューイングランドと北西部である。土地の利用法にいっそうの改善を施せば、まだあまり荒廃が進んでいない地域では荒廃の阻止が間に合うかもしれない。メキシコ、南アメリカ、南アフリカ、オーストラリアの一部では荒廃が激しく加速度をつけて進んでおり、この先どうなるものやら、ぼくには見当がつかない。

この、ほぼ世界全域に及ぶ土地破壊の現状は、動物の病気の場合に似ているようだ。ただ違うのは、完全な破壊、つまり死にまで至ることはない、という点である。土地は回復することができる。ただしその場合でも、複雑性が低下し、人間、植物、動物に対する扶養能力は低下する。現在、人間が「見込みのある土地」と称している場所の生物相の多くはすでに収奪農業のおかげで衰退しているのが現状である。つまり、これらの土地は、扶養維持能力の限度をすでに越えてしまっているのだ。この意味では、南アメリカのほとんどの地域は人口過剰の状態にある。

乾燥地帯では、土地の荒廃を土地改良によって補おうとしている。だが、土地改良事業で延ばせる土地の寿命はわずかでしかない場合が多いことは、あまりにも明白な事実だ。

アメリカ西部では、最もうまくいった場合でも、その効果は百年ともつまいと思われる。

歴史と生態学とが証明した事実を結び合わせて考えてみると、次のような一般的推論が成り立つように思われる。すなわち、人為的変化の程度が穏やかなほど、そこの生物ピラミッドの再調整が成功する可能性が高い、ということである。一方、この変化の激しさは人口密度によって異なる。つまり、人口密度が高いほど変化が激しいのである。この点から言えば、北アメリカは、人口密度に歯止めをかけることができれば、ヨーロッパよりも永続できるチャンスが高い。

現在、人口密度が少々増したおかげで人間生活が豊かになったのだから、この先密度がどんどん増せば生活も際限なく豊かになるはずだ、という考え方が主流だが、右の推論はこの考え方とは相容れない。生態学には、密度関連則で、限界を際限なく広げてもよしとする内容のものはひとつもない。密度をやたらに増やせば、収益逓減の法則に当てはまってしまうだけのことだ。

人間と土地との関係を示す方程式がどのようなものであるにしても、その関係項のすべてをわれわれ人間が知っているとは言えそうもない。ミネラルとビタミン栄養素に関する最近の発見によると、上層への回路は思いもよらない要素に依存していることが分かった。すなわち、信じられないほど微量の特定の物質が、植物に対する土壌の価値、動物に対する植物の価値を決めているのである。では下層への回路の場合はどうだろうか。保護をするなどは人間の贅沢な気休めだと言われている、絶滅しかけた植物に新たな目を向けてみる必要はないのだろうか。案外それが土壌の形成に役立っているのかもしれない。何か思いがけない形で土壌の維持に不可欠な植物かもしれないではないか。ウィーヴァー教授は、黄塵地帯の荒廃した土壌を再生させるために草原の野生の花を利用することを提唱している。同じようにツルやコンドルが、カワウソやハイイログマが、いつの日か何らかの役に立つ日が来ないとは、誰が言えよう？

土地の健康とA・B分裂

つまり、土地倫理《ランド・エシック》とは、生態系に対する良心の存在の表われであり、これはまた、土地の健康に対して個人個人に責任があるという確信をも示している。健康とは、土地が自己再生をする能力を備えていることである。自然保護とは、この能力を理解し保存しようとするわれわれ人間の努力のことである。

自然保護主義者たちは、意見がまちまちなことで有名だ。これは表面的に見ると、この先ますます混乱を招くだけのように思えるかもしれないが、さらに詳しく調べてみると、多くの特定の分野で、いずれも共通して一点だけしか意見のくい違いがないことが分かる。つまり、どの分野でも、たとえばグループAは土地を土壌としてとらえ、土地の効用は商品生産能力にあると考えているのに対し、別のグループBでは、土地を生物相とみなし、その効用はもっと広い範囲に及ぶものとみているのである。もっとも、どこまで広い範囲に及ぶかについては、議論と混乱が続いていることは否めない。

ぼくの専門である森林管理の分野では、グループAは、基礎的な林産物であるセルロースを充分にふくむ樹木を、まるでキャベツを育てるように育てさえすればすっかり満足している。思い切った改変を加えようという気はさらさらなく、根っから農業経営的な考え方をしている。これに対してグループBは、森林管理は農業経営とは根本的に違うと考えている。森林管理では天然種を扱い、人工的なものをつくるのではなくて自然環境を管理することが仕事だからである。グループBは、原則として、自然の力による再生産という方法を選ぶ。クリのような種《しゅ》が消滅したり、ストローブマツが絶滅の危機に瀕することを、経済的な意味ばかりではなく、生物相の問題としても懸念する。また、森林の二次的効用、つまり野生生物、レクリエーション、水系、原生自然地域などのすべての分野にわたって意を払う。ぼくの考えでは、グループBこそ生態系に対する良心の発露を心がけているグループだと思う。

狩猟鳥獣を中心とする野生生物の分野でも、同様の分裂が見られる。この場合のグループAの基礎商品はスポーツと食肉である。生産の指標は、キジとかマスとかの収穫量によって決まる。人工増殖は、一時的手段に限らず、恒久的手段としてもよしとする――ただし単位コストの許す範囲内という条件がつく。グループBは、これに対し、派生的な問題も含めた生物相全体に考慮を払う。狩猟鳥獣を生産するために犠牲にする必要のある捕食鳥獣の数はどのくらいになるだろうか？　外来種をもっと採用すべきだろうか？　ソウゲンライチョウのように、狩猟鳥としてはすでに絶望的に数の減った種を回復するには、どんな管理をすればよいのか？　ナキハクチョウやアメリカシロヅルのような、絶滅しかけている稀少種を回復させる管理方法は？　管理の原則は、野生の花にも拡大して適用可能だろうか？　こうした分野でも、森林管理のときと同じA・B分裂が起きることは、ぼくにははっきりと分かる。

農業に関するもっと広い分野については、ぼくが云々する資格はあまりないが、ここでも似たりよったりの分裂があるように思う。科学的農業は、生態学が生まれる以前にすでに活発に発達してきていたので、生態学的な考え方の普及には時間がかかるかもしれない。そのうえ農民は、扱う技術の性質上、森林や野生生物の管理者に比べ、ずっと強烈に生物相を改変しなくてはならない。とはいうものの、現在の農業には不満な点が多々あり、この世界もいずれは「生物工学的農業」という新しい考え方を加味していくものと思われる。

従来、農作物の食糧としての価値を決めるのは、何ポンド採れたとか、何トン採れたとかいう量による尺度だった。つまり、肥沃な土壌は量ばかりか質の点でも、そうでない土壌より優れていると考えられていた。だが、それが尺度としては通用しないことが新たに分かってきたのに、相変わらずのやり方が行われている点が、不満の最たる点だと言ってよい。もともと肥沃な土地ならともかく、荒廃した土壌に外部から肥料を持ち込んでも、数量は増やすことができるが、これは必ずしも食糧としての価値を増やしていることにはならないのだ。この考え方は、ほかのさまざまな分野にもあてはめることができるが、範囲が広がりすぎるので、これについてはもっと有能な専門家の手に委ねたい。「有機農法実践者」と称する現状不満派は、いささか教祖的雰囲気を帯びてはいるが、とりわけ土壌中の動植物を重視している態度から見て、方向としては自然力中心の農業実践者と言える。

農業の生態学的な原理については、土地利用に関するほかの分野とまったく同様に、一般にはあまりよく知られていない。たとえば、ここ数十年間の農業技術の目ざましい進歩は、たとえてみればポンプが改良されたおかげであって、井戸がよくなったためではないのだが、このことがよく分かっている人は、教養のある人のなかにもあまりいない。現実には、一エーカー、また一エーカーと次第に失われていく肥沃度を、技術で辛うじて補充しているにすぎない。

こうした分裂のどれをとっても、すでに繰り返し見てきたように、基本的には幾つもの同じパラドックスがある。つまり征服者たる人間対自然界の一員としての人間、人間の用いる剣の砥石としての科学対人間の住む宇宙全体を照らし出す光としての科学、奴隷であり僕《しもべ》である土地対有機的組織の集合体である土地、という図式だ。ロビンソンのトリストラムに対する訓言は、地質年代のひとつの種としての人類《ホモ・サピエンス》に、こういうときにこそ、そのまま捧げられてよかろう——

望もうと望むまいと、
トリストラムよ、そなたは王である
そなたこそ、世を捨て、時の試練を経た、数少ない者の一人である
人が去りゆき、この世界が昔そのままの世界ではなくなった今こそ
そなたの捨てしものに目を向けよ

展望

土地に対する愛情、尊敬や感嘆の念を持たずに、さらにはその価値を高く評価する気持がなくて、土地に対する倫理関係がありえようとは、ぼくにはとても考えられない。なお、ここで言う「価値」とは、むろん、単なる経済的価値よりも広い意味の価値である。つまり、哲学的な意味での価値のことを、ぼくは言っているのだ。

土地の倫理の進化を妨げている最も重大な障害は、われわれの教育及び経済の機構が、

土地を強烈に意識するのではなく、むしろ遠ざける方向に向いているという事実にあるのではなかろうか。現実の世界では、数多くの仲介者や無数の道具のおかげで、根っからの現代人は土地から隔てられてしまっているのである。人間は土地と血の通った関係を持たなくなってしまった。たいていの人には、土地とは都市と都市とのあいだにある、作物の育つ空間にすぎない。一日自由に土地の上でくつろがせてみても、ゴルフ場とか「景勝」の地でもない限り、たいていの人はたちまち退屈してしまう。そういう人には、ふつうの農法の作物より水栽培の作物のほうが、きっと性によく合うだろう。木、皮、羊毛、その他の土地から得られる天然の作物よりも、見かけだけ似ている人造品のほうがしっくりくるに相違ない。要するに、そういう人にとっては、土地とは彼らがすでに「卒業した」ものでしかないのである。

土地倫理《ランド・エシック》にとって、これとほぼ同じくらいに重大な障害は農民の姿勢である。農民にとって土地は今なお敵であり、自分たちを奴隷状態に縛りつけている監督者のようなものだという、農民の考え方が問題なのだ。理屈の上からは、農業の機械化のおかげで農民たちの鎖は断ち切られたはずである。だが、現実にそのとおりであるかどうかは議論の余地があるところだ。

土地を生態学的に理解するための必須条件のひとつは、生態学そのものをよく理解することである。ところが、「教育」のあるところでは必ず生態学の教育も行われているとは限らない。それどころか、かなりの高等教育でも、生態学的な考え方をわざと避けているように見える。もっとも、生態学の理解は、生態学という題目が張られているところからはじまるとは限らない。地理学、植物学、農業経営学、歴史学、経済学といった題目の張られているところでも生態学の理解を培うことはおおいにできるのだ。そうであって然るべきなのだが、現実には、題目はどうあろうと生態学の教育はほとんど行われていない。土地倫理《ランド・エシック》の問題にしても、こうした「現代的な」風潮に正面切って異を唱える少数派がいなかったら、さぞかし絶望的な様相を呈していたことだろう。

倫理観の進歩に役立つよう打っておくべき「奥の手」は、一言で言えばこうだ——適切な土地利用のあり方を単なる経済的な問題ととらえる考え方を捨てることである。ひとつひとつの問題点を検討する際に、経済的に好都合かという観点ばかりから見ず、倫理的、美的観点から見ても妥当であるかどうかを調べてみることだ。物事は、生物共同体の全体性、安定性、美観を保つものであれば妥当だし、そうでない場合は間違っているのだ、と考えることである。

土地に対して何ができ、何ができないかは、経済的にみてやりやすいかどうかで限界が決まることは、むろん言うまでもない。限界というものは常にあるもので、これからもそれは変わるまい。だが、経済優先主義者がこれまでわれわれの首ねっこにがんじがらめに縛りつけ、そして今こそ振り払わなくてはならない間違った考え方は、土地の利用法はすべて、経済的な見地から決定すべきだという信念である。これは決して真実ではない。人間と土地との関係のほぼ全体にまたがる無数の行為や姿勢は、土地利用者の好みやひいき目で決まっているのであって、財布の中身で決まっているのではない。人間と土地との関係がすべてうまくいくかどうかは、時間、予測、熟練度、信念をどれだけ投資したかによって左右されるのであり、どれだけ資金を投じたかによって決まることではないのだ。土地利用者が頭を働かせた分だけ、土地も応じてくれるのである。

ぼくはこれまでわざと土地倫理《ランド・エシツク》を社会的進化の産物として示してきた。倫理観のように重要なことは、かつて「書き記された」ことがないからである。「十戒」にしても、これをモーゼが「書いた」などと思うのは、歴史をまったく皮相的にしか理解できない学生だけである。十戒は共同体のなかで考えられ、人々の心のなかで進化してきた考え方であって、モーゼは「講話」用にそれを暫定的に要約して書き表わしたにすぎない。暫定的と言ったのは、進化は決してとどまることがないからである。

土地倫理《ランド・エシツク》の進化は、感性的な過程であると同時に、知的な過程でもある。自然保護は善意で固められた行為だが、結果的には無駄だったり危険なことすらある。それは、その善意には、土地そのものに対しても、経済的な土地利用に対しても、批判的な目を備えた理解が欠けているからである。倫理観の開拓前線が個人から社会へと進むにつれ、知的中身が増すことは自明の理だとぼくは思っている。

どんな倫理観でも、作用する仕組みは同じである。すなわち、正しい行為は社会に認められ、誤った行為は社会に否定されるという仕組みで倫理は作用する。

まとめて言うならば、われわれの現在の問題は、土地に対してどういう姿勢でのぞみ、道具をどう使用するかということである。われわれは蒸気シャベルを用いて、かつては人力でつくられたアルハンブラ宮殿を改修しようとし、その規模の壮大さを得意に感じている。そのシャベルをとても手離す気になれない。たしかによい点を多々備えている道具ではあるが、われわれに本当に必要なのは、そうした道具を有効に使うための、もっと穏やかで客観的な基準を持つことなのだ。

訳者あとがき

近年、文明の発達につれて、むしろ人工に毒されない生のままの自然を見直そうという機運が世界各地で高まってきている。文明はたしかに多くの利便を人類にもたらしたが、同時に、原始の昔には考えられもしなかったさまざまなストレスをも生んでいる。チャップリンの『モダン・タイムス』に描かれた「機械に追いまくられる人間」という図式が、今や笑い話ではなく、日常の現象となっているのだ。そのなかで、人々が心の安らぎを求めて自然に目を向けるようになったのは、当然の帰結と言えよう。

日本でも目下、緑化運動や動物愛護運動をはじめとして、さまざまな環境保全運動がさかんに行われている。また休日ともなれば、全国の観光地へ、自然に親しもうと押しかける人々の姿がひきもきらない。だが一方では、観光開発の名の下に大規模な自然破壊が行われているのが現実であり、また一部の動物愛護運動では、対象の動物さえ守られればほかはどうでもいいといった式の、近視眼的な姿勢が目につかなくもない。その延長には、人間が自然や動物を「保護」してやるのだという一段と高いところから眺める視点が見え隠れし、煎じつめれば、結局は人間の利害中心の考え方が幅を利かしている気がしてならない。

環境保全運動では日本より先輩格の（ということは、環境破壊について早くから悩みをかかえていたという証拠でもある）アメリカでも、ひところは近視眼的な策しかとられていなかった。これは、つい人間中心の考え方にとらわれがちだということのほかに、では真の対策を打ち出すにはどのような考え方に立脚すればよいのかが、当の運動を進めている人たちにさえよく分からなかったという事情があったようだ。そこへ登場したのが本書で、発行当初からおおいに反響を呼び、一九六〇年代から七〇年代にかけて、多くの意味で環境保全運動に関心を持つ人々のバイブルと言われたほどである。『サンフランシスコ・クロニクル』紙がさっそく「ソローやジョン・ミュアの著作と肩を並べる作品」と賞賛したのもうなずける。この種の論説にはとかく説教臭がただようのがふつうなのに、本書にはそれがほとんど感じられず、しみじみとしたエッセイとしても読みごたえのある点が、単に一部の運動家にとどまらず、ミリオン・セラーになるほど広く一般の人々の共感を得た原因であろう。日本でもぜひ広く読まれてほしい内容である。

ただ、ソローやミュアに比べて、レオポルドの名は日本ではほとんど知られていない。ためしに、日本で発行されている百科事典や幾つかの人名辞典にあたってみたが、ソローについてはほとんどの本に記載されていたのに、レオポルドの紹介は見当たらなかった。そこで、やや長くはなるが、残りの紙数を利用して、レオポルドの生涯をざっと紹介しておきたい。

アルド・レオポルドは、一八八七年一月十一日、アメリカのアイオワ州バリントンで生まれた。アメリカ人には珍しい「レオポルド」という名であるのは、祖父の代にドイツから渡ってきた人々の子孫だからである。カール・レオポルドと妻クララとのあいだにできた四人の子のうち、アルドは一番上の子であった。家の近くは自然環境に恵まれており、アルドは子供のうちからミシシッピ川の岸辺でさまざまな鳥を目にして育ち、生涯をかけて鳥類学に興味を持つ下地を養った。

一九〇五年、ニュージャージー州のローレンスヴィル大学進学予備校を卒業してイェール大学付属シェフィールド科学学校に入学し、一九〇八年に同校で理学士の資格を取った。次いで一九〇九年にアリゾナ地区アパッチ国有林で森林官助手になり、合衆国森林局での経歴がはじまった。

仕事がら、毎日のように森や原野を歩き、鳥獣と接していたが、この頃の彼は、鳥獣保護について後年とは少し違った考え方を抱いていた。政府の方針にしたがって狩猟鳥獣の保護を中心に考え、それにはオオカミ、クマなどの肉食獣を根絶やしにすることが必要だと本気で思っていたのである。ところが、一九二〇年頃、アリゾナのカイバブ台地で、肉食獣の激減に伴ってシカが急激に増え、餌となる食物を食べつくし、植生の大被害に続いてシカそのものも次々と大量に餓死するという出来事があり、アルドは大きなショックを受けた。これを機に、生態系全体のバランスということに目を向けるようになったのである。そして一九二一年、Journal of Forest 誌で、単なる狩猟鳥獣保護にとどまらず、野生生物全体の保護を国有林で実施するよう強く訴えた。これがきっかけとなって、一九二四年六月三日、森林局はニューメキシコ州に五十七万四千エーカーのヒーラ原生自然区域を指定した。これは現在アメリカ全土で七十八カ所、総面積約千四百万エーカーに及ぶ原生自然区域の指定第一号であった。

経歴面では、一九一八年、ニューメキシコ州アルバカーキの商工会議所会頭となり、一時森林官の仕事を中断したが、翌年には復帰している。一九二四年から二八年にかけてはウィスコンシン州マディスンで合衆国森林産物研究所の副所長を務めた。

一九三三年、アルドはウィスコンシン大学に教授として迎えられ、狩猟鳥獣管理の講義を受け持った。この課程は彼のために創設されたもので、彼はその後生涯を通してここで教鞭をとりつづけている。また、この年、この狩猟鳥獣管理の考え方やノウハウを記した"Game Management"(Charles Scribners & Sons)という著作を発表した。これには「環境とは、人間がコントロールする商品ではなく、人間の所属する共同体である」とする彼の考え方が初めて明確に表明されている。

その後彼は、一九三五年にカール・シュルツ財団の後援でドイツと当時のチェコスロヴァキアに赴いて狩猟鳥獣管理行政に関するヨーロッパの事情を勉強したり、一九三七年には原生生物協会の創設、アメリカ生態学協会会長就任など、精力的な活動を続けた。

私生活面では、一九一二年十月九日、ニューメキシコ州サンタ・フェでエステラ・ルナ・ベルゲレと結婚し、五人の子供をもうけた。このうち四人は環境科学関係の仕事に従事している。

晩年は大学の講義、森林官、野生生物生態学者、環境倫理学者としての仕事のかたわら、ウィスコンシン州郊外の砂土地方の見捨てられた農場を買って掘立小屋を建て、毎週末家族ぐるみで通っては自然観察を続けた。このときの観察記録が第一部の「砂土地方の四季」であり、そのほかそれまでに折にふれて雑誌などに発表した文章で第二部と第三部を構成して本書の原稿をまとめあげた。だが、その後間もない一九四八年四月二十一日、彼はウィスコンシン川近くで起きた野火を消しとめようと近所の人と共に奮闘しているときに心臓発作を起こして亡くなった。遺体はアイオワ州バリントンのアスペン林間墓地に埋葬された。

したがって本書は、彼の死後に刊行されたものである。さらに一九五三年には彼の未発表原稿や未完成原稿、日記を中心に、子供たちの文章なども加えた　遺稿集“Round

River—from Journals of Aldo Leopold" (edited by Luna B. Leopold. Oxford University Press) が刊行されている。

以上がアルド・レオポルドの生涯のあらましである。彼の考え方や主張については本文でじっくり味わっていただきたい。

なお、訳出にあたっては、頻出する動植物の和名の確認をふくめ、部分的に野村章氏のお力添えをいただいた。最後に記して感謝の言葉としたい。

昭和六十年十二月

新島義昭

講談社学術文庫版訳者あとがき

本書『野生のうたが聞こえる』（*A Sand County Almanac*, Oxford University Press, 1949）は、最初は一九八六年二月、森林書房より『野性のうたが聞こえる』という訳書名で単行本として刊行された。原著が広く知られた名著であるだけに、幸い多くの方々からご好評をいただいたが、このたび縁あって講談社学術文庫の一冊に加えていただくことになり、さらに多くの方々にこのすぐれた内容に接していただけると思うと、訳者としても非常に喜ばしい。

文庫収録にあたっては、訳書名を今回のものに変更したほか、訳文についても、最初の刊行からだいぶ年月を経ているので、この機会をとらえて全面的に見直しをした。特に第三部については改めて専門家のご意見もうかがい、一層の正確を期した。また、難しいと思われる漢字にはこまめにふりがなをつけ、文のリズムにも注意して読みやすいように心がけたので、比較的若い世代の読者の方々にも気軽に手にとっていただけるのではないかと期待している。そのほか、作品に見事な彩りを添えている挿画は、単行本に引き続き、本書でもひとつのこらず収録した。文庫版のため、やむなくサイズを縮小したものが多いが、充分お楽しみいただけるものと思う。

なお、本書の刊行にあたっては、青山学院大学文学部教授の三嶋輝夫氏に適切な解説文をご執筆いただいたほか、訳文の修正についても幾多のご助言をいただいた。ここで紙上を借りて心から感謝の意を表したい。また、単行本発行当時にいろいろとお世話になった森林書房社長の渡辺志郎氏には、今回の学術文庫収録についてご快諾をいただき、改めて心からお礼を申し上げる。そして、本書担当の相澤耕一さんには数々のわがままを聞いていただいた。最後になったが、そのご苦労を多としたい。

一九九七年八月

新島義昭

講談社学術文庫版解説

三嶋輝夫

各部の関連について

本書は、著者レオポルドの序言にもあるように、三つの部分からなる。近年、我国において環境倫理学の祖としてのレオポルドの声価が高まるとともに、本書についての言及も、ともすると第三部、特にその中の「土地倫理」(land ethic)に集中する傾向にあり、本解説の中心もまたそこにあるのではあるが、しかし我々はその土地倫理という思想が、あくまでも第一部、第二部で綴られる豊かな自然体験と見聞の蓄積の中で熟成されてきたものであることを忘れてはならないであろう。マックリントックは本書の紹介のなかで、三つの部分の関連について次のように述べている。

「三つの部分は、先ず直接的な体験に基づく随筆——その中心はウィスコンシン州の『砂土地方』(Sand County)にあるレオポルドの週末ごとの隠遁生活用の『掘立小屋』なのであるが——に始まって、彼の専門家としての生活とアメリカにおける自然保護運動にまで主題を広げた第二の随筆群へと進み、それから最後の随筆群へと移行する。この最後の随筆群が取り扱う領域は、知性と精神であり、その焦点は哲学的かつ倫理的である。自然体験が自然をめぐる思索と、また一個人としての生活が専門家としての生活と結び合わされる。日々の活動は、倫理的かつ精神的な洞察の枠組みのなかで理解され、意義づけられる(1)」。

このように各部は有機的に結合されているのであるが、レオポルド自身は、一般読者が第三部の「哲学的な問題」にまでつきあってくれるかどうか危惧していたようである。彼はそのような問題に「自ら取り組もうという気を起こしてくださる人は、読者のうちでも、第一部と第二部に記したぼくの考えによほどの共感を抱いてくださった人だけかもしれない」とつぶやく。しかし、それだからこそ著者は最も理論的な第三部を最後に置き、より親しみやすく、読者を引き込む読み物としての魅力に溢れた第一部を最初に配したのであろう。それはいわば少しでも多くの読者に「よほどの共感」をもたせるための著者一流の戦略と言えるかもしれない。

ハンノキ合流点——ある釣りの詩

季節の移り変わりとともに様々な動植物と大地が織りなすドラマの数々を綴った第一部の要約を試みることは不可能でもあれば、不当でもあろう。そこで筆者にとって最も印象的だったエッセイを一つだけ挙げれば、それは「ハンノキ合流点――ある釣りの詩」である。この話が特に興味深かった理由の第一は、筆者自身がヤマメやイワナを主な対象とする渓流釣りの愛好者であり、この部分におけるレオポルドの釣り人心理の描写の絶妙さに思わず引き込まれてしまったことにあるが、いま一つの理由は、苦心の末釣り上げたマスをビクに納めたと報告する著者の釣りに対する姿勢が、昨今のキャッチ&リリースを旨とするゲーム・フィッシングの方針と異なる点に興味をそそられたことにある。

著者は先ず、二百マイル走ってやっとたどり着いたポイントの水が著しく減水しているのを目にしたときの大きな失望から本節を書き出しているが、渓流釣り師の多くが同様の思いを味わわされたことがあるのではないだろうか。足を滑らしそうな急斜面を木の根を頼りにやっとの思いで下り、目指す岩場に到着と思いきや、目の前にあるはずの大淵は渇水で遥かに小さくなっていたり、台風による影響か、渓相がすっかり変わっていたりして呆然とした釣り人は少なくないであろう。しかし、貪欲な釣り人はそれでも諦めず、著者同様、少しでも残されている釣り場を目指して移動を開始する。そして水面をおおう意地悪なボサをものともせず、ポイント目がけて、あるいは毛鉤をあるいは生き餌を振り込むのである。著者もまた釣り糸を乾かしたり、竿影を水面に映さぬよう気をつけたり、周到な準備と細心の注意について語っている。このような努力の甲斐あってか、幸いにして著者は三尾のマス——養殖ものではなく、著者の尊重する天然ものだっただろうか——をビクに納めることができたようである。かつて文豪井伏鱒二は、ヤマメを釣ると胸が「ゴットン・ゴットン」[2]鳴ると書いたが、レオポルドの胸もまた「ゴットン・ゴットン」鳴ったに違いない。

さてここで興味深いのは、先にも述べたように、釣り師としてのレオポルドが、キャッチ&リリース政策をとっていないことであり、この点に非難の目を向けるフライ・フィッシング党もいるかもしれない。しかし、筆者が本書を通読した印象では、一個人としての著者は禁欲的菜食主義者では全くなく、むしろ美味しい鳥やシカの料理に人生の楽しみの一つを見いだす平均的生活者の一人のようである。またこれは後に検討する土地倫理の内容とも関係するが、一生態学者として食物連鎖を重視するレオポルドの立場は、乱獲による原生種の絶滅と、生態系を無視した過剰な保護や放流による自然の秩序の破壊を戒めるものではあっても、狩にせよ釣りにせよ、それが節度をもって行われる限り——この限定は重要であるが——その楽しみを排除するものではないであろう。また釣り師のはしくれとして一言付言すれば、最近唱道される「キャッチ&リリースの倫理」（?）がどの程度の倫理的正当性をもつのかについても、議論の余地があるであろう。我国を代表するフライ師である西山徹氏によれば、フライ・フィッシングが一番魚を傷つけないとされる[3]が、しかし、一度鉤がかりした魚がどの程度生存できるのかについての科学的データが必要であろうし、またそもそも、仮にフライに関しては生存率が高いとしても、単なる楽しみ――「ファイトを楽しむ」――のために一時的にせよ魚に精神的肉体的苦痛を与えることが、家に持ち帰って食料の一部とするという行為に比べ、どれほどの倫理的優越性をもつのか疑問に思うものである。

山の身になって考える

次に第二部に収められた印象的なスケッチの数々のなかで最も重要だと思われるのは、「山の身になって考える」である。この「『スケッチところどころ』の中心的位置を占めるエッセイ」は、「人間中心的、ピンショー流の自然保護から、生態学的・生物中心的な見方へのレオポルドの回心」を劇的な形で表現するものとされる(4)。

この節の主人公はマスではなく、オオカミの親子である。偶然に見かけたオオカミの姿目がけ、若き日の著者は何のためらいもなく引き金を引く。しかし、地に倒れた母オオカミに近寄ったとき、著者は死にゆくオオカミの瞳のなかに新たな真理の啓示を見いだす。著者は語る。

「母オオカミのそばに近寄ってみると、凶暴な緑色の炎が、両の目からちょうど消えかけたところだった。そのときにぼくが悟り、以後もずっと忘れられないことがある。それは、あの目のなかには、ぼくにはまったく新しいもの、あのオオカミと山にしか分からないものが宿っているということだ。当時ぼくは若くて、やたらと引き金を引きたくて、うずうずしていた。オオカミの数が減ればそれだけシカの数が増えるはずだから、オオカミが全滅すればそれこそハンターの天国になるぞ、と思っていた。しかし、あの緑色の炎が消えたのを見て以来ぼくは、こんな考え方にはオオカミも山も賛成しないことを悟った」(本書二一六頁)。

ここで言われる「まったく新しいもの、あのオオカミと山にしか分からないもの」とは何だろう。それはおそらく、自分たちの都合しか考えず、単純な足し引きに終始する人間の浅知恵を超えた、いわば自然の摂理とでもいったものを指すのではないだろうか。そして「人間中心的な」保護から「生物中心的な」それへの転換とは、人間の知の限界を自覚し、シカとオオカミ、シカと山の木々の間に成り立つ微妙なバランス――レオポルド自身は「自然のピラミッド」と呼ぶべきだとしているが――を支える隠された知への畏敬と、人間に可能な限りその根源的知へと接近する努力――生態学はその一つの表現であろう――を意味するのではないだろうか。

すなわち、本節の表題をなす「山の身になって考える」とは、「自分の土地のオオカミを根絶やしにする牛飼い」についての批評や、第三部の「自然保護の美学」におけるシカの食害についての記述（本書二七七頁）からもうかがわれるように、決して感傷的な動物愛護を説くものではなく、むしろ人間の目には非情とも映る弱肉強食も含め、総体としての自然を司る掟に目を向け、野生の声に耳を傾けることをいうのであろう。

土地倫理

最後に第三部のみならず、本書の核心とも言うべき「土地倫理」の思想について考察することとしたい。

レオポルドによれば、従来の倫理を成立させて来た唯一の前提条件は、「個人とは、相互に依存しあう諸部分から成る共同体の一員である」との意識に他ならず、土地倫理とはまさに「この共同体という概念の枠を、土壌、水、植物、動物、つまりはこれらを総称した『土地』にまで拡大した場合の倫理」をさす（本書三三〇頁）。それとともに「土地倫理《ランド・エシック》は、ヒトという種の役割を、土地という共同体の征服者から、単なる一構成員、一市民へと変える」とされる（本書三三一頁）。そして彼は新たな共同体意識に立脚する土地倫理の不可避性を、倫理の及ぶ範囲の段階的拡大についての独自の史的洞察によって補強しようと試みる。すなわちレオポルドによれば、最初の倫理は個人と個人の関係を律することを目的とし、それに個人と社会の関係を律する倫理が続いたのだとされる。そして「人間を取り巻く環境のうち、個人、社会に次いで第三の要素である土地にまで倫理則の範囲を拡張すること」としての土地倫理――それは第三段階の倫理である――は、「進化の道筋として起こりうることであり、生態学的に見て必然的なことである」とされる（本書三二九頁）。

このようにレオポルドは倫理の史的発展を三つの段階に区分するわけであるが、しかし、その決定的な切れ目は、とりわけ第二と第三の間に存するといってよいであろう。なぜなら、それが個人と個人の関係であれ、個人と社会の関係であれ、前二者が専ら人間と人間の間に成立する倫理であるのに対して、第三の倫理は人間と人間以外の自然的存在者の間に要請される倫理だからである。そして倫理が人間相互の間にのみ成り立つとする発想がいかに根強いものであったかは、例えば近代日本における啓蒙的知識人の代表者の一人である福沢諭吉の次の言葉にも明らかである。

道徳とは、人と人と相対《あいたい》して後《のち》の沙汰《さた》なり。例《たと》へば爰《ここ》に難船して無人の孤島に唯《ただ》一人上陸したる者あらんに、其人の為めには、即日より道徳の心掛《こころがけ》一切無用なりと知る可《べ》し。詐《いつわり》を言はんとするも、相手なければ言ふ可《べか》らず、物を盗まんとするも、物に主人《しゅじん》なければ盗むの要なし。仏家に云ふ十悪五逆《じゅうあくごぎゃく》、これを施《ほどこ》すの道なければ、唯《ただ》智恵を以て自《みず》から飢寒《きかん》を防ぐの才覚《さいかく》のみにて、徳義の方より見れば、善にもあらず、悪にもあらず、何

ともなき人なる可し。(5)

しかし、土地倫理とその今日的展開としての環境倫理の立場からすれば、話はここで終わらない。「無人の孤島に唯一人上陸したる者」にとっても、漂着したその日から、その島の土地、すなわち土と水、そこに棲息する動植物との関わり方を律する倫理――節度はその中心的徳目の一つとなるであろう――が必要とされるのである。インスタントラーメンがまだあるのに、たまたま飛んできたアホウドリをつかまえて丸焼きにして食べてしまってよいかどうか、浜辺で見つけたウミガメの卵を目玉焼きにしてよいかどうか、よいとすれば何個ぐらいまでか、小屋を建てるために島の木を全部切り倒してしまってよいかどうか、島の小川を天然水洗便所にしてしまってよいかどうか、さらには運よくポケットに残っていたタバコを一服した後、その吸いがらを砂浜にポイ捨てしてよいかどうか、が問われるのである。(6)

このようにして倫理を人間以外の自然的存在者との関わりにまでも拡張することは、「生態学的に見て必然的なこと」とされるが、その主張を根底において支えるのは、「土地ピラミッド」に象徴されるような「総体主義」(holism)に他ならない。キャリコットはこの「総体主義」的発想の反近代的性格を指摘しているが、(7)それは西欧近代において支配的だった価値観の根底的転換を求めるものでもある。レオポルドは言う、

「土地に対する愛情、尊敬や感嘆の念を持たずに、さらにはその価値を高く評価する気持がなくて、土地に対する倫理関係がありえようとは、ぼくにはとても考えられない。なお、ここで言う『価値』とは、むろん、単なる経済的価値よりも広い意味の価値である。つまり、哲学的な意味での価値のことを、ぼくは言っているのだ」(本書三六〇頁)。

哲学者ハイデガーはかつて、「唯物論」の本質がすべての存在者を労働のための材料と見なすことにあると指摘したが、(8) レオポルドが要請するのも、経済的利用価値の有無という観点からしか物事を見ない「『現代的な』風潮」の是正である。

「倫理観の進歩に役立つよう打っておくべき『奥の手』は、一言で言えばこうだ——適切な土地利用のあり方を単なる経済的な問題ととらえる考え方を捨てることである。ひとつひとつの問題点を検討する際に、経済的に好都合かという観点ばかりから見ず、倫理的、美的観点から見ても妥当であるかどうかを調べてみることだ。物事は、生物共同体の全体性、安定性、美観を保つものであれば妥当だし、そうでない場合は間違っているのだ、と考えることである」(本書三六二頁)。

このようなレオポルドの提言は、あいも変わらず旧態依然たる開発政策に固執する我国の行政の現状を見るとき、今なお我々の一人一人に課された課題であると言えよう。レオポルドによれば、土地倫理とは「生態系に対する良心」と「土地の健康に対して個人個人に責任があるという確信」を反映するものとされるが、我々もまた我々の良心と責任感を証明することが求められているのである。

なお最後に、幾多の動植物の名前をはじめ必ずしも訳し易いとは思われない本書を、非常にこなれた日本語で訳出された新島義昭氏のご努力を称えたい。

（みしま・てるお　倫理学・ギリシャ哲学　元青山学院大学文学部教授）

注

（1）McClintock, J. I., Nature's Kindred Spirits, The University of Wisconsin Press, 1994, pp. 26-27.

（2）井伏鱒二『川釣り』岩波新書　一九八八年　第三五刷　四五―四六頁

（3）西山徹『ヤマメのつぶやき』毎日新聞社　一九九七年　二二五頁

（4）McClintock, op. cit., p. 32.

（5）福沢諭吉「福翁百話」『福沢諭吉選集』第十一巻　岩波書店　一九八一年　三二頁

（6）この点に関しては、加藤尚武氏の傑作パロディー「中之島ブルース」を参照されたい。加藤尚武『環境倫理学のすすめ』丸善ライブラリー　一九九一年　一三―二九頁

（7）Callicott, J. B., "The Conceptual Foundations of the Land Ethic" in Companion to A Sand County Almanac (ed. by Callicott), The University of Wisconsin Press, 1987, pp. 197-98.

（8）Heidegger, M., Über den Humanismus, Vittorio Klostermann, 1968, s. 27.

本解説の執筆に際しては、青山学院大学英米文学科の高田賢一教授より貴重な御教示と便宜を賜った。同教授の御好意に感謝申し上げる。

ちくま学芸文庫版解説

レオポルドは何を聞いていたのか

太田和彦

アルド・レオポルド（1887–1948）は、二十世紀アメリカを代表する環境思想家、生態学者、そして自然保護運動家である。本書『野生のうたが聞こえる』（原題：*A Sand County Almanac: And Sketches Here and There*）は、一九四九年に、つまりレオポルドの死後に出版されて以来、広く読み継がれてきた、環境倫理学の古典中の古典だ。

私自身も、二十年前、大学生の時分に「環境保全を学ぶにあたってまず読むべき本」の一冊として本書を勧められ、メモを書き込みながら読んだ。その本の解説を自分が書く機会を得て、驚いている。本解説では、三嶋輝夫先生の解説で触れられていなかった側面、特にレオポルドの人物像や著作が書かれた時代の状況などを補完することで、本書をより良く味わう一助となれば嬉しい。

まずは、本書の読みどころの一つである「土地倫理」について整理しよう。レオポルドの土地倫理は、以下の三つの主張にまとめることができる。

①人間は、他の動植物、土壌、水などを含む「土地」という統合された共同体の一部である。
②人間は、この共同体の「征服者」ではなく、「平凡なメンバー、一市民」である。
③人間には、この土地という共同体が長期にわたって「健康」(自己再生能力)を保つように行動する道徳的責任がある。

この考え方は刊行された一九四九年当時はそれほど注目されなかったものの、一九六〇年代以降の環境運動と環境倫理学に大きな影響を与えた(ただし、当初はそれぞれの論者の自身の持論を展開するために、勝手に再構成されてしまうことも多かった)。今日、レオポルドの土地倫理は、「長い射程をもった人間中心主義」や、土地の「管理術」の思想として解釈されている。

土地倫理の理論的な基礎は生態学的な世界観にあり、レオポルドはこの生態学的な回復力が維持されていることを示す「土地の健康」という概念を重視する。そして、これを評価する基準として「全体性、安定性、美観」をあげる。「物事は、生物共同体の全体性、安定性、美観を保つものであれば妥当だし、そうでない場合は間違っているのだ」(三六二頁)。

しかし、こう疑問を持たれる方もいるかもしれない。「なぜ、全体性、安定性、美観を土地の健康を評価する基準としてあげているのか？　主観的すぎないか？」と。じつはこれは私が二十年前に書き留めたメモだ。それから二十年が経ち、疑問は自分なりに納得のいくかたちで解消された。同様の疑問をもたれた方には、本解説はより役に立つと思う。

1　アルド・レオポルドの生涯と思想

それでは、本書が世に出るまでの、経緯を辿ってみよう。アルド・レオポルドは一八八七年一月十一日、アイオワ州バーリントンで生まれた。父カール・レオポルドは成功した家具屋で、熱心なアウトドアの愛好家だった。レオポルドは、幼少期から自然と狩猟に強い関心を持ち、これが彼の生涯にわたる好奇心と情熱の源となった。

レオポルドは、一九〇四年にローレンスビル・スクールに入学し、その後イェール大学に進学する。当時、ギフォード・ピンショーの寄付によってイェール大学に設立された森林学部は、アメリカで最初の本格的な森林学教育機関の一つで、ピンショーの自然資源管理の考え方は、若いレオポルドの思想形成に大きな影響を与えた。

一九〇九年にイェール大学森林学部を卒業すると、レオポルドは森林局に就職する。森林局での経験は、彼の環境思想の形成に決定的な役割を果たすこととなる。アリゾナとニューメキシコの国有林で働く中で、彼は自然保護と土地管理に関する実践的な知識と経験を得る。この時期、レオポルドにとって、転換点となる出来事がおきる。同僚とともにオオカミの群れを撃ち、ある一匹のオオカミを殺したときのことだ。本書の第二部「スケッチところどころ」に収録されている「山の身になって考える」（三七七頁）で回顧されているように、この瀕死のオオカミの目を見たことをきっかけに、自然界における捕食動物の重要性を認識するようになる。

一九一九年、レオポルドは、各地の国有林の視察を行うようになった。一九二〇年代に入ると、レオポルドは自動車の普及に伴う道路建設や、公有地への娯楽需要の増加に懸念を抱き、国有林における特別な保護の必要性を主張するようになる。「原生自然」(wilderness) という言葉を用いて保護の重要性を語り始めたのもこの頃だ。その後二十年にわたり、レオポルドは彼が「生態学的な思考様式」と呼ぶものの根拠を築き上げていく。

一九二二年、レオポルドは既存の国立公園や国有林とは異なる、自然のままの状態で保全する地域「原生自然地域」の指定を提案した。国立公園は人々が楽しむための場所で、道路や宿泊するためのロッジを作ることができた。国有林は資源を採取する土地で、木材や鉱物、狩猟の獲物となる鳥獣などが管理されていた。レオポルドが主張したのは、そのどちらでもない、人為的な介入を最小限に抑えて、原生の姿をそのまま維持する第三の保護区域だった。彼と関係者の活動が実り、一九二四年に森林局によって、ニューメキシコ州南西部のヒラ国有林内に、世界初となる「原生自然地域」が指定された。この指定により、ヒラ川の源流周辺はダム建設などから守られることとなった。この取り組みは、自然保護の新しい形を示すレオポルドの代表的な仕事の一つといえる。

ちなみに、一九一二年、レオポルドはエステラ・ベルゲレと結婚し、五人の子供を授かった。この五人も、全員が科学者になり、自然科学の分野で活躍した。例えば、末娘のエステラ・レオポルドは、父から受け継いだ「土地倫理」の考え方のもとで、自然保護活動に取り組み、セントヘレンズ山噴火後、焼失した広大な森林地帯の回復を促すために国定公園に設定して保護するなど、数々の功績を残している。

さて、一九二四年、アルド・レオポルドは、ウィスコンシン州にある森林製品研究所の副所長（後に所長）に就任したが、より広い人間と環境の関係に対する関心から、二八年に辞職。二八年から三二年にかけて、依頼を受けて、米国の八州の猟獣調査を実施した。これが、一九三三年に刊行された画期的な教科書『猟獣の管理』（原題：*Game Management* 未邦訳）の執筆にもつながった。この本のなかでレオポルドは、野生動物管理を「狩猟などのレクリエーションのために、土地を利用して、毎年野生動物を生みだし続ける技術」と定義している。しかし、彼の視点は、単なる狩猟や娯楽のためのものではなく、環境の多様性を回復・維持するための手法としても捉えるものでもあった。

同じ一九三三年、レオポルドはウィスコンシン大学マディソン校で、アメリカ初の野生生物管理学の教授職に就任する。大学での職務、研究活動に加え、大学付属樹木園の監督

写真：「掘立小屋」にいるレオポルド一家。アルド・レオポルドは後列一番左。レオポルドの農場と小屋は、アメリカの国家歴史登録財に登録されている。

としての仕事や、農業従事者への農業教育の普及活動にも参加した。大学での研究と教育活動を通じて、レオポルドは自身の、後に土地倫理と呼ぶことになる生態学的思想をさらに発展させた。特に、三五年にドイツとオーストリアで森林を視察し、モノカルチャー（単一種栽培）の弊害を目の当たりにした経験は、大きな影響を与えた。

一九三五年春、レオポルドはウィスコンシン川沿いのソーク郡にある八十エーカーの荒れた農場を購入した。唯一の建物は古い鶏小屋で、家族はこれを「掘立小屋」（shack）と呼びキャンプ用に修繕した。「はじめに」でレオポルドが述べているように、この小屋での出来事をまとめたのが、本書の第一部「砂土地方の四季」である。

さらに、レオポルドの「原生自然」の概念は、狩猟や娯楽の場としてだけでなく、オオカミやピューマを含む健全な生態系のための場所として捉えられるようになった。一九三五年には、ウィルダネス・ソサエティの設立に携わり、自然における人間の立場に対する新しい謙虚な態度を提唱した。

一九四一年八月、レオポルドは長年温めていたエッセイ集の構想を具体化し始めた。当初は「生態学的エッセイ集」として構想されたこの著作は、編集者や協力者からのフィードバックを受けて書き足され、最終的に本書として結実した。四七年九月、レオポルドは『偉大な所有物』と題した原稿をクノップ社の編集者に送ったが、一貫性の欠如を指摘されて却下されてしまう。がっかりしたレオポルドの代わりに息子のルナが出版社を探し、四八年四月にオックスフォード大学出版局から出版が決まった。

しかし、その喜びもつかの間、一九四八年四月二十一日、レオポルドは隣人の農場の火事を消しているときに心臓発作に見舞われ、急逝してしまう。彼の死後、家族や友人、近しい同僚たちが原稿の出版を引き継ぎ、編集作業を行った。最終的に、四九年十月に、本書は『砂の国の暦』としてオックスフォード大学出版局から出版された。

当初、この書物は自然に関するエッセイ集として受け取られ、「土地倫理」の意義は見過ごされがちだった。しかし、一九六〇年代以降、特に、六二年のレイチェル・カーソン『沈黙の春』の出版を契機とする環境意識の高まりの中で、本書は「現代の環境運動の哲学的基盤」としての地位を確立していった。大学の教科書としても広く採用され、今日では環境倫理学の古典として、世界中で読まれ続けている。

2　レオポルドの生きた二十世紀前半のアメリカ

アルド・レオポルドの生涯を辿ったところで、彼の生きた時代背景についても簡単に見ていこう。まず、二十代のレオポルドが学んだイェール大学森林学部、それを設立するきっかけを作ったギフォード・ピンショーに焦点を当てよう。一九〇〇年代、自然保護をめぐって二つの思想的潮流が対立していた。一つは、ジョン・ミューアに代表される「保護」(preservation)の考え方で、自然の本質的価値を重視し、人間の介入から自然を守ることを主張した。もう一つは、ギフォード・ピンショーに代表される「保全」(conservation)で、自然資源の効率的な利用と管理を通じて、長期的な経済的利益を確保することを目指した。両者の激しい議論は、のちに環境倫理学における重要な転換点として位置づけられている「ヘッチヘッチ論争」から見てとれる。

論争の背景は、一九〇六年のサンフランシスコ地震に遡る。もともと水不足の問題を抱えていたサンフランシスコ市は、新たな水源を必要とし、ヘッチヘッチ渓谷にダムを建設し、貯水池を作る計画を申請した。それに反対したのが、「保存」の立場をとるジョン・ミューアを中心に、多くの環境団体や、ヘッチヘッチ渓谷の美しい自然景観と生態系を守るべきと考える市民だった。一方で、「保全」の立場をとるギフォード・ピンショーを中心に、都市の発展と公共の福祉を重視する市の当局者や市民は、ダム建設が市民の生活向上に不可欠であると主張した。

ヘッチヘッチ論争は、米国大統領を巻き込む社会的議論の争点となったが、最終的に、一九一三年、アメリカ合衆国議会は、ダム建設を正式に許可した。この決定は「保存」の立場をとるミューアらにとって大きな挫折となったが、結果的に自然資源の「保存（preservation）」と「保全（conservation）」という二つのアプローチの違いを明確にし、以後の環境政策に影響を与えることとなった。

そしてもちろん、レオポルドもこの「保存」と「保全」の論争の影響を受けている。彼のキャリアを見ると、当初は保全主義的な立場を取っていたことがうかがえるが、次第にその限界を認識し、独自の方向性を模索するようになる。例えば、レオポルドは、晩年に書いた報告書「自然保護：全体か、部分か」（一九四四年）では、従来の経済的動機に基づく自然保護の限界を指摘している。従来の方法では、換金可能な一部の生産物だけが注目され、価値が付与されるが、レオポルドは生態系の安定には種の多様性が不可欠だと主張する。そこでレオポルドは土壌や水、植物、動物を含めた共同体としての「土地」という単位で自然を捉え、その「自己再生能力」に注目することの重要性を主張した。この自己再生能力こそが「土地の健康」という概念の核心であり、それを維持するのを目指すのが「土地倫理」ということになるのだが、その話が登場するのはもう少し先のことである。

一九二〇年代、三十代のレオポルドが各地の国有林の視察を行っていた時期のアメリカは、「狂騒の二〇年代」と呼ばれる大量生産・大量消費社会の到来を謳歌していた。第一次世界大戦後の、ジャズ音楽が隆盛し、映画産業が無声映画からトーキーへと移り、アール・デコが流行し、禁酒法が施行され、それに伴う犯罪組織の台頭が深刻化していった、あの都市の時代である。レオポルドが、人の手を極力入れない「原生自然」の意義を主張した背景には、各地で急速に進む都市化や、自動車、ラジオ、電話などの一般家庭への普及、電力網の拡大などがあげられる。そしてそれらの便利さを、レオポルドは否定するわけではない。これは、「はじめに」にて、「本書は、（筆者補：野生の事物がないと）暮らしていけない者の喜びとジレンマとを綴ったエッセイ集」（五頁）であると述べていることからもわかる。

一九二九年十月二十九日のウォール街大暴落で、「狂騒の二〇年代」は幕を閉じ、世界恐慌が始まる。レオポルドの思想形成には、一九三〇年代の大恐慌と「ダスト・ボウル」（中西部での大規模な土壌侵食）の経験も大きな影響を与えている。すでに一八九〇年、アメリカは「フロンティア」の消滅を経験していたが、それまで無尽蔵に使い続けることができると考えられていた自然資源の有限性と脆弱性に直面することになったのがこの時代だ。これらの出来事は、経済成長至上主義と自然資源の過剰利用がもたらす危険性を浮き彫りにし、レオポルドに新たな倫理——人間を自然の「征服者」ではなく「平凡な一員」として位置づけ、生態系全体の健全性を維持する責任を自分たち自身に課す、土地倫理——の必要性を痛感させるものだった。

しかし、レオポルドの環境思想を理解する上で忘れてはならないのは、彼が終生持ち続けた森林官として培った経験と誇りである。開龍美は、彼の土地倫理の基調を「管理術」(husbandry)の思想として捉え直す必要があることを指摘している。森林局に勤務した約二十年の間に、特に、レオポルドが南西部の国有林でのレクリエーション事業を積極的に推進し、自然との関わり方を単なる資源利用にとどまらないものとして捉え直す機会を作ろうとし続けた点は、今日の自然体験学習の価値を再認識させるものだといえよう。

写真：グレートスモーキー山脈国立公園の道路工事。作業の多くは、1930年代に市民保全部隊（大恐慌後の、若年労働者の失業対策プログラム）によって行われた。

3　レオポルドの思想の現代的意義と本書の読みどころ

最後に、レオポルドの豊富な博物学的な知識に焦点をあてて、本書の読みどころを考えてみたい。

第一部「砂土地方の四季」を読むとすぐに気づくこととして、日常的な自然との接点の描写の際立った詳細があげられる。日常的に接する散歩道や渓流、教会の裏の墓地、農場の裏庭などで咲く草花や、鳴きかわす鳥について、ひとつひとつのその名前が記され、開花時期や個体数の記録が添えられている。例えば、「七月」の章の「大いなる領地」では、農場で毎朝なされる鳥の鳴き声の観察が次のように語られている。

「三時三十五分、一番近くにいるヒメドリが澄んだテノールでさえずりはじめ、バンクスマツの林は北は川岸のところまで、南は昔の馬車道のところまで自分のものだと宣言する。すると、声のとどく範囲にいるほかのヒメドリたちも、一羽また一羽と、それぞれの縄張りを主張する。〔…〕ヒメドリたちの日課が完全に終わらないうちに、大きなニレの木にとまったコマツグミが、先だって氷雨まじりの嵐で大枝が折れてできた木の股や、それに付随する権利の一切合財をわがものと主張しはじめる。／コマツグミの、しつこく陽気なさえずりに、アメリカムクドリモドキが目を覚ます。〔…〕シメ、ツグミモドキ、キイロアメリカムシクイ、ブルーバード、モズモドキ、トウヒチョウ、ショウジョウコウカンチヨウたちも、いっせいにこの騒ぎに参加する」（八一—八二頁）。

土地の共同体といったときにレオポルドが何を、どのような細密さでイメージしているかをうかがい知ることができるだろう。じっさいにその土地の共同体における個々のメンバーの具体的なあり方への注意深さは、土地倫理（とりわけ、レオポルドが「生態学的な良心」と呼ぶもの）が論じられる際の前提となっている。

もう一つが、風景を通して歴史を見出す視点である。具体的な動植物の観察から歴史的な視点へと広がる。例えば「二月」の章の「良質のオーク」では、落雷で枯れたオークを薪にして、暖炉で燃やすところから次のような話が綴られる。

「今、薪載せ台の上であかあかと燃えているこのオークは、もとは砂丘の上へと続く旧移民街道に生えていたものだった。幹の直径は、切り倒したときに測ってみたら、三〇インチ（約七六センチ）あった。年輪は八〇本。ということは、もとの若木に初めて年輪ができたのは一八六五年、つまり南北戦争の終わった年のことだったに相違ない。だが、現在の若木の生長実績から、毎年冬になるとウサギに皮をむかれながらも、翌年の夏のあいだには必ずまた新芽をふくという繰り返しを十年以上続けたオークでなくては、ウサギの背丈よりも高く成長しないことが分かっている。〔…〕つまり、ぼくのオークが年輪を刻みはじめた一八六〇年代半ばの年は、ウサギの繁殖率が低かったのではなかろうか」（二六—二七頁）。

このようなレオポルドの細やかな博物誌的記述は、レオポルドの「土地倫理」が、単なる抽象的な概念ではなく、具体的な自然体験と観察と知識に裏打ちされたものであることを再認識させる。「全体性、安定性、美観」も同様だ。レオポルドが、土地利用の妥当性は、経済的観点だけでなく、倫理的、美的観点からも検討すべきだと書くとき、彼は土地を構成するさまざまな要素の細やかさとそれらの複雑極まりない相互関連を、体験と知識を通じてハーモニーとして私たちが感得できることを確信している。

『野生のうたが聞こえる』が書かれた時代からさらに世界中で都市化が進み、世界人口の半数以上が都市圏に住むようになった今日、レオポルドが実践したような自然観察の機会はますます失われつつある。しかし、それは経済的な側面からの評価からはこぼれ落ちてしまう、自然の変化や生態系の複雑さ、そこに織り込まれた人間の諸活動のさまざまな痕跡と価値に目を向けるための代え難い方法だ。野外に出るとき、目を凝らし、耳を澄ませ五感で自然を受けとめるために、本書は最良のガイドとなるだろう。

（おおた・かずひこ　環境倫理学　南山大学准教授）

※レオポルドの生涯と時代背景については、岩﨑茜の博士論文「アルド・レオポルドの土地倫理：知的過程と感情的過程の融合としての自然保護思想」（二〇一二年）に詳しい。

本書は『野性のうたが聞こえる』として一九八六年、森林書房より初刊され、のちに『野生のうたが聞こえる』として一九九七年、講談社学術文庫として再刊された。

ちくま学芸文庫

野生《やせい》のうたが聞《き》こえる

二〇二四年十一月十日　第一刷発行

著者　アルド・レオポルド
訳者　新島義昭（にいじま・よしあき）
発行者　増田健史
発行所　株式会社　筑摩書房
東京都台東区蔵前二―五―三　〒一一一―八七五五
電話番号　〇三―五六八七―二六〇一（代表）
装幀者　安野光雅
印刷所　星野精版印刷株式会社
製本所　株式会社積信堂

ISBN978-4-480-51272-7 C0112